华侨大学政治与公共管理学院丛书

■ 张赛群 著

基金项目：福建省社科规划马工程重点项目："供给侧改革视角下福建省精准扶贫政策优化研究"（编号：FJ2018MGCA008）。

供给侧改革视角下福建省精准扶贫政策优化研究

经济日报出版社

图书在版编目（CIP）数据

供给侧改革视角下福建省精准扶贫政策优化研究 / 张赛群著 .—北京：经济日报出版社，2020. 7
ISBN 978-7-5196-0688-6

Ⅰ. ①供… Ⅱ. ①张… Ⅲ. ①扶贫—农村经济政策—研究—福建 Ⅳ. ①F323. 8

中国版本图书馆 CIP 数据核字（2020）第 123992 号

供给侧改革视角下福建省精准扶贫政策优化研究

著　　者	张赛群
责任编辑	门　睿
责任校对	王阿林
出版发行	经济日报出版社
地　　址	北京市西城区白纸坊东街 2 号 A 座综合楼 710（邮政编码：100054）
电　　话	010-63567684（总编室）
	010-63584556（财经编辑部）
	010-63567687（企业与企业家史编辑部）
	010-63567683（经济与管理学术编辑部）
	010-63538621　63567692（发行部）
网　　址	www. edpbook. com. cn
E - mail	edpbook@ 126. com
经　　销	全国新华书店
印　　刷	天津雅泽印刷有限公司
开　　本	710×1000 毫米　1/16
印　　张	16
字　　数	210 千字
版　　次	2020 年 8 月第一版
印　　次	2020 年 8 月第一次印刷
书　　号	ISBN 978-7-5196-0688-6
定　　价	65. 00 元

《华侨大学政治与公共管理学院丛书》总　序

◇ 蔡振翔

为了更好地交流研究成果，促进学术的进步与繁荣，华侨大学政治与公共管理学院研究决定，编辑出版《华侨大学政治与公共管理学院丛书》。经过一段时间的紧张筹备，《华侨大学政治与公共管理学院丛书》第一辑、第二辑、第三辑、第四辑一共16种学术专著，在2017年、2018年由经济日报出版社等出版社陆续出版，并且在社会上产生了比较大的影响，得到不少专家学者的好评，使我们深受鼓舞。经过一段时间的精心策划，《华侨大学政治与公共管理学院丛书》第五辑一共4种学术著作又将隆重推出，与广大读者见面。

作为一门综合类的学科，中国的公共管理学科起步于20世纪80年代，是在政府职能转变与机构改革的时代背景下，借鉴西方发达国家有关学科的经验而缓慢发展起来的。当时学术界普遍认为，公共管理学科能够促进公共利益的有效实现，能够促进政府公共决策的科学化系统化民主化。最初出现的是各种各样的公共管理研习班，进入90年代，一些高等院校陆续开设了公共管理专业或者一些有关的课程；到了本世纪初期，中国的公共管理学科得到快速的发展，学科体系逐渐成熟。因此，尽管中国的公共管理学科目前仍然存在着学科理论体系有待进一步完善，学科队伍建设有待进一步加强，学科专业范围有待进一步界定等诸多问题，但是总的说来，中国的公共管理学科时间不长却发展很快、专业方向涵盖面宽、办学方式灵活，基本上形成了自己独特的学科体系与方法论，具有着很好的发展前景。

华侨大学政治与公共管理学院的历史悠久，前后经历过几个不同的发展阶段，具有几个不同的名称。在2001年，当时的人文社会科学系申报公共事业管理本科专业获得批准，次年开始招生。在2004年，当时的人文与公共管理学院申报行政管理本科专业获得批准，次年开始招生。到了2006年，当时的人文与公共管理学院获得行政管理二级学科硕士学位授予权和公共管理（MPA）专业学位授予权，次年开始招生。到了2009年，土地资源管理本科专业转入当时的人文与公共管理学院。2012年，当时的公共管理学院申报城市管理本科专业获得批准，次年开始招生。包括MPA研究生在内，目前政治与公共管理学院的在校生将近1500人，建立了比较完整的公共管理学生培养体系。

我一直认为，一个学院的生存与发展，一共有三个关键问题。首先是环境。作为大学，通常有两大任务，一是培养人才，二是学术研究。学院工作也是如此，只不过是更加具体化而已。华侨大学政治与公共管理学院拥有政治学与公共管理两大学科，这样的学科背景，导致我们特别推崇据说是出自明代顾宪成的那幅名联："风声雨声读书声，声声入耳；家事国事天下事，事事关心"，把它作为座右铭，希望政管学院的师生都能有忧国忧民的人文关怀、自由开放的精神风貌，树立起应有的人生观和价值观；其次是制度。也就是说，一定要建立起一套规范的教学、科研及其管理制度。政管学院在学校有关规章制度的基础上，结合学院教学、科研及其管理工作的实际情况，陆续出台的十几份配套的规定或者措施，有的直接照搬学校的规定，有的比学校的宏观要求更加细化更有可操作性，有的比学校提出的要求还要更高一些，以便鼓励教师从事教学、科研和服务工作的积极性；最后是目标。换句话说，学院在做好日常性程序性的工作外，既要有着长期的发展战略，又要制定近年应当达到的几个具体目标并且设法做到。可以说，经过全院师生的不懈努力，在教学、科研和管理等方面，政管学院都取得了十分可喜的成绩。

特别值得一提的是，长期以来，政治与公共管理学院重视对学生综合素质的培养，重视对学生专业知识的学习，重视对学生专业技能的训练，使得学生在走出校门时，具备了比较高的适应能力，可以应付遇到的各种困难与问题，而这一切，有赖于政管学院拥有一支结构合理、富有创造力、以中青年占居绝大多数的教师队伍，使得科学研究工作一直保持着良好的发展态势，各级各类科学研究项目、论著、奖项在全校一直位居前列，形成了通过科学研究的深入开展，进而提高教学质量教学水平的政治与公共管理学院特色。

也正是因为这样，政治与公共管理学院的公共管理学科在发展过程中，慢慢地形成自己的重点与特色。归纳起来，主要有三个研究方向：第一，在作为公共管理专业基础的行政管理研究方向，关注的重点是国家治理中的政府管理问题，通过定量和定性的方法，对公共危机管理、环境治理、城市治理等领域展开具体研究；第二，在作为公共管理专业优势的社会保障研究方向，关注的重点则是社会养老保险、医疗保险等问题；第三，作为公共管理专业特色的侨务政策与闽台区域治理研究方向，立足于闽台地域特色，服务于区域发展，关注华侨华人的桥梁与纽带作用。政治与公共管理学院的大量成果，都与上述三个研究方向密切相关。

与《华侨大学政治与公共管理学院丛书》的前四辑一样，《丛书》第五辑收录的学术新著，同样具有观点新颖、内容丰富、论证翔实的特点，同样体现出政管学院的研究水平、研究重点及其研究特色。当然，《丛书》中恐怕还是会有这样或者那样的缺点与错误，敬请海内外专家学者予以批评指正。

蔡振翔

2016 年 10 月 22 日晚 8 时完稿于山阳馆

2019 年 9 月 20 日晚 9 时改定于山阳馆

蔡振翔，华侨大学政治与公共管理学院院长、教授，兼任台湾民主自治同盟第八届、第九届、第十届中央委员会委员，福建省第十一届、第十二届人民代表大会常务委员会委员等职。

摘 要

“供给侧改革”强调优化供给结构，增加有效供给。扶贫是建设社会主义和谐社会的必然举措，也是国家的重大战略安排。扶贫政策是对扶贫工作的整体部署和具体安排，是国家扶贫供给的重要内容。

福建省较早开始扶贫工作，近年来遵照国家扶贫部署，出台了不少精准扶贫政策，取得了较为突出的成绩，但与此同时也仍然存在政策供给与需求不匹配或不精准匹配问题，影响到扶贫效率和效益，需要进行优化。本课题旨在从供给侧角度剖析福建省精准扶贫政策取向，探寻可能的政策优化空间和途径。为此，本课题先从理论上分析“精准扶贫”与“供给侧结构性改革”的关联，强调从供给侧改革视角进行精准扶贫政策优化的合理性；而后通过资料收集和调查研究，考察近年来福建省精准扶贫政策及其实践，通过各种纵向、横向对比，探讨其成功经验和不足之处；再从供给侧改革视角分析福建省精准扶贫政策优化的必要性、可行性及难点所在；最后在借鉴国外先进扶贫理论和扶贫经验的基础上，从供给侧改革视角分析福建省精准扶贫政策优化的思路和具体实施路径。

通过研究，本课题认为：精准扶贫的核心在于“精准”，而“精准”从供给侧角度观察强调的是扶贫供给与扶贫需求的匹配，因此精准扶贫政策相对于以往粗放式扶贫政策而言，无异于一场自上而下推动的“供给侧改革”；精准扶贫政策供给包括狭义的政策供给、资源供给及保障供给等多个方面，而精准扶贫政策供给改革既包括政策本身的改革，也包括政策供给结构上的调整；贫困问题的复杂性以及基层贫困治理的复杂性等，使得当前福建省精准扶贫政策仍在政策本身、政策传递机制及政策配套条件等方面存在一些问题，亟待优化；今后福建省要通过完善扶贫政策，健全政策传递机制和保障机制，破解扶贫供需不平衡、不匹配甚至错位问题，实现扶贫对象的精准识别，扶贫措施的精准供给，扶贫资源的精准配置和传递，实现扶贫政策的精准落实。

目录

contents

绪 论

一、研究背景和研究意义

党的十九大报告将“深化供给侧结构性改革”作为今后一段时间内我国经济调整的方向，这在某种程度上表明供给问题在我国影响广泛且深远。“供给侧改革”立足于供给方，主要强调优化供给结构，增加有效供给。扶贫是建设社会主义和谐社会的必然举措，也是国家的重大战略安排。扶贫政策是对扶贫工作的整体部署和具体安排，是扶贫供给侧体系的重要组成部分。精准扶贫政策相对于以往粗放式扶贫政策而言无异于一场自上而下推动的“供给侧改革”，但时至今日也仍然存在供需不平衡、不匹配等问题，需要进一步改革和优化。尤其是，为确保《中共中央、国务院关于打赢脱贫攻坚战的决定》中“2020 年农村贫困人口实现脱贫，贫困县全部摘帽”的扶贫目标如期实现，必须顺势而为，以扶贫供给侧改革带动精准扶贫政策的优化，提升精准扶贫实效。

福建省位于我国东南沿海，2018 年全省地区生产总值达 35804.04 亿元，属于相对发达地区。然而，与毗邻的浙江、广东等经济发达省份相比，福建省总体经济较为落后。与此同时，受自然因素以及经济社会条件的影响，福建省内部区域发展较不均衡，2018 年全省各县（市）人均生产总值中福州鼓楼区最高，达到 218753 元，最低者南平政和县人均只有 41468 元，前者是后者的 5.275 倍①，相对贫困问题突出，欠发达区域

① 《福建统计年鉴》（2019），http：//tjj. fujian. gov. cn/tongjinianjian/dz2019/index. htm

仍然存在扶贫需求。近年来遵照国家扶贫部署，福建省出台了不少精准扶贫政策，取得了较为突出的成绩，但与此同时也仍然存在政策供给与需求不匹配或不精准匹配问题，影响到扶贫效率和效益。

基于此，本课题试图从供给侧改革视角对福建省精准扶贫政策的历史、现状，与需求的匹配问题及其调整等进行考察。本课题的研究意义在于：①由于学界较少从政策供给的角度来反思当前的扶贫攻坚难点，也较少分析精准扶贫政策的各地差异性，因而从供给侧角度反思福建省精准扶贫政策的现实适用性问题，对于唤起学界更多关注扶贫领域的供需匹配问题，完善精准扶贫的政策供给体系具有重要的理论价值。此外，从公共政策供给的角度，将扶贫政策与供给侧改革联系起来思考，对于延伸供给侧结构性改革的研究范畴也有一定的学术价值。②福建省在全国较早开展扶贫工作，如今该省绝对贫困问题得到极大的缓解，但返贫现象和相对贫困问题仍较为突出，扶贫实践中也存在着供需不平衡、不匹配等扶贫供给侧问题。因此，从供给侧角度剖析福建省精准扶贫政策取向，探寻可能的政策优化空间和途径，对于进一步推进福建省乃至全国的扶贫攻坚工作具有一定的现实意义。

二、国内外研究现状

虽然国外没有“精准扶贫”的提法，但也有不少学者对于扶贫的精准性进行了研究，主要涉及资源投入程度及资源的精准投向、扶贫对象的精准定位、扶贫效果的精准评估等方面。如 Coady（2004），Kanbur（2013）等学者强调资源投入的关键性，前者并以阿根廷的就业促进项目为例，论证了资源不足导致受益面窄的问题；Suryahadi（2000）认为瞄准失效加剧了不平等，而 Dean Kalan、Bram Thuysbeart 等学者则强调了精准瞄准的方法；另 Brian Nolan、Weiss 等学者关注监管及扶贫机制建设的重要性。可见，国外学者对扶贫资源投入及精准实施的一些具体问题进行了研究，因而实际上对精准扶贫供给侧方面予以了关注。虽然中国的贫困问题很难直接用国外的相关理论来解决，但国外相关研究成果对于中国精准扶贫工作仍有着重要的借鉴意义。

国内学界对习近平精准扶贫思想和中国精准扶贫理论与实践的研究成果较为丰富，一些学者并结合“供给侧改革”来进行研究。其主要研究成果如下：

对精准扶贫理论与实践的研究。自2013年习近平“精准扶贫”的概念提出以来，国内学界就开始关注中国精准扶贫的理论与实践，研究成果集中于精准扶贫的内涵及意义、个案分析、实践困境和创新路径等方面。如唐任伍（2015），洪名勇、洪霓（2016），汪三贵，易棉阳（2016）等学者对习近平精准扶贫思想的形成过程、基本内涵、实施路径及其意义进行了研究；杨帆、章晓懿（2016），左停（2017），孔凡义、况梦凡（2017）等学者则关注了当前中国精准扶贫政策及其实践，并认为政府主导的精准扶贫工作在缓解中国贫困问题的同时，也存在瞄准偏离、方式不精准、资金有限、主体权责不匹配等问题，并提出了转变扶贫理念、完善制度设计、整合扶贫资金、创新考核机制等建议；罗江月、唐丽霞（2014）还研究了国际扶贫经验及其对中国扶贫工作的启示。

对供给侧改革和扶贫供给侧改革的研究。供给侧改革是近年来学界研究的热点，马常艳（2015）总结了当前学界有关“供给侧改革”含义、源起、核心等研究成果；杨立杰（2016），董鑫（2016）等主要强调了供给侧改革的必要性、必然性及其中的政府作为等问题。一些学者也从供给侧改革的视角来关注扶贫问题和精准扶贫问题，主要对扶贫供给侧改革的必要性、内容及路径等进行研究。如刘彦随、曹智（2017），张亚明（2017），吴宏洛（2017）分析了精准扶贫的供给侧矛盾及其改革策略；马海涛、王晨（2016），魏加威（2017）等研究了供给侧改革视角下精准扶贫资金投入机制或财政政策问题；郭龙（2017）探讨了农业扶贫的供给侧改革问题。

对福建省精准扶贫问题的研究。整体来看，这方面的研究成果不是很多，高碧丹、王成超（2018），陆珍等（2019）运用多维贫困标准对福建省贫困县加以识别；詹东新（2015），冯承杰（2016），叶小丽

(2016)，杨德伟（2016)，黄森慰等（2019）关注了福建省某一领域、某一群体或某一地域的精准扶贫问题及其应对策略；吴潇菲（2017)，人民论坛专题调研组（2017）等分析了福建省精准扶贫的经验；颜建升（2016）分析了泉州市农村精准扶贫政策问题。上述成果较少从供给侧改革的视角来看待福建省精准扶贫工作。

总之，当前国内外学术界对精准扶贫和供给侧改革均进行了一定的研究，近年来学术界从供给侧改革视角来探讨扶贫问题也为本课题的研究提供了很好的思路。但上述研究多针对中国整个精准扶贫工作而言，而且集中于策略探讨，对精准扶贫政策本身的研究较少，对各地扶贫政策的差异性也关注不够，因此仍有必要从供给侧改革角度来研究福建省精准扶贫政策的供需匹配问题。

三、研究思路和研究方法

（一）研究思路

本课题以福建省精准扶贫政策为研究对象，从供给侧改革视角考察福建省精准扶贫政策优化的必要性、可行性及其具体途径。

具体思路如下：①问题提出。从理论上分析“精准扶贫”与“供给侧结构性改革”的关联，强调从供给侧改革视角进行精准扶贫政策优化的合理性。②政策分析。通过资料收集和调查研究，考察近年来福建省精准扶贫政策及其实践，通过各种纵向、横向对比，探讨其成功经验和不足之处。③理论论证。从供给侧改革视角对福建省精准扶贫政策优化的必要性及可行性进行论证。④策略分析。从供给侧改革视角分析福建省精准扶贫政策优化的实施路径。如图 0-1 所示。

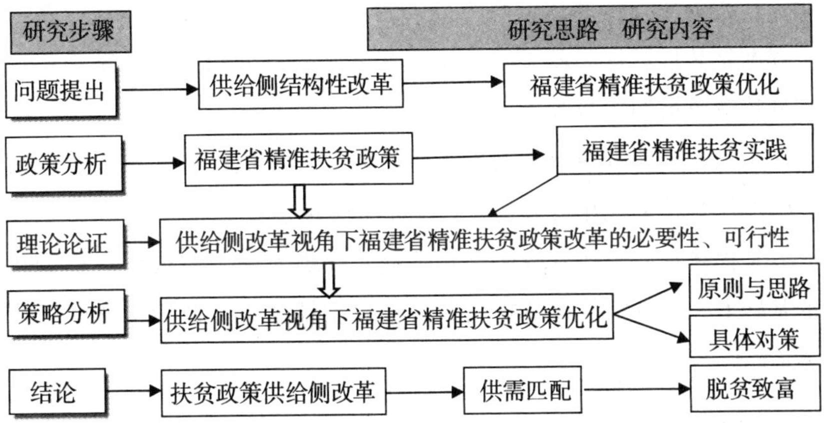

图 0-1　供给侧改革视角下福建省精准扶贫政策优化研究思路

（二）研究方法

资料收集方面，本课题主要运用文献法和社会调查法，前者主要用于福建省精准扶贫政策的考察，后者主要用于福建省精准扶贫政策执行及其效果的观察。

具体分析方法主要有以下两种：（1）对比分析法。通过对福建省扶贫政策的纵向、横向比较，归纳其特点及演变规律。（2）案例分析法。通过对福建省精准扶贫案例的剖析，了解精准扶贫政策的执行情况及政策实效，分析政策优化的必要性和可能性。

四、总体框架

除绪论和结语外，本课题主要分为以下几个部分。

一是阐述“精准扶贫政策”和“供给侧改革”的关联，包括“精准扶贫”“政策供给”“供给侧改革”等相关概念，强调精准扶贫供给侧改革的必要性及精准扶贫政策优化在扶贫供给侧改革中的地位。

二是福建省扶贫工作沿革及其成效。包括改革开放以来福建省扶贫工作的发展沿革和成效，强调改革开放以来福建省扶贫工作和扶贫政策的主要内容和特点。

三是当前福建省精准扶贫政策现状及其优势。从当前福建省贫困现状出发，将福建省精准扶贫政策分为宏观扶贫规划、专项扶贫政策、扶贫资源配备和扶贫保障政策等几个方面分别加以介绍，并总结当前福建省精准扶贫政策的优势所在。

四是当前福建省精准扶贫政策供给问题。从供给侧改革视角考察福建省精准扶贫政策优化的必要性、可行性及难点。

五是福建省精准扶贫政策优化策略。在借鉴当前先进扶贫理论和经验的基础上，从供给侧改革视角分析福建省精准扶贫政策优化的思路和具体策略。

五、创新之处

选题新颖。本课题试图将“供给侧改革”与“精准扶贫政策”结合起来，认为供给侧改革为扶贫工作优化提供了新思路。供给侧改革要求增强供给结构对需求变化的适应性，精准扶贫政策作为扶贫供给侧的重要内容也需要顺应需求变化而不断创新和优化。

学术观点新颖。本课题认为目前我国扶贫主要矛盾已经由供给总量不足转为结构性矛盾，精准扶贫政策属于扶贫政策供给，是扶贫供给侧改革的主要内容；从供给侧角度看，福建省精准扶贫政策在供给方式、供给结构和供给主体等方面仍有改进空间，但同时政策优化在政策配套、资源整合等方面较有难度，不仅需要各方转变观念，而且需要在制度设计、工作体制安排等方面加以优化。

政策建议上，本课题认为在宏观方面，精准扶贫要形成完整的精准扶贫政策体系，要注重政策的协调、稳定和配套性；在优化精准扶贫政策时，既要统筹规划，又要因地制宜，确保可操作性。在微观方面，要改善政策供给方式，优化政策供给结构，如加强对贫困者的职业培训和创业支持等；要创新扶贫资源管理机制，清晰各方权责，保证供给质效；要扶持多元扶贫供给主体，整合资源，构建长效扶贫机制等。

第一章

供给侧改革与精准扶贫政策

本章着重阐述供给侧改革与精准扶贫政策之间的关联，强调精准扶贫政策优化在扶贫供给侧改革中的必要性和重要性。

第一节　相关概念界定

要了解供给侧改革与精准扶贫政策的关联，需要厘清与之相关的一些基本概念。

一、贫困

在不同时期、不同国度，对贫困概念的界定不尽相同。一般认为，贫困分为绝对贫困和相对贫困。绝对贫困是从生存角度观察问题，是指个人和家庭依靠其劳动所得和其他合法收入不能维持其基本生存需要，这样的个人或家庭就被称为贫困人口或贫困户。为便于操作，我国以解决温饱所需要的最低支出作为贫困线，且以家庭人均收入为主要划分依据。我国现行贫困线标准是2011年确定的农民人均纯收入2300元（2010

年不变价），根据这一标准，我国农村贫困人口数量2011年为1.28亿人，2014—2016年底分别减至7017万人、5575万人、4335万人①，根据国家统计局信息，2017年、2018年底进一步减至3046万人、1660万人。

相对贫困反映的是收入差距问题，它是指与社会平均水平相比，个人或家庭收入水平少到一定程度时的社会生活状况。绝对贫困是可以消灭的，但相对贫困则将长期存在，只能依靠社会调节来缩小差距程度。对于一个国家而言，扶贫工作首先是消灭绝对贫困，而后才是缩小相对贫困程度。

当前我国脱贫的重点仍是消灭绝对贫困，但相对贫困问题正越来越受到重视。《中国农村扶贫开发纲要（2001—2010年）》中提出："尽快解决少数贫困人口温饱问题，进一步改善贫困地区的基本生产生活条件，巩固温饱成果，提高贫困人口的生活质量和综合素质，加强贫困乡村的基础设施建设，改善生态环境，逐步改变贫困地区经济、社会、文化的落后状况，为达到小康水平创造条件。"而《中国农村扶贫开发纲要（2011—2020年）》则表述为："到2020年，稳定实现扶贫对象不愁吃、不愁穿，保障其义务教育、基本医疗和住房。贫困地区农民人均纯收入增长幅度高于全国平均水平，基本公共服务主要领域指标接近全国平均水平，扭转发展差距扩大趋势。"前者着重于解决贫困人口的温饱问题并提供基本的生产生活条件，后者更强调提供基本的公共服务，稳定脱贫，缩小差距，缓解相对贫困问题。不仅如此，2019年10月召开的中共十九届四中全会更是明确指出：在2020年消除绝对贫困后，脱贫攻坚战的重心将转向解决相对贫困。可见，解决相对贫困问题即将成为我国扶贫工作的重点。

同时，近年来，我国还根据贫困户属性将贫困者分为一般贫困户、低保贫困户、特困供养贫困户。其中，一般贫困户是指狭义的贫困户，指家庭有劳动能力，且家庭人均纯收入低于国家贫困识别标准的农户。

① 林晖、陈春园：《国务院扶贫办：我国现行贫困标准已高于世行标准》，2015-12-15，http://politics.people，com.cn/nl/2015/1215/c70731-27932806.html

低保贫困户是指享受了国家低保待遇，家庭人均纯收入仍低于国家贫困识别标准的农户。低保贫困户享受国家低保和扶贫双重待遇。特困供养户是指享受了国家特困供养待遇，家庭人均纯收入仍低于国家贫困识别标准的农户，特困供养贫困户享受国家特困供养和扶贫双重待遇。一般指农村中无劳动能力、无生活来源、无法定赡养扶养义务人或虽有法定赡养扶养义务人，但无赡养扶养能力的老年人、残疾人和未成年人。特困供养贫困户一般为分散供养的特困供养户。

此外，我国反贫困战略也区分了区域贫困和个体贫困，前者从整体地域角度来看待贫困，后者则从个人和家庭角度来审视贫困。

近年来，学界还倾向于从多维视角来看待贫困问题，如从可行能力、权力、教育、健康、社会融入等多层面来解读贫困，并提出了能力贫困、权力贫困、知识贫困等多种概念。即便是经济层面，也不限于收入贫困，还包括消费贫困、资产贫困等。正如世界银行在《2004 年世界发展报告》中所指出的，贫困已经超越了收入性贫困，文盲、疾病、性别歧视、环境退化等都是贫困。无论如何，发展至今，贫困的测量已由最初单一的收入或消费标准日益拓展到包括经济领域和教育、健康、营养、资源禀赋、环境、区位、脆弱性、权力等非经济领域的综合标准，对贫困进行多维、动态解读和识别已为更多的学者所认同。

对致贫原因的分析有利于消除贫困，然而，贫困是一个复杂的社会现象，学者们从不同学科、不同视角对致贫原因和机理予以解释。第一，从发展视角。认为贫困主要源于发展的基础条件欠缺，发展的体制和机制不健全，发展的社会环境整合度低，致使不同层次的发展极未能实现等。第二，从人口与非人口视角。前者包括人口挤压论、人口陷阱论和资源匮乏论；后者包括分配制度、贫困文化等。第三，从风险角度。其主要观点是经济社会转型使农户难以应付各种风险冲击。① 第四，从综合因素考虑。大多数学者认为贫困是自然因素（资源短缺或禀赋不足，地

① 杨龙、李萌：《贫困地区农户的致贫原因与机理——兼论中国的精准扶贫政策》，《华南师范大学学报（社会科学版）》，2017 年第 4 期，第 33-34 页。

理偏远或环境闭塞，生态脆弱等）、社会因素（制度、市场、政府、历史和文化等）、个体因素（观念、健康状况、教育程度、社会资本等）等综合造成的，多种致贫因素之间往往相互影响。因此，从单一方面反贫困往往难以奏效。

国家扶贫系统也重视致贫原因的分析，2018 年扶贫信息系统贫困信息采集中将致贫原因分解为因病、因残、因学、因灾、因婚、缺土地、缺水、缺技术、缺劳力、缺资金、交通条件落后、自身发展动力不足、因丧等。

二、精准扶贫

“精准扶贫”概念是 2013 年 11 月习近平总书记提出来的，主要针对以往的粗放式扶贫而言。改革开放之后，在通过社会救济对贫困人口兜底的同时，1987 年国务院发出《国务院关于加强贫困地区经济开发工作的通知》，正式启动直接针对贫困地区（初期是贫困县、后改为贫困村）的大规模扶贫开发工作，试图通过贫困地区发展带动贫困人口脱贫。实践证明，这种依靠行政体系把扶贫资源传递给贫困县和贫困村的漫灌式扶贫做法对于改变贫困地区的整体面貌是有效的，也极大地促进了贫困地区居民温饱问题的解决，但同时也因信息、措施等不精准而导致扶贫成本高、效率低，贫困地区内部贫富差距扩大等问题。之后，国家也开始实施攻坚式扶贫，但一些政策由于不区分使用对象，对特定群体的帮扶效果仍然有限。

针对以前主要通过规模化政策扶贫带来的脱贫效应递减问题，习近平总书记强调：“扶贫开发贵在精准，重在精准，成败之举在于精准。”①他还明确提出“扶持对象精准、项目安排精准、资金使用精准、措施到

① 习近平：《谋划好“十三五”时期扶贫开发工作 确保农村贫困人口到 2020 年如期脱贫》，《人民日报》2015 年 6 月 20 日。

户精准、因村派人（第一书记）精准、脱贫成效精准”六个精准扶贫要求。[①] 随后，“精准扶贫”成为我国扶贫工作的基本方略。

精准扶贫既是一种新的扶贫理念，也是一种新的扶贫方式。在操作层面，围绕“扶持谁、谁来扶、怎么扶”这三大主题，精准扶贫设计了精准识别、精准帮扶、精准管理和精准考核四个环节。[②] 其中，精准识别是精准扶贫的首要流程，主要保证瞄准扶贫对象；精准帮扶要求依照贫困户致贫原因和脱贫条件，有针对性地扶持贫困群体；精准管理要求对扶贫工作全程、实时跟踪和把控，根据扶贫进展及时调整扶贫举措和扶贫对象；精准考核指对扶贫效果进行科学评估，并依此进行的后续处理。识别、帮扶、管理和考核四者相互结合，连为一体，共同构成“精贫扶贫”思想体系。

精准扶贫政策是对精准扶贫工作的系统安排，涵盖精准识别、精准帮扶、精准管理和精准考核的各个方面，包括对扶贫主体、对象的认定和调整，扶贫方式、方法的选择，扶贫资源的聚集、配置和管理，扶贫效果的评估考核及相应的主体责任追究等各方面。精准扶贫政策是一个体系，涉及广泛且呈动态发展态势。从层次来看，不仅包括国家层面的精准扶贫政策，也包括地方层面的精准扶贫政策。

三、供给侧改革

习近平总书记2015年11月在中央财经领导小组会议上强调，在适度扩大总需求的同时，着力加强供给侧结构性改革。之后，“供给侧改革”就成为热词。那么，什么是“供给侧改革”，供给侧改革又主要解决哪些问题？

经济学中的“供给”是指生产者在某一特定时期内，在每一价格水

---

① 习近平：《谋划好“十三五”时期扶贫开发工作　确保农村贫困人口到2020年如期脱贫》，《人民日报》2015年6月20日。

② 后又提出“对象精准、内容精准、目标精准、方式精准、考评精准、保障精准”“六个精准”原则。

平上愿意并且能够提供的一定数量的商品或劳务。"供给侧"相对于"需求侧"而言，涉及供给的各个方面，包括供给的范围和水平，也即某一特定时期内提供的商品或劳务的种类、数量和质量。国民经济的平稳发展取决于经济发展中需求和供给的相对平衡。一般认为，需求侧主要有投资、消费、出口三个方面，而供给侧则有劳动力、土地、资本、制度创造、创新等要素。

"供给侧改革"的提出有着特定的时代背景，这主要是因为改革开放以来，我国经济体制改革在取得巨大成就的同时，也产生了生产成本上升、产品供需不匹配、资本边际效率下降、市场机制运行不畅等问题。基于此，党和国家才不失时机地提出"供给侧改革"的经济改革战略，强调在适度扩大总需求的同时，加强供给侧结构性改革，着力提高供给体系质量和效率，使供给体系更适应需求结构的变化，从而破解经济发展中的一些难题。

学界也从不同视角对"供给侧改革"的内涵及具体内容作出不同的阐释。如贾康在2013年就提出中国未来改革的核心应从供给侧入手。他认为，供给侧结构性改革是强调在供给角度实施结构优化、增加有效供给的中长期视野的宏观调控①；徐林认为供给侧改革的核心是降低企业的制度性交易成本，包括交易成本、各种税费、融资成本、社会保障成本等；张军则认为供给侧改革的核心是结构改革，结构改革最原始的意义就是通过比例的调整，改善效率。总之，供给侧改革的重点在于调整和优化供给结构，其目标是实现供给侧与需求侧的大致平衡，这已成为政界与学界的共识。也因为如此，学界常将"供给侧改革"与"供给侧结构性改革"混用。由于在扶贫领域，既存在供给不足问题，也存在供给结构失调问题，因此本课题虽用"供给侧改革"，但也包含"供给侧结构性改革"的内容。

如何进行供给侧结构性改革？学者们见仁见智。如刘世锦指出首先要在减产能方面切实加大力度；周天勇认为，供给侧结构性改革应强调

① 贾康：《从供给端发力破解经济发展瓶颈》，《中国投资》2013年第12期。

五个“关键”：一要技术创新，二要改革体制，三是增加人口供给，四要通过减税减费，五要解决高利贷问题。现阶段尤其要增加人口供给；贾康强调以高效的制度供给和开放的市场空间，激发微观主体创新、创业、创造的潜能，构建我国经济长期稳定发展的新动力；冯俏彬认为供给侧结构性改革的方法是制度创新与制度供给。[①]

综上所述，在经济新常态背景下，国家顶层适时推出“供给侧结构性改革”，强调用改革的办法推进供给结构调整，提高供给质量，扩大有效供给，促进经济社会持续健康发展。而供给侧改革的内容既有微观市场经济主体的技术创新等问题，也有宏观制度环境和其他社会环境的改善问题。这就表明，供给侧改革不仅是市场经济主体自身的使命，也是政府的责任。

四、政策供给和扶贫政策供给

政策供给属于供给侧的制度内容。顾名思义，政策供给就是提供政策，是针对政策需求做出的反应。

扶贫是重要的民生保障工程，政府是责无旁贷的主要主体。在这一领域，政府提供的既有服务也有商品。政府不仅要为供需双方提供安全、规范的制度环境和基本的公共设施，而且由于扶贫的特殊性质，政府本身就是扶贫最主要的供应方，在扶贫资源的筹措、分配等方面负有不可推卸的责任。同时，政府还需要引导、监管来自市场和社会的扶贫资源，而这一切都需要制度加以确认和规范，扶贫政策也就应运而生。一般说来，扶贫政策供给有狭义和广义之分，狭义的政策供给主要强调给贫困地区和贫困群体的优待政策；而广义的政策供给是指对扶贫工作的整体性安排，包括扶贫主体、扶贫对象、扶贫方式、扶贫资源、扶贫监管考核等的确定和规范。本课题所指扶贫政策如未注明均指广义含义。作为扶贫的整体性安排，扶贫政策供给对其他类别的扶贫供给具有引领和统率作用。

---

① 冯俏彬：《透视供给侧结构性改革》，北京出版社，2017 年，第 185 页。

五、有效供给与扶贫政策有效供给

需求和供给的相对平衡对国民经济的平稳发展至关重要。有效供给指相对于需求的正向效用，强调供给对需求的匹配程度。对于公共服务绩效来说，效率、效益是两个相互联系又不可或缺的评判标准。而有效供给，不仅强调供给的效率，还强调供给的效益，前者关注投入与产出的关系，后者更强调投入与需求的匹配程度。

扶贫政策的有效供给是指通过扶贫政策的自我完善及政策传递机制的优化，促使扶贫政策高效、优质、准确地输送给政策需求者。也就是说，要保证扶贫政策的有效供给和高效运转，不仅需要完善扶贫政策，也需要构建高效的政策传递机制。

第二节　精准扶贫供给侧改革

精准扶贫的实施效果很大程度上取决于扶贫需求和扶贫供给的相对平衡，因此有必要透彻了解扶贫需求和扶贫供给。

扶贫需求不仅包括贫困对象的需求，还包括扶贫事业的客观需求，这主要是由于单个贫困对象（包括一些贫困地区）不一定能对脱贫需求有一个理性的判断。一般而言，贫困对象对扶贫资源包括政策、资金、项目、服务等的感受更为直接和迫切；而从整个扶贫事业出发，则还需要更多地考虑扶贫资源的利用效率、扶贫保障是否健全等，因此扶贫需求不限于贫困对象的需求。

而扶贫供给则是扶贫方所能提供的各种资源。具体而言，作为一项民生保障工程，扶贫工作不能仅靠市场来完成，还需要政府兜底和社会帮扶。因此，扶贫供给不仅包括狭义上扶贫政策的制定以及据此而来的扶贫物资、项目和服务等的提供和管理，还包括与之相关的帮扶主体、帮扶方式的确定，配套制度的完善，及帮扶过程的监管和考核等多个方面。概括起来，扶贫供给包括政策供给（狭义）、资源供给、保障体系供给等多个方面。其中政策供给主要指提供给贫困地区和贫困群体的各项优待政策，包括社保、住房、贷款、产业发展、就业、就医等各种优待；资源供给是实际提供给贫困地区和贫困群体的各项物资、服务、项目、人才等；保障体系供给包括政策和资源供给方式、帮扶主客体权责及相互关系的确定，财政金融等配套制度的完善，扶贫资源和扶贫过程的监管，扶贫成效的考核评估，扶贫责任的追究等。

由于扶贫供给各组成部分内部极为复杂，如扶贫政策供给既包括国家层面政策，也包括地方层面政策，还可将政策按类别划分，即扶贫政策供给内部也有其自身的结构性搭配和安排。因此，扶贫供给侧结构指的是扶贫供给各组成部分及其相互之间的关系，既强调政策供给、资源供给、保障体系等内部结构，又强调各供给结构间的相互关联。如既强调帮扶主体的多元结构，强调各主体地位和功能的配置，又强调各自的帮扶资源和帮扶方式及其政策支撑等。

近年来，尤其是自 2013 年“精准扶贫”概念提出之后，扶贫供给受到了各界关注，扶贫供给结构也发生了较大改变。如在帮扶主体方面，近年来整合社会力量扶贫得到了极大的关注，2015 年《中共中央国务院关于打赢脱贫攻坚战的决定》明确要求：健全社会力量参与机制，鼓励支持民营企业、社会组织、个人参与扶贫开发，实现社会帮扶资源与精准扶贫的有效对接。2017 年中共十九大也提出“要动员全党全国全社会力量，坚持精准扶贫、精准脱贫”。精准扶贫是一项系统工程，需要用好政府、市场、社会三种资源，充分发挥民营企业、社会组织、个人等社会力量的各自优势，尤其当主要依靠政府扶贫的传统模式日益暴露出其弊端的时候，倡导社会力量扶贫有利于摆脱以往政府扶贫单打独斗，心有所系，但力有不逮的困境。又比如在扶贫资源供给方面，以往单纯强调给钱给物，现在不仅强调加大财政扶贫力度，而且更强调“予人以鱼，不如授人以渔”，智力帮扶、产业扶贫得到更多的重视，扶贫先扶志，脱贫意愿和脱贫信心也引起了各界极大的关注。即使是在财政支持上，也不局限于加大转移支付力度，资金的分配和使用也日益受到关注，贫困者无偿使用逐渐转向无偿和有偿使用相结合。可见，在强调扶贫效率和效益的同时，扶贫供给结构也悄然发生了变化。

不仅如此，精准扶贫战略的出台本身就是一场供给侧改革。以前我国自上而下对扶贫事业的投入不可谓不大，但效果却难以实现预期，关键在于供非所需，或对象不够精准，或配置低效。在此背景下，精准扶贫作为一种新的扶贫理念和扶贫方式，强调精准识别、精准帮扶、精准管理、精准考核，很大程度上就是要改善供给结构，提高有效供给。况且，作为一项顶层设计，精准扶贫本身就是公共政策的供给创新，是对传统扶贫政策的完善，使扶贫政策供给更契合当今扶贫现实的需求。

几年下来，精准扶贫工作初见成效，然而各地也仍然存在着扶贫对象定位难、扶贫产业找准难、扶贫资金统筹难等问题，一些地方扶贫投入与产出不成正比，扶贫供需不平衡、不匹配甚至错位问题也有所发生，这些现实困扰已成为全面建设小康社会的绊脚石。恰逢此时，中央提出的“供给侧结构性改革”为“精准扶贫”改革提供了新思路。学者们认为，扶贫供给侧结构性改革就是从扶贫供给侧入手，通过优化或重组扶贫投入结构，增强有效供给来提高扶贫质量，进而推进精准扶贫、精准脱贫，其核心在于进一步提高扶贫的针对性、实效性。[①] 学者们还针对扶贫供给侧结构性改革提出一些具体建议，涉及扶贫供给方式、扶贫供给主体、扶贫思维以及具体的扶贫供给要素等方面。无论如何，“供给侧改革”是用改革的办法推进供给结构调整，矫正要素配置扭曲，意在提高供给质量，扩大有效供给。

总之，要解决现今扶贫攻坚难题，必须进行精准扶贫供给侧改革，通过优化扶贫政策、整合扶贫主体、创新扶贫方式、合理配置扶贫资源、夯实扶贫保障体系等，改善扶贫供给结构，增强有效供给，提升扶贫效果。

---

① 王思铁：《供给侧改革精准扶贫的新动力》，《四川党的建设》2016 年第 9 期，第 56-57 页；叶善青：《扶贫供给侧结构性改革研究》，《福建论坛（人文社会科学版）》2017 年第 2 期，第 180-186 页。

第三节　精准扶贫政策优化是扶贫供给侧改革的重要内容

在扶贫供给侧各组成部分中，扶贫政策无疑是其中的核心部分。如前所述，扶贫供给包括政策供给、资源供给、保障体系供给等多个方面，狭义的政策供给是贫困地区和贫困群体享受各项优待的政策依据，广义的政策供给更是在整个帮扶工程中起着统领的作用。扶贫活动能否取得预期效果，首先要看扶贫框架设计是否合理和严谨。因此，扶贫供给侧改革的起点和核心就是广义扶贫政策供给的改革。

反观精准扶贫政策，2013 年以来，在新一届领导集体的带领下，我国精准扶贫政策从顶层设计到基层配套政策都有了较大的改善，几年来，精准扶贫政策体系初步形成。2014 年 1 月，中共中央办公厅、国务院办公厅印发《关于创新机制扎实推进农村扶贫开发工作的意见》，随后国务院扶贫办等相关部门相继出台了《关于印发〈扶贫开发建档立卡工作方案〉的通知》（2014 年 4 月）、《关于印发〈建立精准扶贫工作机制实施方案〉的通知》（2014 年 5 月）、《中共中央国务院关于打赢脱贫攻坚战的决定》（2015 年 11 月）、《关于做好全国扶贫开发信息系统推广使用工作的通知》（2016 年 9 月）、《关于切实做好就业扶贫工作的指导意见》（2016 年 12 月）、《关于做好 2017 年贫困县涉农资金整合试点工作的通知》（2017 年 2 月）、《关于做好财政支农资金支持资产收益扶贫工作的通知》（2017 年 5 月）、《关于切实做好社会保险扶贫工作的意见》、（2017 年 8 月）、《关于广泛引导和动员社会组织参与脱贫攻坚的通知》（2017 年 12 月）、《关于进一步做好当前旅游扶贫工作的通知》（2018 年 3 月）、《关于推进网络扶贫的实施方案（2018—2020 年）》（2018 年 5 月）、《关于打赢脱贫攻坚战三年行动的指导意见》（2018 年 6 月）、《关于扩大构树扶贫试点工作的指导意见》（2018 年 7 月）、《关于开展扶贫扶志行动的意见》(2018 年 10 月)、《关于运用政府采购政策支持脱贫攻坚的通知》(2019 年 5 月)、《政府采购贫困地区农副产品实施方案》(2019 年 8 月) 等纲要性文件。一系列配套性政策也相继出台，如 2015 年国务院《乡村教师支持计划 (2015—2020 年)》，2017 年国土资源部《关于进一步运用增减挂钩政策支持脱贫攻坚的通知》，2018 年国务院扶贫办《关于完善县级脱贫攻坚项目库建设的指导意见》等。与此同时，各地方政府也颁布了扶贫的具体政策。这些扶贫政策对精准扶贫的目标、方式方法、工作要求和工作机制等都做出了规定，从而为我国扶贫工作指明了方向。

与此同时，自“精准扶贫”战略实施以来，由于扶贫对象和扶贫举措的日益精准，扶贫工作取得显著成效。截至 2018 年末，全国农村贫困人口从 2012 年末的 9899 万人减少至 1660 万人，累计减少 8239 万人；贫困发生率从 2012 年的 10.2%下降至 1.7%，累计下降 8.5 个百分点。[①] 这说明，我国精准扶贫政策整体上是成功的。

虽然如此，但如前所述，目前我国精准扶贫工作仍然存在着扶贫瞄准有误、扶贫成本不断加大、扶贫边际效益下降等问题。其原因，一部分学者从精准扶贫的政策和机制本身进行解释，认为精准扶贫政策本身存在不足甚至具有悖论，而扶贫对象的差异性也会引发精准难题。[②] 无论如何，精准扶贫实践难题与精准扶贫政策自身设计是否严密和可操作都具有很大的关系，而上述问题的存在也说明当前我国精准扶贫政策还有改善的空间。毕竟作为精准扶贫工作的系统安排，精准扶贫政策在颁布实施前的政策分析阶段，应该充分考虑政策的合理性、可行性，并对扶贫工程内外部实施环境做出充分估计，否则可能会因政策理想化、复杂化导致实践中难以有效贯彻。在政策实施过程中，也应进行常态监控，对于一些效率或效益不高的政策安排应予以调整和完善，及时止损

---

① 林火灿：《如何看待当前经济形势》，《经济日报》2019 年 2 月 27 日第 3 版。

② 葛志军、邢成举：《精准扶贫：内涵、实践困境及其原因阐释———基于宁夏银川两个村庄的调查》，《贵州社会科学》2015 年第 5 期，第 157-163 页。

和增益。

再从政府扶贫的角度看，作为一项民生保障工程，政府是扶贫的主要供给者，而政府扶贫供给中首先就是扶贫政策（狭义）和扶贫资源（财、物等）的供给，同时，政府还是扶贫政策的重要执行者以及扶贫活动的协调者。当前，从实践层面看，政府精准扶贫难题主要体现在几个方面：其一，数字扶贫，搞形式主义，为了政绩强行摘帽；其二，扶贫措施单一或生搬硬套，项目设计脱离群众、脱离实际；其三，与社会、企业合作有待加强，协同扶贫机制尚不成熟；其四，基层政府扶贫能力有限。这些既需要在扶贫实践中加以改进，也需要在扶贫设计上加以完善，如在精准考核、精准帮扶主体设计上加以优化，为基层政府扶贫能力提升提供更多政策支持等。事实上，扶贫资源提供的数量、结构和方式，政策执行和协调活动的考核和责任追究这些都需要制度来明确和规范。因此，广义的扶贫政策完善是政府扶贫供给改革的重要内容。

总之，作为扶贫供给的重要组成部分，精准扶贫政策在实践中还有进一步完善的空间，而精准扶贫政策的完善正是扶贫供给侧改革的重要内容。

第二章

改革开放以来福建省扶贫工作沿革及其成效

第一节　改革开放以来福建省扶贫工作沿革

福建省位于我国东南沿海，省内以山地和丘陵为主，素有“八山一水一分田”之称。受自然因素的影响，在改革开放以前，福建省经济发展落后，贫困问题普遍。早在1952年，福建省就成立了老区扶建机构，对老区扶贫工作做出部署。与此同时，省民政厅也安排了专项救济事业费，帮助贫困户解决生活困难问题。但由于贫困面较广，加之受国内频繁的政治运动影响，扶贫效果有限。改革开放之后，凭借独特的“侨”情和先行先试的政策优势，福建省民营经济发展迅速，贫困问题得到极大缓解。但与此同时，受自然因素以及经济社会条件的影响，福建省内部区域经济发展不均衡，广大山区仍存在相当比例的欠发达区域，在一些偏远山区甚至形成连片贫困集聚区，扶贫形势依然严峻。

对此，在国家扶贫战略的指引下，福建省出台了一系列政策措施，对扶贫工作予以指导和规范。以消除贫困的思路、方式为视角，改革开放以来福建省扶贫工作大致经历了以下几个阶段。

一、扶贫开发探索期：20 世纪 70 年代末至 90 年代初

中华人民共和国成立初期平均分配与社会救济相结合的反贫困战略，一方面保障了大多数人的基本生存需要，另一方面也使普遍贫困问题得以延续。福建省亦是如此，尤其是在农村，经济发展缓慢。1978 年，福建全省农民人均收入仅 138 元，1954—1978 年年均增长 0. 68%。① 农民生活水平低下。

1979 年，福建省开始重点关注贫困地区。同年 2 月，省民政部门改变以往单纯生活救济的方式，在保证贫困民众基本生活的前提下，单独拨出一块资金帮助贫困地区发展生产。其时，省民政厅协同晋江地区民政局在惠安县山霞公社进行扶贫试点，收效显著。当年，省民政厅把试点工作扩大到全省 28 个县最困难的 30 个公社和 35 个大队，从而拉开了改革开放后福建省开发式扶贫的序幕。与此同时，各地老区扶贫扶建工作也逐渐恢复。1981 年 7 月，福建省委、省政府发出《关于加强革命老根据地建设的决定》，决定采取有力措施帮助老区脱贫。其时，具体的扶贫工作主要由民政部、老区办负责。

较大规模的扶贫开发工作是在 1984 年后。当年 6 月 24 日，《人民日报》登载了时任宁德福鼎县委报道组组长王绍据《穷山村希望实行特殊政策治穷致富》的读者来信，报道了赤溪村下山溪村的赤贫状况（人均年收入不足 200 元，贫困面 90%以上），并配发评论员文章《关怀贫困地区》，引起了党中央的高度关注。9 月，中共中央、国务院发出《关于帮助贫困地区尽快改变面貌的通知》，决定改变以往那种单纯救济的思想，在贫困地区实行更灵活、更开放的政策，帮助贫困地区提高生产能力，发展商品生产。1986 年，国务院成立了贫困地区经济开发领导小组，并首次确定了国定贫困县标准。从此，以县为单位，有组织、有计划的扶

① 福建省脱贫致富办公室、中共福建省委党史研究室：《福建扶贫史》，中央文献出版社，2001 年，第 51 页。

贫工作在全国范围内大规模展开。

在福建，1985 年初，省委、省政府就贯彻执行《关于帮助贫困地区尽快改变面貌的通知》召开专门会议，确定了扶贫工作的重点对象及其划分标准，将年人均纯收入低于 150 元的农户或乡，且三五年内无法超过的，定为贫困户或贫困乡。根据这一标准，当年确定 153 个乡为省重点扶持的贫困乡，11 个县为重点扶持贫困县。① 各地市可根据实际情况，自行确定本地重点扶持的一些县和乡（镇）、村。这些重点贫困地区可以享受物资分配、建设资金、税收、基础设施发展等方面的优待。同年，扶贫工作被纳入省国民经济和社会发展第七个五年计划。为了保证扶贫工作的顺利开展，全省贫困县均成立了由县长负责的扶贫领导机构。

1986 年，福建省扶贫工作推进力度明显提升。年初，省政府决定省财政三年拨款 1 亿元设立扶贫开发基金，帮助 11 个贫困县脱贫。为充实贫困地区的干部队伍，这年的 4、6 月先后发出《关于选调省直属机关干部加强贫困县工作的通知》《关于省直各部门、各大专院校与县实行挂钩的通知》，并在此后的 3 年时间里，共派遣了 3 批共 1707 名干部参加扶贫工作队，建立了省级领导、省直机关、大专院校与贫困县的挂钩联系制度。当年 5 月成立了省老少边岛贫困地区脱贫致富领导小组，并通过了《关于加强老、少、边、岛贫困地区脱贫致富工作的决定》，加强了扶贫工作规划。此后，大规模扶贫工作在全省全面展开。

另外，从 1985 年之后，福建省制定了数十项扶持贫困地区的优惠政策，涉及财政、税收、信贷、物资发放、资金引进、商业、交通、水电、教育、卫生等领域，旨在通过增加扶贫投入，改善贫困地区的投资环境，助推贫困地区的发展。其中仅资金一项，在 1986—1988 年，中央和省有关部门投向贫困地区的资金就达 8.15 亿元，各地市县也筹集 7800 多万元

① 福建省脱贫致富办公室、中共福建省委党史研究室：《福建扶贫史》，中央文献出版社，2001 年，第 95 页。

用于扶贫。[①] 此外，各贫困县、贫困边缘县还可根据省有关规定和各地的实际情况，自行拟定一些吸引人才、稳定人才的优惠政策和措施，实际赋予贫困地区更多的自主权。

实践中，福建省注重帮助贫困乡发展乡镇企业，帮助贫困户发展家庭经济，为此还广泛开展实用技术培训。据不完全统计，1986—1988 年 3 年间，全省贫困县乡有 30 万余人次接受了培训。同时省相关部门大力推广科技成果，如安溪县龙门乡在省农科院指导下，组织推广了水稻及猪、鸡等畜禽优良品种和庭院立体农业，取得较好的经济效益。1989 年 8 月，福建省召开全省开发性生产脱贫致富现场会。会后，各贫困县纷纷发展自己的特色产业。

基本解决温饱问题之后，福建省委、省政府在 1989 年初明确提出扶贫工作“决心不动摇，政策不改变，资金不减少，工作不放松”的决定。这与 1990 年初国务院批转贫困地区经济开发领导小组《关于九十年代进一步加强扶贫开发工作的请示》的精神不谋而合。后者提出，从 1991 年始，全国贫困地区要在解决大多数群众温饱问题的基础上，转入以脱贫致富为主要目标的经济开发新阶段。此后，福建贫困地区基础设施建设大规模开展，宁德、龙岩等地开展了扶贫试验开发工作，各地扶贫协会纷纷建立。

整体看来，由于全国层面尚无可以直接照搬照抄的经验，这一时期福建省扶贫工作还处于摸索阶段，扶贫思路不断完善，出台的政策措施丰富。而且在摸索中也涌现出不少扶贫新路子，如为改变宁德地区的贫困问题，1988 年底，时任地委书记习近平决定将一些贫困群体从发展基础和条件较差的贫困村、受灾村实施搬迁，这一举措被老百姓形象地称为“造福工程”，并在全国开了先河。同时，福建省率先在全国开展山海协作工程，1985 年时任省委书记项南建议组织沿海商品经济发达乡村对口支援内地贫困乡村，还提议福州市支援宁德地区。此后，福州市和宁

① 福建省脱贫致富办公室、中共福建省委党史研究室：《福建扶贫史》，中央文献出版社，2001 年，第 133 页。

德地区在省内率先开展了对口支援活动。1991 年初，福建省脱贫办正式制定了《福建省发达地区扶持、带动贫困地区脱贫致富规划设想》。此外，1989 年福建省还组织省直机关大专院校与贫困县开展挂钩扶贫。这些对口帮扶活动在全国均开展较早。

经过这一阶段的扶贫开发，福建省普遍贫困状况有所改观。到 1993 年，全省贫困人口由 1985 年的 240 万降至 80 万，其中 17 个贫困县的贫困人口也由 1985 年的 170 万降为 28 万，60%的贫困户较为稳定地解决了温饱问题，15%的贫困户走上了脱贫致富的道路。[①] 罗源、建宁、福安、福鼎、诏安 5 个县摘掉了贫困县的帽子。

二、扶贫开发拓展期：20 世纪 90 年代

经过前期摸索之后，一些行之有效的经验得到推广和发展。如 1994 年，福建省财政厅、交通厅等 8 单位联合发出《关于实施“造福工程”的通知》，决定在全省推广宁德的做法，用 7 年时间（1994—2000）组织 10 万贫困人口搬迁，实施大规模的“造福工程”；又如 1998 年福建省委、省政府做出《加强沿海县市对口帮扶和省直单位定点挂钩扶持山区经济欠发达县的决定》，安排 19 位省级主要领导亲自挂钩帮扶 19 个重点扶持县，沿海 11 个经济发达县市对口帮扶 11 个山区欠发达县，42 个省直部门定点挂钩扶持 19 个山区欠发达县，尝试通过对口帮扶实现区域经济协调发展。

与此同时，福建省也对此期扶贫工作予以系统规划。1994 年 3 月国务院发布《国家八七扶贫攻坚计划》，决定从 1994 年起用 7 年时间解决当时 8000 万贫困人口的温饱问题。由此，中国扶贫开发进入攻坚阶段。同年 6 月，福建省委、省政府发出《关于实施“国家八七扶贫攻坚计划”的意见》，提出到 1997 年解决全省 80 万贫困人口的温饱问题，在全省范围内消灭绝对贫困的扶贫目标，并提出扶贫开发的基本途径和主要形式。

① 福建省脱贫致富办公室、中共福建省委党史研究室：《福建扶贫史》，中央文献出版社，2001 年，第 56 页。

之后，省政府又相继出台了《关于加快农村扶贫开发与小康建设步伐的若干政策措施》（1996）和《关于贯彻落实〈中共中央、国务院关于进一步加强扶贫开发工作决定〉的意见》（1999），提出扶贫攻坚的主攻目标和工作重点。整体上，此期福建省坚持区域经济发展与扶贫开发相结合，将贫困县和贫困乡作为重点扶贫对象，后期并将扶贫重点落实到村到户。为保证扶贫目标的实现，福建省将扶贫攻坚纳入国民经济和社会发展“九五”规划和年度计划，并要求贫困地区把脱贫开发作为第一位的工作来抓，同时落实贫困县的县长负责制，把是否做好扶贫工作作为衡量领导班子政绩和是否提拔重用的重要依据。为充实贫困地区的干部队伍，1994 年《关于加强省直单位定点扶贫工作的通知》和《关于调整省直单位定点扶贫挂钩乡镇的通知》相继出台，强化了定点挂钩扶贫责任制。福建省还注重调动各民主党派、群团组织、民营企业家等社会力量扶贫济困，他们或出谋划策，或牵线搭桥，或产业扶贫，直接或间接地参与了社会扶贫工程。同时福建省加大了财政支持力度，1994 年国家调整扶贫资金投放地区结构，将福建省每年扶贫贷款减少 8000 万元后，福建省委、省政府确定 1994—2000 年中央减少的扶贫资金由省里补上，并将省定贫困乡的 5600 多万元农业税减免款重点用于扶贫开发。与此同时，贫困地区可以享受信贷、财税、经济开发、异地开发等多项扶贫优惠政策。

1997 年绝对贫困任务基本消除后，福建省确定了扶贫工作新目标：扶持剩下的 33 万贫困人口解决温饱；巩固扶贫成果，减少返贫；扶持低收入农户发展生产。相应的，扶贫开发主战场也由贫困县转向贫困乡、贫困村，瞄准贫困户。发展资金短缺是贫困户的共同难题，福建省将小额信贷作为扶贫到户的重要举措，1996 年 11 月开始在松溪县溪东乡开展“五户联保，小额信贷”试点，1997 年后在贫困县和扶贫难度较大的县市推广。为使小额信贷管理规范化，1997 年省脱贫办还颁发了《福建省联保扶贫开发小额贷款管理试行办法》，对小额信贷的对象、管理办法等作出具体规定。1999—2000 年，全省进一步加大了小额信贷扶持力度，全省小额信贷资金达到1.08亿元，使更多贫困户得到扶持。

这一时期政府对贫困群体的生活救助继续进行，如为解决贫困户看病难问题，福建省各地积极开展医疗扶贫，派遣扶贫医疗队下乡义诊，福安、寿宁等地还设立了“病灾扶贫基金”。

经过努力，福建省贫困人口到2000年减至12万人，仅占农村人口的0.39%，在全省范围内基本解决温饱问题。① 贫困地区的基础设施建设和生产生活条件也得到明显改善。

三、大扶贫开发阶段：2001—2012年

进入21世纪，我国国定贫困县的贫困人口数量和比例明显下降，贫困人口分布从区域集中转向点状分布。面对这种新情势，2001年国务院公布《中国农村扶贫开发纲要（2001—2010）》，将扶贫开发的重点从贫困县转向贫困村，并实施以整村推进为主体，同时辅以产业化扶贫和农村劳动力转移培训的扶贫开发战略。2011年中共中央、国务院颁布《中国农村扶贫开发纲要（2011—2020年）》，在主要关注绝对贫困问题解决的同时，也开始关注相对贫困问题。由于相对贫困的区域性特征，相应的，扶贫开发主战场再次转向了集中连片特困地区。

为贯彻中央精神，2002年福建省出台了《关于实施〈中国农村扶贫开发纲要（2001—2010年）的意见》，提出今后福建省扶贫开发的总任务是：着力扶持尚未解决温饱的12万贫困人口，确保“十五”期间基本解决温饱；继续帮助15万初步解决温饱的贫困人口增加收入，稳定地解决温饱，提高生活质量；对经济欠发达县继续给予扶持，进一步改善老区、少数民族地区的生产生活条件，促进其经济社会的发展。意见并提出继续坚持开发式扶贫，巩固温饱、提高农民收入的扶贫重点。同年，省政府确定了208个省级扶贫工作重点村。而2004年、2007年、2011年，福建省采取“部门挂钩，资金捆绑，干部驻村”的办法分别实施了三轮整村推进扶贫开发，有效促进了省级扶贫开发重点村的发展。为解

① 福建年鉴编纂委员会编纂：《福建年鉴（2001）》，福建人民出版社，2001年，第155页。

决老区贫困问题，2007 年 11 月，福建省出台《关于进一步加快福建省革命老区发展的意见》，提出“老区优先，适当倾斜”的原则。2009 年 5 月，国务院发布《关于支持福建省加快建设海峡西岸经济区的若干意见》，明确提出加大对原中央苏区县、革命老区、少数民族地区的扶持力度，并出台了一系列扶持福建老区加快发展的政策措施。此外，2011 年 11 月，中央决定将农民人均纯收入 2300 元（2010 年不变价）作为新的国家扶贫标准，这一标准较 2010 年提高了 80%。按此标准，全国贫困人口数量由 2010 年的 2688 万人扩至 1.28 亿人，占农村总人口的 13.4%。[①] 由于实施这一较高标准，福建省贫困人口数量也有所增加，2012 年福建省贫困人口为 110 万。[②]

同期，针对特定项目，福建省也出台了专门的扶贫政策。如针对造福工程，2008 年，省政府出台《福建省加快实施造福工程的若干意见》，提出用 5 年时间将 38 万农村贫困群众实施整体搬迁安置的目标。2011 年，省委、省政府制定《关于加快推进“十二五”时期“造福工程”的指导意见》，提出将“造福工程”与小城镇建设及新农村建设相结合的要求。与前期相比，这一时期“造福工程”易地搬迁对象不断拓展，搬迁规模不断扩大，补助标准不断提高，搬迁方式以集中安置为主。又如针对山海协作，2012 年省委、省政府出台了《关于深化山海协作的八条意见》，进一步推进沿海较发达县（市、区）与扶贫开发工作重点县结对帮扶。

福建省也致力于加快少数民族地区经济社会的发展。1998 年 10 月，福建省委、省政府制定《关于加快我省少数民族和民族地区经济、社会发展的若干政策措施》，明确要求实施省直有关单位、经济发达的县（市、区）对口帮扶经济欠发达的民族乡、村发展经济和社会事业，并决定 1998—2000 年开展第一批挂钩帮扶民族乡工作。之后又于 2000 年、

① 顾仲阳、范小建：《扶贫标准上调至 2300 元（政策解读）》，2011 年 11 月 30 日，http：//politics. people. com. cn/GB/1026/16437873. html。

② 本报记者：《人民日报六个整版点赞福建》，《福建日报》2019 年 9 月 3 日第 1 版。

2006 年、2011 年先后启动了第二批、第三批、第四批挂钩帮扶民族乡工作。2012 年 5 月，省政府印发《关于进一步帮扶民族乡加快发展五条措施的通知》，对帮扶单位投入资金做出底线要求，并细化了帮扶工作的绩效评估标准。

在兜底扶贫方面，福建省 2001 年、2004 年分别开始实施城乡居民最低生活保障，将生活困难、符合低保条件的贫困群体纳入低保范围。2009 年 12 月，福建省正式启动新农保工作，到 2011 年 11 月提前实现新农保制度全覆盖。同时，福建省还按照有关规定将困难群体纳入城镇职工基本医疗保险、城镇居民基本医疗保险或新型农村合作医疗，贫困群体参加医保所需个人缴费部分由各级政府予以适当补助。此外，各地也实现了对鳏寡孤独和残疾人的集体供养。

四、精准扶贫时期：2013 年以来

2013 年，习近平总书记提出“精准扶贫”概念，随后，精准扶贫被确定为我国扶贫的基本战略。2015 年 12 月《中共中央 国务院关于打赢脱贫攻坚战的决定》提出新时期的扶贫目标：到 2020 年，稳定实现农村贫困人口不愁吃、不愁穿，义务教育、基本医疗和住房安全有保障，实现贫困地区农民人均可支配收入增长幅度高于全国平均水平，基本公共服务主要领域指标接近全国平均水平。确保我国现行标准下农村贫困人口实现脱贫，贫困县全部摘帽，解决区域性整体贫困。决定确定实行贫困户和贫困地区相结合的精准扶贫瞄准机制，并为贫困户“建档立卡”；强调动员全社会力量，采取综合性的手段脱贫。2018 年 6 月，《中共中央 国务院关于打赢脱贫攻坚战三年行动的指导意见》出台，提出坚持严格执行现行扶贫标准、坚持精准扶贫精准脱贫基本方略、坚持把提高脱贫质量放在首位、坚持扶贫同扶志扶智相结合、坚持开发式扶贫和保障性扶贫相统筹等扶贫工作要求，并强调要集中力量支持深度贫困地区脱贫攻坚。

在国家扶贫战略的指导下，2012 年，福建省委、省政府确定了 23 个

扶贫开发工作重点县。次年出台了《关于进一步支持省级扶贫开发工作重点县加快发展的若干意见》，决定加大对扶贫开发工作重点县的扶持力度。实践中，福建省主要从政策、资金、人才等方面予以倾斜和保障。如为解决贫困地区发展资金不足问题，2012年省财政安排5000万元专项资金，用于重点县贫困户小额贷款贴息。同年开始在屏南县开展扶贫小额信贷风险担保试点，2015年扩大到23个重点贫困县，2016年起省级财政支持贫困人口千户以上的60个县（市、区）全面建立小额信贷风险担保金制度，为扶贫开发对象发展生产提供5万元以下、3年以内的无抵押担保贷款。为解决重点县的人才难题，福建省进一步推进重点县挂钩帮扶机制，要求每个扶贫开发工作重点县都有1~2名省领导挂钩联系、4个省直或中央驻闽单位、1家中央或省属企业挂钩帮扶、1个沿海较发达县（市、区）对口帮扶。每年沿海经济较发达县（市、区）落实对口帮扶资金不少于1200万元。[①] 对于自然环境恶劣的贫困地区，福建省继续实施造福工程。近年来，并坚持把“造福工程”与小城镇发展、工业园区开发、新农村建设、生态保护、灾后重建等工作有机结合起来，统筹发展。

就业、创业是贫困主体摆脱贫困的重要渠道。福建省一方面将贫困劳动力纳入就业困难人员对象范围加以扶持，免费为有劳动能力和就业意愿的贫困劳动力提供求职登记、《就业创业证》办理等服务；另一方面加大贫困户职业培训力度。“十二五”期间，福建省级以上财政每年安排4000万元专项资金，开展“阳光工程”和“雨露计划”培训，连续5年每年培训贫困劳动力6万人。

扶贫先扶智，教育是拔除穷根、阻断贫困代际传递的主要手段。2013年以来，福建省级财政每年均安排教育专项资金，给予23个重点县每县2000万元，用于支持基础教育项目。同时加大对贫困学生的资助力度，在重点县彻底落实建档立卡贫困户子女“两免一补”政策，并提高高校贫困生助学金标准和助学贷款额度。2019年初，省教育厅和省财政

---

① 黄玲：《扶贫开发四十年的福建经验》，《福建党史月刊》2018年第3期，第28页。

厅联合下发《福建省教育脱贫攻坚三年行动方案》（2018—2020 年），聚焦 23 个重点县和建档立卡家庭困难学生，强调优越政策、优质教育资源向重点县倾斜。

福建省还强调构筑牢靠的民生保障网络。如为缓解因病致贫返贫问题，福建省完善基本医疗保险、大病保险、医疗救助及精准扶贫医疗叠加保险等政策，为建档立卡贫困户构筑多层次的医疗保障体系。其中精准扶贫医疗叠加保险系从 2017 年 7 月起至 2020 年 12 月，筹集 2.4 亿元资金，对全省建档立卡农村贫困人口在落实好原有各类医疗救助政策的基础上，给予精准扶贫医疗叠加保险补助。近年来，福建省还加大低保资金投入，使重点县低保覆盖面逐年扩大，保障标准不断提高。2016 年起省定农村低保最低标准每年提高 350 元，2017 年为 3000 元，高于当年国家扶贫标准 2952 元。

实践中，自 2013 年以来，福建省开始全面实施精准扶贫战略，扶贫开发事业在新起点上取得了突破性进展。2013—2017 年 5 年间完成“造福工程”扶贫搬迁 87.9 万人，脱贫 110 万人，贫困发生率从 3.8%下降到 0.02%。①

第二节　改革开放以来福建省扶贫工作的特点

整体而言，福建省扶贫工作主要是遵照全国扶贫部署开展的，福建省扶贫政策主要是对国家相关政策的贯彻和执行，因而，在主要工作思路和政策精神方面，福建省和其他省份并无二致。当然，由于省情和关注度不同，各省扶贫部署、扶贫政策出台先后、具体措施结合等方面又有所不同，这就使得福建省扶贫工作和相关政策有其自身的特点。

① 周昱：《尽力而为量力而行 提升民众的获得感幸福感安全感》，2018-03-19，http://fj.people.com.cn/n2/2018/0319/c181466-31357596.html

一、敢为人先

由于福建是全国较早实施扶贫开发的省份，因而有不少政策走在全国前列。如前所述，福建省对贫困地区拨出专项资金实行重点扶持开始于 1979 年 2 月。同年 9 月中共中央做出《关于加快农业发展若干问题的决定》，强调从财政、物资和技术上重点扶持革命老根据地、偏远山区、少数民族地区、边境地区，次年国家成立专项扶贫基金，并逐步将扶贫工作纳入国家计划。可见，对贫困地区进行重点扶持，福建省早于全国规划。而且，福建省也在全国率先推出了一些新的扶贫方式。如早在习近平总书记在闽工作期间，即立足福建实际，在全国率先开展了“造福工程”和山海协作扶贫模式，大大改善了贫困户的生产生活环境，有效促进了区域经济协调发展。而国家层面大规模部署易地扶贫搬迁试点工程是在“十五”期间（2001—2005），国家层面对口帮扶政策的出台是在 1996 年 10 月中央扶贫开发工作会议要求北京等 9 个东部沿海省市和 4 个计划单列市对口帮扶西部 10 个贫困省区之后。福建省还率先在全国选派党员干部到重点村驻村任职，率先在全国探索扶贫小额信贷工作，并创造了 20 世纪 90 年代闻名全国的“五户联保、小额信贷”松溪经验和“小额信贷、不要担保、五户一联、风险共担”长汀模式。福建省也积极落实国家相关扶贫政策，如 2009 年 12 月福建正式启动新农保工作，到 2011 年 11 月即实现了新农保制度全覆盖，比国家要求的 2020 年前完成全覆盖提前了 9 年；2004 年开始全面建立和试行农村居民最低生活保障制度，比全国统一部署领先 3 年；福建省的精准扶贫医疗叠加保险也走在全国前列。总之，几十年来，福建省始终坚持先行先试、改革创新，不断探索扶贫开发新机制、新模式，在中国扶贫事业发展中起到了先锋模范作用。

二、多方联动帮扶

扶贫问题是一项系统工程，也是一场持久战，仅靠政府的力量无法很好地完成，需要多方力量的参与和有效配合。为此，福建省一再强调构建一种党委政府统一领导、有关部门齐抓共管、基层组织抓好落实、社会各方面积极参与的关爱机制，并较早将之付诸实践。20 世纪 80 年代中期开始，福建省就采取了选派工作队、实行党政机关与贫困县乡挂钩联系的办法扶贫，省直机关包括大专院校同贫困县建立了常态化的帮扶联系，同时并发挥群众团体、民主党派和驻闽部队在扶贫中的作用，有效弥补了贫困地区人才、资金和扶贫思路等方面的不足。进入 21 世纪之后，福建省更是多次强调要强化合力，健全大扶贫工作机制。实践中，在省民政厅等部门的引导和组织下，各民主党派，工商联、侨联、妇联等群团组织以及省扶贫基金会、扶贫开发协会、慈善协会等组织充分利用各自优势，深入开展“青年志愿者”“幸福工程”“春蕾助学”“光彩事业”“巾帼扶贫”等形式多样的帮扶活动。发动全社会力量扶贫，不仅使扶贫资源更加丰富，而且使扶贫方式更加多元，又因为贫困群体往往不是单一因素致贫。因此，这种多层面、全方位的扶助方式有利于贫困群体彻底“脱贫”。

三、注重产业扶贫、生态扶贫

产业扶贫是脱贫致富的根本之策和长久之计。早在 20 世纪 80 年代，伴随着国内对生产力的普遍关注，福建省委、省政府在保障贫困群体基本生活的同时，就将扶贫重点放在产业扶贫上，帮助贫困地区发展经济，增强造血功能。20 世纪 90 年代后，福建省更是大规模实施贫困地区经济开发，以山海联动促协调发展。2012 年十八大以来，省委、省政府继续坚持把产业扶贫作为脱贫攻坚的关键举措，每年安排专项资金扶持贫困户发展特色农业，助推贫困户稳定脱贫。

在产业开发的同时，福建省坚持绿色发展。从 2002 年被列为全国第一批生态省建设试点到 2016 年成为全国首个生态文明试验区，福建省始终坚持“绿水青山就是金山银山”的发展理念，把生态保护放在优先位置，探索生态扶贫新路子。一方面将扶贫开发与生态文明建设紧密结合，支持贫困县利用当地自然条件，发展旅游产业、特色农业等生态经济；另一方面，加强贫困地区水土流失治理、流域综合治理、地质灾害防治等工作，加大贫困地区、老区、生态敏感区、水土流失地区的生态保护和修复力度。2019年2月，福建省出台《关于进一步加强水土保持工作的意见》，提出到2019—2020年完成水土流失治理面积400万亩（1亩≈666.67平方米），至“十三五”末全省水土流失率控制在8%以内的工作目标。当年福建省中央及省级水土流失专项治理资金4.96亿元，截至11月底，全省已完成水土流失综合治理面积242.02万亩，占下达任务的121.01%。[①] 实现了生态保护与扶贫发展同时并进。

四、继承性和创新性

改革开放以来，福建省扶贫工作和扶贫政策体现了一脉相承与渐进革新相统一的特点。如开发式扶贫是改革开放后福建典型的扶贫模式，这一扶贫模式改变了以往以救济为主的方式，注重贫困地区和贫困户自我脱贫能力的发展，主张通过经济开发，使贫困地区和贫困人口在生产中脱贫。但同样是开发式扶贫，早期扶贫资源瞄准到县，奉行以区域经济发展为主的开发式扶贫战略。这种扶贫战略，对贫困地区的整体经济发展有利，但由于贫困地区特困人口利用资源能力相对较弱，因而对改善这部分群体贫困状况的作用有限。随着普遍贫困现象的减少，福建省扶贫对象由贫困县转为贫困乡、贫困村，同时以支持就业创业为主的开发式扶贫举措直接使贫困人口受益。2012年后，考虑到区域发展不平衡导致的相对贫困问题日益紧迫，国家将国定贫困县改为扶贫开发工作重点县。此后，福建省奉行区域瞄准与人口瞄准相结合的开发式扶贫战略。可见，伴随着国家扶贫战略的调整，福建省开发式扶贫战略在发展过程中也有所创新。

具体扶贫举措也是如此，如造福工程自1994年在福建省推广以来，

① 黄雪梅：《福建省已完成水土流失治理242万亩 超额完成治理任务》，《福建日报》2019年12月27日。

省委、省政府就相继出台了一系列政策文件。仅2008年，福建省就相继出台了《福建省加快实施造福工程的若干意见》《福建省造福工程项目资金管理办法（试行）》《福建省造福工程验收办法（试行）的通知》《关于造福工程有关扶持政策的实施意见》《福建省造福工程搬迁规划（2008—2012年）》等一系列政策文件，在搬迁目标、扶持举措、工作机制、资金管理等方面为造福工程实施提供了指导和保障。2011年8月，福建省委、省政府又出台了《关于加快推进"十二五"时期"造福工程"的指导意见》，把"造福工程"的实施范围、实施步骤、扶持政策、组织保障等予以明确，并提出把实施"造福工程"与小城镇、新农村建设相结合的思路。上述政策，虽然搬迁条件、搬迁规模、扶持内容等略有差别，但其目标方向基本一致，即把居住在自然条件较差的边远村庄的贫困群众，通过搬迁的方式迁移到生产、生活条件较好的区域重新发展，从根本上摆脱贫困。因此，其主旨又是一脉相承的。

五、日臻完善

改革开放以来，福建省由关注绝对贫困向同时关注绝对贫困和相对贫困转变，由解决贫困对象的温饱生计向促进其脱贫致富、稳定发展转变；贫困聚焦先是关注贫困县，再到贫困村，最后强调建档立卡的贫困户，相对贫困问题突显后又结合贫困县；扶贫模式由兜底扶贫到开发式扶贫，再到开发式扶贫和兜底扶贫相结合，兜底扶贫方式趋于制度化；扶贫资金来源由主要依赖财政拨款，转向以财政支付、银行贷款、社会捐赠多元供给，资金使用模式也由平均分配逐渐向激励性的使用模式转变；贫困治理体系愈益完善，不仅扶贫主体更加多元，扶贫内容和方式日益丰富和精准，扶贫管理也日臻严密，这些均表明福建省扶贫部署和相关政策正日臻完善。

具体扶贫政策也是如此，从造福工程政策来看，1994—1999年，造福工程刚在福建全省铺开，其时确定了坚持扶贫开发、自力更生、自愿、先规划后建设四大原则；2000年考虑到搬迁造成耕地占用现象严重，提出了节约用地方针，要求提高土地利用率；2004 年鉴于一些地方盲目追求搬迁规模，没有考虑到搬迁对象的经济承担能力，因而提出了量力而行的原则；2008 年综合提出了“政府引导，群众自愿；自力更生，量力而行；科学规划，节约用地；因地制宜，分类指导；以人为本，重视发展”的原则，相比以往更为丰富、周全，不仅考虑农户搬迁，还考虑到农户后续的发展；不仅考虑农户的经济利益，也考虑到了生态效益。在搬迁对象方面，1994 年提出对“居住在自然条件十分恶劣的边远村庄”的贫困人口进行搬迁；1998 年将搬迁条件具体为“10 户以下的自然村；受山体滑坡等自然灾害严重威胁的村庄；自然条件十分恶劣，缺水、无电、不通公路的村庄；搬迁后的生产生活出路能够得到合理安排；必须全村各户都自愿搬迁，不留尾巴”；2000 年条件稍有提高，提出“生产生活条件极端恶劣的边远偏僻村庄”，还提出“孤寡老人和五保户要予以特别照顾”；2001 年提出“少数民族村，计划生育户优先安排”；2006 年把“解决‘五通’问题要花很大代价”作为“居住零星分散的边远偏僻自然村的贫困群众”的补充要求；2008 年起将自然村户数标准上升到“20 户以下”，并明确提出应是“中等程度以上的地质灾害隐患点”；2009 年起还提出“对省级扶贫开发的重点村、省级造福工程示范点的搬迁予以倾斜”。搬迁条件的变化，表明福建省造福工程实施愈益规范，谨慎和人性化。

上述各点，既是福建省扶贫工作发展的特点，又反映了扶贫部署及相关政策的发展趋势，还在一定程度上反映了全国扶贫战略部署的转变。

第三节　改革开放以来福建省扶贫成效

在全国扶贫工作部署的指引下，福建省在扶贫事业中取得了突出的成绩，同时由于种种主客观原因也存在一些不足之处。

一、成效

从1986年全省开展大规模扶贫工作至2014年，福建省先后确定了3批累计59个贫困县进行重点帮扶，实施了4轮整村推进扶贫开发，累计选派了1.4万名优秀年轻干部到9155个贫困村和村级组织薄弱村开展驻村帮扶工作，100万居住在偏僻困难地方的群众实现了整体搬迁。全省GDP从1986年的200.5亿元增加到2014年的2.41万亿元，增长119倍；同期农民人均纯收入从396元增加到12700元，增长31倍；同期农村贫困发生率从10%降至2.6%。①

近年来，福建省精准脱贫成效显著。至2017年，“造福工程”累计搬迁87.9万人；扶贫小额贷款累计为65387贫困户担保生产贷款29.71亿元，贫困户贷款覆盖面达43%；筹集2.4亿元为因病致贫返贫的建档立卡农村贫困人口实施精准扶贫医疗叠加保险，个人医疗负担从28%降到20%；建档立卡贫困家庭子女接受中、高职等职业教育和技工院校教育每人每学年补助3000元。福建省农村扶贫开发对象从2012年底的110万人减少到2017年底的4286人，贫困发生率从3.8%下降到0.02%，是全国第7个基本消除现行扶贫标准国定贫困人口的省份；23个省级扶贫开发工作重点县生产总值年均增幅高于全省平均水平，其中有5个县申请摘帽；2201个建档立卡贫困村面貌明显改善，原中央苏区、革命老区、少数民族聚居区、海岛等欠发达地区发展步伐加快。② 到2018年底，全省农村扶贫开发对象从2012年底的110万人减少到465人，23个省级扶贫开发工作重点县有5个实现脱贫摘帽，2201个建档立卡贫困村已有2050个实现退出摘帽。③

---

① 赖诗双：《“真扶贫 扶真贫”——福建省建立完善六个机制推动精准科学扶贫》，《农村工作通讯》2015年第17期，第22-23页。

② 洪雅芳等：《福建省农业农村改革：成效、形势与对策》，《台湾农业探索》2018年第6期，第44页。

③ 福建省农业农村厅：《关于省政协十二届二次会议20191255号提案的答复》，2019-08-22，http://nynct.fujian.gov.cn/ztzl/jyta/201908/t20190822_4969089.htm

就各地而言，“中国扶贫第一村”赤溪村30多年来经历了从就地扶贫、到造福工程搬迁扶贫、再到整村旅游扶贫的历程，走出了一条脱贫致富的新路子。至2016年，该村旅游收入近3000万元，农民人均纯收入15696元，是1984年人均166元的90多倍①；永泰县是福州市唯一的省级扶贫开发工作重点县，2016年底，永泰县仍有1274户4150名困难群众生活在贫困线以下。永泰县委、县政府通过完善工作机制、抓实主体责任，突出精准到位、抓牢攻坚基础，重视产业造血、抓强内生动力等多措并举，2018年永泰县成为福建省首批退出的5个扶贫开发工作重点县之一②；得益于“百会帮百村”等活动的开展，南安市2017年底已实现现行标准线下贫困人口全面脱贫。一些贫困地区虽未完全脱贫，但发展势头较好。如2012—2013年福建省民族乡农民人均收入分别达到7802元、9335元，同比增长率分别为19.9%、19.6%，增长速度超过全省平均水平。2013年少数民族人均纯收入与全省平均水平的差距比2011年缩小近10个百分点。③ 2014年，23个重点县生产总值增长10.5%，高于全省平均水平0.6个百分点，地方公共财政收入增长13.8%，高于全省平均水平2.3个百分点，农村居民人均可支配收入增长11.3%，高于全省平均水平0.4个百分点。④

而且，对于贫困群体而言，脱贫不仅是帮助他们告别了以往的贫困生活，同时也帮他们树立了致富的信心和积极的人生态度，培育了他们致富的能力，这更是弥足珍贵的。

此外，扶贫还推动了贫困地区农业发展方式的转型，优化了贫困地区的产业结构。以往福建省贫困农村产业结构单一，基本以种养植业为主，抗风险能力差。扶贫战略实施以来，各级政府因地制宜，充分结合

① 黄玲：《扶贫开发四十年的福建经验》，《福建党史月刊》2018年第3期，第27页。

② 扶贫综合协调处：《决胜贫困》，2019-07-22，http：//nynct. fujian. gov. cn/ztzl/fpgz_ 1/gzdt_ 5707/201907/t20190722_ 4946204. htm

③ 《福建统计年鉴》、《福建少数民族乡村社会经济统计资料》。

④ 许雪亚、郑景顺：《用硬措施啃“硬骨头”——福建省全力推动扶贫开发工作深入实施》，《农村工作通讯》，2015-10-13，http：//www. crnews. net/70/17020151013105659. html

贫困地区资源特色与扶贫资源，大力推广农业产业园建设以及旅游、电商等产业的发展，为福建省农业发展增添了不少新亮点，如建成一批特色农业产业园区，形成一批与贫困村和贫困户多元合作的新型农业生产组织，将一些贫困地区变成乡村旅游特色县，促进了传统农业与新型科技的结合，不仅带动了贫困地区的产业发展，而且促进了福建省农业发展方式的创新，优化了农村产业结构。

除了上述直接减贫效果外，扶贫事业还有其溢出效应，尤其因为近年来福建省奉行开发式扶贫为主的扶贫战略，其溢出效应是显著的。如脱贫攻坚大大改善了贫困地区基础设施和公共服务，贫困地区的村民也一起共享了这些发展成果；又如脱贫攻坚还促进了产业发展、生态改善，培养了大批农村专业人才，锻炼了大批扶贫干部。这些对于乡村振兴、乡村治理都是影响深远的，对于将来缓解相对贫困问题也弥足珍贵。

二、不足

改革开放以来，虽然福建省贫困地区经济社会发展取得了显著成效，贫困人口生活水平有所改善。但从整体来看，福建区域发展仍不均衡，一些革命老区和偏远山区发展还相对滞后。比如福建省共有 28 个市辖区、13 个县级市、44 个县（含金门县）。但 2013 年福建省 23 个欠发达县生产总值合计不到全省的 1/10，地方公共财政收入不到全省的 1/20，人均水平分别相当于全省的六成和三成。① 至 2018 年底，福建省重点扶贫县仍有 18 个，至 2019 年 9 月还有 6 个。可见，福建省绝对贫困问题仍然存在，相对贫困问题则比较突出。

再从扶贫工作来看，虽然改革开放以来福建省扶贫工作取得显著成效，实践当中也积累了不少经验，但也仍然存在一些不容忽视的问题，比如识别不够精准、动态管理不够，以至出现扶贫资金的挤占和漏出现象；脱贫效果不明显或不稳定，存在一定程度的返贫现象；帮扶工作不

① 许雪亚、郑景顺：《用硬措施啃“硬骨头”——福建省全力推动扶贫开发工作深入实施》，《农村工作通讯》，2015-10-13，http：//www. crnews. net/70/17020151013105659. html

平衡，一些地区采取多元帮扶措施，一些地区仍以纳入社保和两节慰问为主，各地兜底扶贫进展和程度也各不相同；扶贫长效机制仍有待完善，各地在协同帮扶、项目对接、资金整合等方面存在着一些问题等。

应该说，上述问题的存在有一些客观原因，如贫困群体分散、致贫原因复杂，这些无疑增加了扶贫工作的难度；各地经济发展程度和贫困情况不同也影响到各地的帮扶力度；一些贫困群体存在着“等、靠、要”思想，对相关政策不配合；为了兼顾公平，对贫困群体的照顾不宜过分突出等，这些均制约了扶贫工作的成效。尽管如此，但扶贫理念、扶贫政策、扶贫模式上的问题也仍然存在。

第三章

当前福建省精准扶贫工作中的政策供给

本章主要通过对当前福建省精准扶贫政策的分析，为从供给侧视角考察福建省精准扶贫政策存在的问题及其优化的必要性提供依据。

第一节　当前福建省贫困特点

整体而言，当前福建省绝对贫困问题不算特别严重，但致贫原因复杂，脱贫难度较大。

根据福建省《农村扶贫开发10年纲要（2011—2020年）》，2010年全省有140万贫困人口，4000个以上贫困村、后进村以及23个扶贫开发重点县（图3-1）；至2013年，根据国定扶贫标准，福建省贫困人口73万，贫困发生率2.6%；至2015年，扶贫开发对象降至45.2万人，贫困发生率由5.42%降至1.65%；至2016年，根据福建省脱贫滚动计划和国家下达福建省的脱贫任务，该年福建全省需脱贫20.4万人（其中国定扶贫标准脱贫任务13万人），2200个贫困村，主要集中在龙岩、南平、宁德、漳州、三明等地，厦门无省定和国家贫困人口。具体情况如表3-1所示。

图 3-1　扶贫开发重点县分布

表 3-1　2016 年度福建设区市脱贫任务表（单位：人）

相关设区市	脱贫总数	其中国定扶贫标准脱贫任务数
福州市	6300	620
漳州市	29300	21000
泉州市	16600	11000
三明市	24100	17300
莆田市	13400	5100
南平市	31000	25000
龙岩市	50000	32500
宁德市	33300	19500
全省合计	204000	132020

资料来源：《福建省扶贫开发领导小组办公室关于下达 2016 年度脱贫任务的通知》，2016 - 06 - 17，http：//nyt. fujian. gov. cn/ztzl/fpgz _ 1/fpdxgl/pktc/201612/t20161209_ 2541836. htm

根据表3-1，福建全省贫困人口除厦门市外，各地级市均程度不同地存在，但分布又相对集中，龙岩贫困人口居全省首位，其次是宁德、南平、漳州、三明。可见，福建省贫困人口主要集中分布在闽西北老区与宁德山区。而福州、莆田、泉州三市的整体经济发展水平相对较高，贫困人口相对较少。

当然，由于除国定、省定贫困标准外，各市还有自己的扶贫标准，因此有国定、省定和市定贫困户的区分。其中国定贫困人口标准是以2011年2300元（农村家庭人均纯收入）不变价为基准，每年根据物价指数、生活指数等动态调整。如2014年国定扶贫标准2800元、省定标准3439元；2015年国定标准2855元、省定标准3497元。而市定标准普遍还高于省定标准，如2015年泉州市定扶贫标准为4568元[①]；2016年国定贫困线3026元、省定贫困线3550元、泉州市定贫困线4705元；2017年国定贫困线3100元、省定贫困线3750元、泉州市定贫困线4846元。[②] 不同标准下，贫困人口的数量有所不同。如上述2016年泉州根据省定贫困线，贫困人口为16600人，国定标准11000人，但根据2015年泉州市定扶贫标准，泉州全市仍有14.7万贫困人口，市定贫困村300个，其中省定贫困村181个。[③] 由于扶贫标准的调整，贫困人口也会有所变动。如2017年底动态调整后，泉州全市有建档立卡贫困户62658人，其中国定标准20607人、省定标准16036人、市定标准26015人。[④]

再从贫困地区和贫困人口的现状来看，23个扶贫开发工作重点县均系革命老区或中央苏区县，约占全省陆域面积的35.1%。其中福州1个（永泰县）、漳州3个（诏安县、云霄县和平和县）、三明5个（宁化县、建宁县、明溪县、清流县和泰宁县）、南平5个（政和县、松溪县、浦城

① 陈莲凤：《精准扶贫模式创新的地方实践与未来选择》，《大连海事大学学报（社会科学版）》2018年第6期，第61页。

② 泉州市农业局（扶贫办）：《泉州市脱贫攻坚工作情况汇报》，2018年10月16日。

③ 陈莲凤：《精准扶贫模式创新的地方实践与未来选择》，《大连海事大学学报（社会科学版）》2018年第6期，第61页。

④ 泉州市农业局（扶贫办）：《泉州市脱贫攻坚工作情况汇报》，2018年10月16日。

县、光泽县和顺昌县）、龙岩 3 个（武平县、长汀县和连城县）、宁德 6 个（拓荣县、寿宁县、周宁县、屏南县、霞浦县和古田县）。这些地区大多地处高、偏、边、远，交通不便，基础投入不足，经济发展落后，人才外流严重，内生动力不足。

从贫困群体自身特征来看，福建省贫困人口普遍存在“一高三低”（年岁高，受教育程度低、就业率低、收入低）现象，没有一技之长，自我发展能力较差。根据学者研究，2016 年福建省贫困人口中，健康人口占比为 59.4%，患有长期慢性病的为 16.45%，患有大病的占 6.14%，残疾人口占 17.67%；文盲或半文盲、小学、初中文化程度二者合计为 87.16%，小学占比高，高中以上程度占比低，整体文化程度偏低；普通劳动力 46.18%、技能劳动力 0.36%、丧失劳动力 11.08% 和无劳动力 42.07%。文化水平低又缺乏相应的技能，就只能从事传统农业，受气候因素影响大，抗风险能力差，收入也低；截至 2016 年底，福建全省贫困人口中参加新型农村合作医疗人数占比 17.94%，参加城镇职工基本养老保险人数占比 0.05%，参加城乡居民基本养老保险人数占比 8.3%。① 可见，社保状况也不容乐观。不仅如此，在思想方面，相当一部分贫困人口贫困时间长，安于现状，自我脱贫意识不强，一些还存在着“等、靠、要”的思想；加之，贫困人口由于年岁偏高，思想相对保守，不愿意接受挑战性的脱贫方式，不适合激烈的市场竞争，脱贫难度较大。

可见，从福建省现有贫困情况来看，无论是贫困地区，还是贫困人口，单纯依靠自身力量很难有效脱贫。

第二节　当前福建省精准扶贫政策

为了提高扶贫工作的精准性，在坚持国家层面相关政策的同时，福

① 郭黎霞：《贫困恶性循环理论视角下福建精准扶贫的思考》，《宁德师范学院学报》2017 年第 4 期，第 9 页。

建省各级政府颁布了一系列政策，对精准扶贫工作予以布置、规范和指导。

从政策主旨来看，当前福建省精准扶贫政策主要分为以下三类：扶贫规划；专项扶贫政策；扶贫保障政策。根据主题的不同，这里再将专项扶贫政策区分为分领域和分对象的扶贫政策；而扶贫保障政策又细分为扶贫资源配备和其他保障政策。

一、扶贫规划

扶贫规划涉及工作目标、工作机制、重点工作安排等，在这些方面，国家相关政策确立了基本精神和原则。2013 年 12 月，中共中央办公厅、国务院办公厅印发了《关于创新机制扎实推进农村扶贫开发工作的意见》，提出要创新扶贫开发工作机制，并对扶贫开发十项重点工作进行了安排；2014 年，国务院扶贫办等七部门联合印发《建立精准扶贫工作机制实施方案》，明确了精准扶贫工作的目标任务、重点工作和保障措施；2015 年 11 月《中共中央国务院关于打赢脱贫攻坚战的决定》，对精准扶贫使命、总体要求、扶贫方略、政策保障等方面作出了全面安排；2018 年 6 月《中共中央、国务院发布了关于打赢脱贫攻坚战三年行动的指导意见》，从总体要求、精准帮扶举措、支撑保障等多方面对脱贫攻坚三年行动进行了部署。

根据中央的精神，福建省也对扶贫工作进行了部署。

1. 宏观规划

福建省委、省政府高度重视扶贫开发工作，近年来每年至少召开一次全省扶贫开发工作会议部署相关工作。如 2013 年福建省委专题研究部署扶贫开发工作，将 23 个扶贫开发工作重点县作为扶贫开发的主战场，提出造福工程、定点挂钩、产业信贷、智力、社会等多项扶贫措施，形成扶持重点县、重点村、贫困户三个层面的政策支撑体系；2014 年底全省精准扶贫现场推进会提出每年减贫 5 万户 20 万人等新一轮精准扶贫工作的三大目标；2015 年全省深化精准扶贫工作会强调要从原来的撒胡椒面式、光输血式的扶贫，转向定制式的、有针对性的扶贫，等等。同时，根据中央的相关部署，近年来福建省相继出台了《深入贯彻落实习近平总书记重要批示精神加快推进科学扶贫精准扶贫的实施方案》（2015）、《中共福建省委福建省人民政府关于推进精准扶贫打赢脱贫攻坚战的实施意见》（2015）、《福建省“十三五”扶贫开发专项规划》（2016）、《福建省农村扶贫开发办法》（2017）、《关于进一步加强重点贫困人群脱贫攻坚工作的通知》（2017）、《关于实施乡村振兴战略的实施意见》（2018）等政策文件，对扶贫开发的总体目标、基本原则、对象范围、主要政策措施、工作机制、保障措施等予以统筹安排。如《福建省农村扶贫开发办法》（2017）提出农村扶贫开发应当遵循政府主导、群众主体、社会参与、因地制宜、绿色发展、精准施策的原则，并规范了农村扶贫开发的对象、措施、资金与项目管理、监督检查、法律责任等。

福建省下辖各地市也有相应的规划。以泉州为例，2012 年 4 月，泉州市委、市政府出台《关于贯彻落实〈中国农村扶贫开发纲要（2011—2020 年）〉实施意见》，提出新阶段泉州市农村扶贫开发总体要求和目标任务，并决定每年确定 20 个市级扶贫开发工作重点村，分期分批集中帮扶重点村；2013 年《泉州市委关于进一步做好扶贫开发工作的实施意见》坚持“短板”思维，全力推进相对薄弱区域绿色发展、特色发展、集聚发展和创新发展，并决定从 2014 年起每年确定 30 个市级扶贫开发工作重点村，每年统筹 1 亿元助力扶贫重点乡（镇）村。之后，还有 2015 年《关于印发〈深入贯彻落实习近平总书记重要指示精神进一步加强科学扶贫精准扶贫的实施方案〉的通知》《关于深化精准扶贫工作的通知》，2016 年《关于强化精准扶贫打赢脱贫攻坚战的实施意见》，2018 年《关于做好当前脱贫攻坚工作的通知》等。

其他各地也有类似规划，如 2016 年以来，龙岩市全面强化政策支持，形成以《关于推进精准扶贫打赢脱贫攻坚战的实施意见》（2016）和《龙岩市“十三五”扶贫开发专项规划》（2016）为核心，以各行业部门的实施方案和支持政策为具体支撑的脱贫攻坚政策支撑体系；三明市

2014年底被列为全国六大国家扶贫改革试验区之一，2015年7月出台了《福建省三明国家扶贫改革试验区建设总体方案》，在全国率先探索推出了“348”精准扶贫工作新机制，推动精准扶贫到户、到村、到县体制机制创新，全力推进扶贫改革试验区建设。2017年《关于深入开展城市困难家庭精准帮扶工作的指导意见》决定在梅列区、三元区开展城市困难家庭精准帮扶试点，建立城市扶贫“347”精准帮扶机制；2018年，厦门市委、市政府下发《关于进一步加强困难群众精准帮扶工作的通知》，提出完善基本生活保障制度、完善教育和医疗救助制度、完善危房改造制度、织密帮扶网络等扶贫要求，要求进一步健全工作协调机制、主动发现机制和信息共享机制；漳州市近年来也出台了《漳州市关于推进精准扶贫打赢脱贫攻坚战三年行动实施意见》《漳州市科学扶贫精准扶贫工作实施方案》《漳州市深化精准扶贫工作十条措施》等。

2. 具体工作部署

这主要体现在对年度扶贫任务和要点进行安排。如2016年6月《福建省扶贫开发领导小组办公室关于下达2016年度脱贫任务的通知》，提出当年全省需脱贫20万人以上（其中国定扶贫标准贫困人口脱贫任务13万人），并要求各地制订本地区的年度脱贫计划。各地市因此也出台了相应的脱贫计划，如《福州市2017年脱贫计划》《闽清县2017年脱贫攻坚任务分解表》《2016年度泉州市洛江区脱贫任务表》等，另三明市《深化精准扶贫2015—2018年行动计划》也细化到每一年的脱贫任务。此外，一些具体机构也对其脱贫任务予以安排，如《泉州市洛江区农业水务局关于下达2017年度脱贫任务的通知》等。一些则对当年脱贫工作要点或计划予以布置，如《泉州市2017年脱贫攻坚工作要点》《2018年泉州市脱贫攻坚工作要点》和《洛江区2017年脱贫攻坚工作要点》等。

二、专项扶贫政策

（一）分领域专项扶贫政策

近年来，福建省提供给贫困地区和贫困群体的政策愈益增多，主要包括社会救助、产业扶持、就业创业扶贫、教育科技扶贫、安居工程等方面。

1. 社会救助

社会救助，即给予贫困人口最低生活保障，鼓励并补助其加入各项社保、提供各种临时救助等。

在国家相关文件的统筹部署下，福建省对社会救助工作也有一些规划安排。如为贯彻落实国务院《社会救助暂行办法》（2014）和《国务院关于全面建立临时救助制度的通知》（2014），福建省出台了《关于进一步做好社会救助工作的意见》（2014）和《福建省人民政府转发国务院关于全面建立临时救助制度的通知》（2015），前者对完善最低生活保障制度、做好特困人员供养工作、健全受灾人员救助制度、实施医疗救助制度、开展教育救助、实施住房救助保障、落实就业救助扶持、完善临时救助制度等方面做出规划。后者主要强调对因意外事件、突发重大疾病、生活必需支出突出增加以及遭遇其他特殊困难的人群的临时救助。为贯彻落实 2018 年 8 月中共中央、国务院《关于打赢脱贫攻坚战三年行动的指导意见》，同年 9 月福建省民政厅印发《福建省民政领域打赢脱贫攻坚战三年行动实施方案（2018—2020 年）》，提出实施社会救助兜底保障工程、完善贫困地区社会福利政策、推动贫困地区养老服务事业发展、加强贫困地区农村留守儿童关爱保护、引导社会力量参与脱贫攻坚、做好贫困地区挂钩帮扶工作等重点任务。为在脱贫攻坚三年行动中切实做好社会救助兜底保障工作，2018 年 7 月，民政部等部门出台《关于在脱贫攻坚三年行动中切实做好社会救助兜底保障工作的实施意见》，要求进一步加强农村低保制度和扶贫开发政策有效衔接；完善农村低保制度，健全低保对象认定方法；全面落实特困人员救助供养制度；进一步加大临时救助力度；切实加强相关扶贫政策衔接。同年 12 月，福建省民政厅出台《关于进一步做好支出型贫困家庭最低生活保障工作的通知》，要求坚持城乡统筹，优化政策供给，完善低保对象认定办法，使低保制度更多惠及支出型贫困家庭，更好发挥兜底保障作用，切实做到应保尽保。

福建省还出台了一些年度救助计划，如省民政厅《2018 年社会救助行动计划》。

城乡最低生活保障是最基本的社会救助。福建省将完全或部分丧失劳动能力、无法通过开发性扶贫措施实现脱贫的贫困人口纳入低保兜底保障。2004 年，福建省开始全面建立和试行农村居民最低生活保障制度，比全国的统一部署领先 3 年。2009 年 12 月，福建省正式启动新农保工作，到 2011 年 11 月，提前实现新农保制度全覆盖，比国家要求提前 9 年。鉴于许多因残致贫、因病致贫等特殊家庭收入虽然高于低保标准，但刚性支出较大，生活艰难，2018 年底，福建省民政厅印发了《关于进一步做好支出型贫困家庭最低生活保障工作的通知》，对支出型贫困家庭做了界定，明确了入保对象范围和保障标准。

在实施低保制度的过程中，福建省注重适时调整农村最低生活保障标准，2016 年起省定农村低保最低标准每年提高 350 元，省级财政根据各地财力状况进行分档补助。2017 年，福建农村低保省定最低标准提高到 3000 元，高于国家扶贫标准的 2952 元。各地还结合地情适当提高标准，如 2017 年泉州农村低保标准为每人每年 5040 元，2018 年为 5520 元。

城乡低保标准一体化也是福建省低保制度的目标，2017 年福建省民政厅出台《关于进一步增强低保制度惠民实效六项措施的通知》，要求到 2018 年力争各地农村低保标准全部达到当地城市低保标准 70% 以上，所有市辖区全部实现城乡低保标准一体化，全省实现城乡一体化的县（市、区）达到 40% 以上。在泉州，2017 年 5040 元的农村低保标准已超过 4846 元市定扶贫标准。从 2018 年 7 月起，晋江城乡低保标准由每人每月 580 元提高到 630 元，超过国家、省及泉州市的扶贫标准。至 2018 年 12 月，泉州市已全面实现城乡低保标准一体化。另为提高低保工作规范化管理水平，2017 年 6 月泉州市民政局、财政局出台《关于进一步规范城乡低保工作制度若干问题的通知》，对法定义务人范围、履行义务能力，城乡最低生活保障申请受理时间、资金发放工作，“以奖代补”机制及证件发放管理等进行明确规定。次年厦门市民政局、财政局又出台《关于进一步加强社会救助兜底保障工作的通知》，要求优化审批流程，减少证明材料，完善认定标准，落实延保渐退机制等。

各地还关注特困人员的救助问题。相比低保人员，特困人员认定条件更严，但供养内容优于低保对象，供养标准也高于低保对象。2016 年国务院《关于进一步健全特困人员救助供养制度的意见》公布后，同年 10 月福建省政府出台《关于进一步健全特困人员救助供养制度的实施意见》，明确了“三无”认定条件和救助供养内容，调整了供养标准确定方式，优化了救助供养服务形式，提出了供养服务机构建设管理新要求。各地也据此出台了不少相关政策，如 2016 年底，厦门市出台了《特困人员救助供养办法》，将城市“三无”人员、农村五保对象统一纳入特困人员救助供养制度适用范围，在政策目标、资金筹集、对象范围、供养标准、经办服务等方面实现城乡一体化；2017 年泉州市出台《关于进一步健全特困人员救助供养制度的通知》，明确了救助供养制度的适用范围和城乡统筹原则，明确特困人员救助供养标准由基本生活标准、照料护理标准两部分组成，前者原则上按当地城市低保标准的 130%确定，后者分全自理、半自理、全护理三种，分别参照当地最低工资标准 10%、25%、40%确定。

福建省也鼓励贫困群体参加各类社会保险，并为缴费困难的群体提供财政支持。2017 年底，福建省人社厅等部门联合印发《关于做好社会保险扶贫工作的实施意见》，针对建档立卡贫困人口、低保对象、特困人员等贫困人员，就养老、医疗、工伤、失业、生育五大社保险种出台一系列优惠政策。如建档立卡的贫困人员、低保对象、特困人员等困难群体参加城乡居民基本养老保险，市、县政府为其代缴不低于 50%的最低标准养老保险费；2020 年底前，允许已年满 60 周岁但未参保的贫困人员补办城乡居民养老保险等。在医疗保险方面，建档立卡农村贫困人员在享受基本医疗保险、大病保险和医疗救助的基础上，在定点医疗机构发生的医疗费用还可以进行补助，按照省、市、县、乡级分别不超过 7%、

11%、14%、15%的比例叠加报销，叠加后报销比例上限为50%、70%、90%、95%。福建省还对贫困家庭劳动力实施参保补贴。意见颁布后，截至2018年一季度末，全省已有82个市、区、县出台了城乡居民养老保险扶贫政策，其中52个为贫困人员全额代缴最低标准养老保险费，30个为贫困人员代缴50%最低标准养老保险费。2018年度已为73万名贫困人员补助居民医保缴费资金1.31亿元。而且，为切实提供社会保险的保障力度，近年来福建省根据国家部署并结合本省经济发展和物价水平，先后多次调整提高城乡居民基本养老保险省定基础养老金最低标准，至2019年初每人每月123元，一些县还在省定标准上进一步提高基础养老金标准。此外，一些地方政府还为贫困户承担商业保险部分费用，如泉州市洛江区决定自2016年起，为全区建档立卡贫困户办理精准扶贫小额人身保险业务，投保费用每人每年100元，投保资金列入区财政常年预算。

实践中，从2004年开始，福建省对贫困人口先后实行低保、新农合和养老保险等政策，至2014年6月，全省低保线下的73.7万人全部纳入低保，新农合参合率达99.8%，新农保参保率达95%以上。2018年第一季度，全省已有3.56万名贫困人员享受医疗叠加保险补助，补助金额达到961万元。通过补助，贫困人员的医疗费用个人自付比例从27%降至18%。其中，针对13种重特大疾病的补助，个人自付比例从19%降至2.53%。①

福建省还积极开展“救急难”工作，通过整合社会各界力量，对遭遇不测、因病因灾陷入生存困难的居民及时给予应急性、过渡性救助，2015年《福建省人民政府转发国务院关于全面建立临时救助制度的通知》对此做出了规划。在此前后，各地也出台了一些“救急难”实施方案，如2014年《晋江市开展社会救助“救急难”试点实施方案（试行）》，2015年《泉港区“救急难”综合试点工作实施方案》，《泉州市2017年“救急难”工作实施意见》等，通过统筹和协调各部门的救助资源，为困

① 陈海栋：《福建：社保扶贫打出“精准牌”》，《中国社会保障》2018年第6期，第70页。

难群众提供救助。如根据《泉州市2017年“救急难”工作实施意见》，泉州市级财政2017年投入150万元专项资金，各县（市、区）按城乡低保人数每年每人30元配套，用于开展“救急难”工作。

对于贫困户，各地还有一些临时救助，如发放一次性补助资金和实物，给予各项价格补贴等。比较典型的做法是各地政府机构或慈善团体会在节假日为贫困群体发放救济物资，如厦门市民政局、财政局以及市红十字会、市慈善总会、企业等民间力量会在一些特定日子对低保户和低保边缘户发放实物补助。为缓解物价调整对低收入群体生活的影响，政府还会给予低收入群体一定的物价补贴。如2008年民政部、财政部《关于提高城乡低保对象补助水平的通知》要求，从当年7月起，城市低保对象补助水平按每人每月15元的标准提高，农村低保对象补助水平按每人每月10元的标准提高。同月，厦门市统一对全市城乡低保户、低保边缘户和农村五保户每人每月发放15元临时性补贴。再根据2010年国务院《关于稳定消费价格总水平保障群众基本生活的通知》的精神，同年福建省政府办公厅发出《关于建立社会救助和保障标准与物价上涨挂钩联动机制的通知》，明确启动联动机制的条件及各项补贴的发放标准。2014、2016年国家发展改革委等五部门又从启动条件、补贴标准、资金来源等方面对联动机制予以完善，并于2016年出台了《关于进一步完善社会救助和保障标准与物价上涨挂钩联动机制的通知》，优化了锚定指标，降低了启动临界值，缩短了启动时间。随后，福建省物价局等五厅局也发出《关于印发福建省社会救助和保障标准与物价上涨挂钩联动机制的通知》（2016），各地市也遵照执行。如2010年泉州市率先建立社会救助和保障标准与物价上涨挂钩联动机制，自2013年起利用价格调节基金，每年在重阳节对特困失能老人发放一次性价格补贴。2014年进一步完善社会救助和保障标准与物价上涨挂钩联动机制，率先将特困失能老人和特困重度残疾人士纳入挂钩联动机制的补贴范围，并在价格容易发生波动的重点时段如在春节期间对特困群体发放一次性价格临时补贴。2017年泉州市物价局出台《泉州市社会救助和保障标准与物价上涨挂钩联动机制》，降低物价补贴启动门槛，增加孤儿等补贴保障范围。另福建省还对城乡困难群众免除某些特殊费用，如从2013年起免除全省城乡困难群众基本殡葬服务费。另根据福建省物价局、民政厅、电力有限公司下发的《关于全省城乡低保户和农村“五保户”免费电量有关问题的通知》（2012），全省民政部门登记在册的城乡低保户和农村“五保户”，可每户每月享受15千瓦时的免费电量，各地以电费补贴的方式执行。

2. 产业扶贫

国家鼓励各地因地制宜，通过发展特色产业脱贫致富。2015年底农业部会同国务院扶贫办制定《产业精准扶贫脱贫工作方案》，提出了产业扶贫的总体工作思路。2016年初，农业部明确了产业扶持对象、扶持内容和扶持标准，将2016年第一季度建档立卡“回头看”后的国定、省定建档立卡贫困户，且有劳动能力、有产业发展项目的列为扶持对象；将种养殖业和农产品加工、电子商务、林下经济等农村二、三产业项目作为扶贫内容；扶持标准是根据贫困户贫困深度、项目实施情况，按不高于项目总投资规模的50%给予补助，每个项目补助最高不超过3万元。2016年5月，农业部等九部门联合印发《贫困地区发展特色产业促进精准脱贫指导意见》，提出产业扶贫的目标和基本原则，并从金融、科技、人才等方面提出要增强产业精准扶贫的支撑保障体系。

福建省始终坚持把产业扶贫作为脱贫攻坚的关键性举措，大力实施产业扶贫。由于产业扶贫主要针对有劳动能力的贫困户而设。2016年，福建通过建档立卡“回头看”，确定全省有劳动能力的扶贫开发对象45.2万人，其中国定扶贫标准25.3万人，省定扶贫标准19.9万人。2016年11月，福建省农业厅会同省发改委、财政厅等多个部门出台《福建省发展特色产业促进精准脱贫的实施意见》，对产业扶贫的目标任务、基本原则、发展重点、发展方式、保障措施等都提出了具体要求，鼓励龙头企业到贫困地区投资兴业，开展村企合作。为此，全省共认定省级农业产业化重点龙头企业 769 家，其中 181 家是省级扶贫开发工作重点县企业。[①] 2018 年初，福建省农业厅出台《关于大力实施乡村振兴战略加快建设特色现代农业的意见》，要求加快特色现代农业建设，深化农业农村改革，坚决打好精准脱贫攻坚战，全面推进农业农村发展。为切实提高建档立卡贫困户发展农业生产的积极性，有效防范风险，2019 年 4 月，福建省政府办公厅出台《福建省产业扶贫保险实施方案》。

各地也出台了不少促进产业扶贫的政策。如 2015 年 2 月，泉州市农业局、市财政局出台《关于进一步扶持发展设施农业的通知》，要求完善设施农业（种植业）补贴政策，并提出任务分解落实的工作意见。而 2016 年初以来，漳平市根据该市农业发展特点，出台支持农业产业化、新型职业农民培育、乡村旅游开发等各项强农惠农政策。

资金是产业扶贫的重要保障。除中央资金外，福建省每年安排专项财政扶贫资金扶持贫困户发展优势特色产业。2016—2018 年，福建省投入财政产业扶贫资金 13.86 亿余元，扶持贫困户因地制宜发展增收脱贫项目。为保障贫困群众发展生产的资金需求，各地投入 7.2 亿元的扶贫小额信贷风险担保基金，为贫困户发展生产提供 5 万元以下免抵押、免担保的生产性贷款，并由省级财政为贫困户贷款给予全额贴息。截至 2018 年 12 月底，累计发放扶贫小额贷款 35.82 亿元，扶持 73755 户建档立卡贫困户发展生产。

福建省鼓励贫困地区立足自身资源优势，因地制宜确定特色项目。针对某些特色产业，福建省有关部门还出台了专项扶贫政策。具体如下：

（1）光伏扶贫

自 2014 年国家能源局、扶贫办《印发实施光伏扶贫工程工作方案》以来，福建省鼓励条件具备的贫困地区贫困户实施光伏产业项目。各地而言，南安市在全省率先实施光伏发电扶贫工程，并于 2016 年底印发《南安市光伏发电扶贫项目实施方案》，由南安市财政注资 1000 万元作为

---

① 福建省农业厅：《关于省十二届人大五次会议第 1241 号建议的答复》，2017-05-13，http://nyt.fujian.gov.cn/ztzl/jyta/201801/t20180112_2735200.htm。

启动资金，设立扶贫开发公司，通过市场化运作引进有光伏运营经验的社会资本合作运营，并成立新能源公司（扶贫开发公司占股70%，光伏运营企业占股30%）作为光伏扶贫项目实施主体。扶贫对象贷款委托扶贫开发公司投资光伏发电项目，扶贫开发公司在委托经营期内每年给予扶贫对象固定回报并负责还本付息；2016年，龙岩连城县率先在全省出台光伏扶贫项目建设补贴政策，县财政给予建设分布式光伏电站的贫困户每户1万元的补贴，按照“先建后补”和“以奖代补”的原则，给予集体投资光伏发电项目的村村集体投入部分10%的奖补；三明明溪也积极探索光伏扶贫长效机制，制定出台光伏产业系列扶持政策，支持贫困村建设村级光伏电站，所需资金由县补助、村自筹、贫困户自愿入股等三部分组成，每个贫困村约补助30万元；同时对入股3千瓦光伏发电站的贫困户予以补助，其中国定贫困户每户补助8000元，省定贫困户每户补助5000元。

（2）电商扶贫

电商扶贫即运用电子商务来促进贫困家庭脱贫致富，带动当地产业发展。2014年国务院扶贫办将电商扶贫纳入扶贫的政策体系，2015年将“电商扶贫工程”列为精准扶贫十大工程之一开始正式试行。福建省高度重视“互联网+”扶贫工作，2014年后相继发布《福建省人民政府关于进一步加快电子商务发展的若干意见》（2014）、《福建省人民政府办公厅关于加快电子商务发展九条措施的通知》（2015），省商务厅和农业厅《促进电子商务助力精准扶贫实施方案》（2017）、省商务厅《2018年促进农村电商助力精准扶贫工作要点》（2018），省农业厅与省商务厅《深化农商协作大力发展农产品电子商务工作方案》（2018）等文件，明确了电商扶贫的发展思路和具体措施，包括电商示范村示范县建设、电商人才培训、农产品网销、强化农村电商金融服务支撑等多个方面，助力精准扶贫。同时，为确保农村电商规范运行，2015年底，福建省在全国较早成立了省级电子商务标准化技术委员会，印发了《福建省电子商务标准化建设三年行动方案（2015—2018年）》，全面启动电子商务标准化工作。2016 年，省质量技术监督局发布《农村电子商务服务站（点）设置与服务要求》，并出台了《电子商务培训服务规范》、《电子商务交易产品信息描述规范》、《电子商务产业基地建设与经营规范》、《智能快件箱运营服务规范》等电商发展相关标准，为规范农村电商发展提供了依据。各地也出台了相关的政策，如 2015 年《建宁县电子商务精准扶贫实施方案》，鼓励贫困户开设网店、微店，并对销售贫困户种、养产品成绩显著的电商经营主体给予奖励；泉州市成立了电子商务助力精准扶贫领导小组，近年来也出台了《泉州市推动电子商务发展若干措施》、《促进电子商务助力精准扶贫实施方案》等文件，支持相关县（市、区）开展农村电商人才培训、特色农产品推广营销、贫困户电商创业就业等项目建设；2018 年 2 月《漳州市关于推动电子商务助力精准扶贫六条措施》也得以出台。

实践中，福建省对贫困地区、贫困户发展电商给予重点倾斜，并主要通过以下几种方式推动电商扶贫：一是支持创建农村电商示范县和服务站。2015 年，福建省参照国家要求配套创建了 25 个省级农村电商示范县。截至 2017 年底，有 17 个县入选国家“电商进农村综合示范县”。服务站主要在乡镇和村级创建，以泉州市为例，2018 年该市重点推进 181 个建档立卡贫困村的农村电子商务服务站建设，市商务局对符合省商务厅《农村电子商务服务站（点）设置与服务要求》的贫困村农村电商服务站（点）在省级补助的基础上给予建设经费补助。同时实施贫困户电商创业就业补贴，市商务局对建档立卡贫困户开设网店且持续运营 3 个月以上的，经认定后，对其购买计算机费用及当年度网络资费给予补助。至 2019 年 7 月，该市已建成镇级农村电子商务服务站 55 个，村级农村电子商务服务点 724 个，41 个贫困村建设了电子商务服务点，其中安溪县贫困村农村电子商务服务站点已实现全覆盖。① 在服务站的建设过程中，各地积极整合邮政、供销等资源，对接阿里巴巴、苏宁、京东等龙头企业，在全省各县建设乡镇、村级服务站点，优化农村电商网点布局。如

① 刘倩等：《泉州农村电商蓬勃发展》，《泉州晚报》2019 年 8 月 6 日第 7 版。

至2019年7月，阿里巴巴农村淘宝项目已在泉州德化、泉港、南安、安溪落地，建立农村淘宝镇级服务站22个、村级服务站134个。二是加强电商人才培训。近年来，为支持农村地区发展电子商务，福建省以实施“电商育才工程”为抓手，在全省各地巡回开展“八闽电商行”电商大讲堂，举办农村电商示范培训，并开设以农村电商为主题的电子商务管理高级研究班，提升乡镇政府主管部门的电子商务管理能力和服务水平。如仅2018年，泉州市便组织全市农村电商人才培训100多场次，培训农村电商人才约6000人次。[①] 三是推动农村电商与扶贫工作融合发展。在省层面，2015年4月福建省政府与阿里巴巴签署战略合作协议，共同打造中国互联网经济示范区。2016年3月，省农业厅、省侨联、抠抠（福建）电子商务有限公司共同开启“互联网+百村”侨力扶贫行动，“互联网+百村”电子商务培训班也在当日开班，抠抠集团拟对福建136个村的近300名村干部和农村青年进行培训。在市级层面，泉州市商务局鼓励电商企业对接贫困户，并对采购建档立卡贫困户农特产品和为贫困户提供就业岗位的的企业给予奖励。2017年6月，泉州市委组织部、市农业局在南安市向阳乡主办了一场“互联网+精准扶贫”培训及农产品电商对接活动，30个市级扶贫开发重点乡镇的农产品与8个电商平台实现了初步对接。[②] 在泉州市级商务部门的指导下，安溪县还建立了电商扶贫基地——龙涓扶贫培训创业中心，该中心首创“零元”创业“造血”扶贫模式，采用“互联网+平台+扶贫”战略，通过电商技能培训、人才引进、签约包销等形式助力“精准扶贫”。2018年，该扶贫创业培训中心开展全县8个乡镇520余人次实用技能培训，20多户贫困户家庭签约家禽养殖合作社负责包销活动，5户贫困户实现微商0元创业，累计为贫困户创收17万余元。[③]

① 刘倩等：《泉州农村电商蓬勃发展》，《泉州晚报》2019年8月6日第7版。

② 林书修：《泉州晚报：“互联网+”为精准扶贫注入新动能》，2017-06-22，http://www.qznyw.gov.cn/mtbd/4209.jhtml

③ 刘倩等：《泉州农村电商蓬勃发展》，《泉州晚报》2019年8月6日第7版。

（3）旅游扶贫

福建“八山一水一分田”，生态资源得天独厚。21 世纪初，福建省提出“生态省”建设战略构想，并先后出台了《福建生态省建设总体规划纲要》《关于生态省建设总体规划纲要的实施意见》《福建省生态功能区划》《福建生态省建设“十二五”规划》等政策文件。2014 年国务院公布《关于支持福建省深入实施生态省战略加快生态文明先行示范区建设的若干意见》，福建成为全国首个建设国家生态文明先行示范区的省份。2015 年以来，福建省又出台了《福建省贯彻落实中央加快推进生态文明建设意见的实施方案》《福建省生态文明体制改革实施方案》《福建省“十三五”生态省建设专项规划》等，进一步完善生态文明建设相关制度，开展生态文明体制改革创新。

旅游扶贫是生态扶贫的重要方式。为推进旅游扶贫发展，2015 年 9 月，福建省发改委、财政厅、旅游局等 11 个部门联合出台《福建省乡村旅游扶贫工程实施方案（2016—2020 年）》，提出 5 年内在全省建档立卡贫困村中选取约 250 个省级旅游扶贫开发重点村，每年扶持约 50 个重点村，将其打造成具有一定知名度的乡村旅游特色村，方案还提出了一些乡村旅游扶贫工程的具体措施。为深入实施乡村旅游扶贫工程，2016 年 8 月，国家旅游局等部门联合下发《关于印发乡村旅游扶贫工程行动方案的通知》，提出全国乡村旅游扶贫重点村的概念，并提出“十三五”期间推动全国 1 万个乡村旅游扶贫重点村建设的乡村旅游扶贫目标。福建省 472 个贫困村成功入选“全国乡村旅游扶贫重点村”。2017 年 2 月，福建省旅游局等多个部门出台《关于印发福建省乡村旅游扶贫工程行动方案的通知》，明确了“十三五”期间全省旅游扶贫的主要任务和措施等。

实践中，2015 年以来，福建省既下拨扶贫专项资金，用于扶贫重点村的旅游规划和旅游基础设施建设，也启动“百企百村专项行动”，发动全省重点旅游景区、旅行社等 300 家旅游企事业单位，直接对接全省 472 个全国旅游扶贫重点村进行帮扶脱贫。同时推动省、市、县三级政府制订出台了加快旅游业发展的意见，明确了资金、政策、人才等各项保障措施。其下属地市也十分积极。如泉州市 2017 年在积极开展旅游扶贫规划编制和申请省级旅游富民建设扶贫资金 120 万元进行基础设施建设的同时，还印发《泉州市旅游村企帮扶专项行动实施方案》，组织 33 家旅游企业帮扶结对 33 个旅游扶贫重点村，同时组织人员参加全省和全国层面的乡村旅游扶贫培训班，学习乡村旅游扶贫的先进思路和典型经验，并加强旅游扶贫标准创建，开展旅游扶贫营销。又如三明泰宁县 2015 年初启动春风工程，专门安排 1200 万元村集体经济发展专项基金，优先以参与旅游经营的村作为试点，并要求与贫困户脱贫相挂钩，增强旅游扶贫动力。而各地也通过典型示范，引导扶贫村融合本地生态资源和特色文化开展多样化的旅游扶贫，涌现出“生态+文化”“景区+农家”“农庄+游购”“公司+农户”“合作社+农户”“扶贫能人+农户”等扶贫致富模式。福建省旅游扶贫做法也受到国家旅游局和国务院扶贫办的肯定，全省有 15 个乡村旅游扶贫村被授予全国旅游扶贫示范成果奖，福鼎市赤溪村被授予“中国旅游扶贫第一村”。

此外，福建省在特色种养业方面也颇有成就。各级政府支持山区等贫困地区培育特色产业，大力发展农产品产地初加工和精深加工，2018 年建成 121 个产地初加工中心，农产品加工转化率提高到 70%。同时积极推动产销衔接，组建 10 个果业产销联盟，指导成立蔬菜供应链协会，农村网络销售额 1300 亿元，同比增 34.7%。①

另《中共中央 国务院关于打赢脱贫攻坚战的决定》(2015) 提出探索资产收益扶贫，要求在不改变用途的情况下，财政专项扶贫资金和其他涉农资金投入设施农业、养殖、光伏、水电、乡村旅游等项目形成的资产，具备条件的可折股量化给贫困村和贫困户，尤其是丧失劳动能力的贫困户。福建省委、省政府在《关于推进精准扶贫打赢脱贫攻坚战的实施意见》(2015) 转达了上述精神。为推动这项工作的深入开展，2017 年，省级财政新增安排 2000 万元专项资金，对已经开展资产收益扶贫的

① 福建省农业农村厅：《关于省政协十二届二次会议 20191255 号提案的答复》，2019-08-22，http://nynct.fujian.gov.cn/ztzl/jyta/201908/t20190822_4969089.htm

县（市、区），采取“以奖代补”方式给予扶持。

3. 健康扶贫

医疗卫生是健康扶贫的主要内容。2015 年 11 月，国务院办公厅转发了卫生计生委、民政部等部门《关于推进医疗卫生与养老服务相结合指导意见》，提出了建立健全医疗卫生机构与养老机构合作机制，支持养老机构开展医疗服务，推动医疗卫生服务延伸至社区、家庭，鼓励社会力量兴办医养结合机构，鼓励医疗卫生机构与养老服务融合发展等五项任务，从而为推进社会养老服务体系指明了方向。2016 年 6 月，国家卫生计生委等 15 部委联合印发《关于实施健康扶贫工程的指导意见》，明确了健康扶贫工程的目标任务和保障措施，对健康扶贫的组织实施提出了要求。2017 年 2 月，国家卫生计生委等部门出台《关于印发农村贫困人口大病专项救治工作方案的通知》，要求到 2018 年底前组织对贫困人口中罹患食管癌、胃癌等九大病种患者进行集中救治，并要求上述疾病实行单病种付费，控制费用总额。至 2019 年 5 月，农村贫困人口大病专项救治病种扩大到 25 种，同时并推进县域内住院“先诊疗、后付费”等举措。4 月，国家卫生计生委等部门又联合发布《关于印发健康扶贫工程“三个一批”行动计划的通知》，提出“大病集中救治一批、慢病签约服务管理一批、重病兜底保障一批”的“三个一批”行动计划，并提出 2017—2020 年对核实核准患有大病和长期慢性病的农村贫困人口，根据患病情况实施分类分批救治。

福建省坚决贯彻中央健康扶贫的精神，2017 年 1 月，福建省卫计委、省扶贫办印发《福建省健康扶贫工程实施方案》，提出 2020 年底前全省健康扶贫目标和重点任务，并强调了资源整合、共建共享的扶贫原则。与此同时，为缓解因病致贫返贫问题，福建省继续完善医疗保险相关政策，力求为贫困户构建多层次的医疗保障体系。2017 年 6 月，省政府办公厅出台《福建省精准扶贫医疗叠加保险方案》，决定在 2017—2020 年为建档立卡农村贫困人口构建基本医疗保险、大病保险、医疗救助、精准扶贫医疗叠加保险等多层次医疗保障体系。精准扶贫医疗叠加保险资金由省级负责统一筹集、管理和使用，省级、设区市（含厦门）、县级（含厦门）分别按50%、25%、25%的比例分级承担。从2017年7月至2020年12月，福建省每年筹集资金2.4亿元，对全省67.86万建档立卡农村贫困人口在基本医疗保险、大病保险和医疗救助的基础上再给予精准扶贫医疗叠加保险补助。这项工作走在了全国前列。2017年6月，福建省出台《关于印发福建省建档立卡农村贫困人口大病专项救治工作实施方案的通知》，对前述13种大病专项救治工作作出安排。同年7月，省卫生计生委发出《关于进一步加强城乡医院对口支援工作管理的通知》。

近年来，各地也出台了不少健康扶贫的政策文件，如《厦门市医疗救助办法》、南平市《医疗扶贫慈善救助方案》、泉州市《精准扶贫医保补充补助办法》、霞浦县《贫困户大病救助工作实施方案》、上杭县《健康扶贫保险实施方案》、屏南县《城乡困难家庭医疗救助实施细则》等，对省级健康扶贫政策进行了有益的补充。如泉州市从2018年7月1日起，在全省率先出台了《精准扶贫医保补充补助办法》，贫困户报销比例乡镇达到98%，县级95%，省、市级90%（普通群众城乡医保报销比例乡镇90%，县级75%，市级55%），着力解决因病致贫、因病返贫问题。2017年泉州市还出台了《泉州市建档立卡农村贫困人口大病专项救治工作实施方案》，确定了13种大病诊疗流程，落实“先治疗、后付费”制度。在家庭签约医生方面，也出台《泉州市城市慢性病家庭医生签约服务试点工作实施方案》（2017）、《关于加快推进全市家庭医生签约服务工作的通知》（2017）、《转发福建省卫生计生委关于做好建档立卡贫困人口家庭医生签约服务工作的通知》（2017）等政策性文件，明确家庭医生签约服务及其费用承担等问题。2019年3月泉州市医疗保障局等部门出台《泉州市医疗保障扶贫三年行动实施方案》，提出将建档立卡的国定、省定标准农村贫困人口全部纳入基本医保、大病保险、医疗救助、医疗叠加保险、精准扶贫医保补充补助范围，并提出坚持现有制度，加强综合保障，明确责任边界，坚持协同配合，形成保障合力等原则。

福建省各地方政府还积极探索针对贫困人口医疗救助的不同途径。三明在全国率先将新农合与城镇职工医保、居民医保“三保合一”，对建档立卡贫困户、省定扶贫标准下的低保对象参加城乡居民基本医疗保险的个人缴费部分由政府全额资助；泉州市扶贫办与人保财险泉州分公司签订协议，为全市农村建档立卡贫困人口购买补充医疗保险。在保险期内，对符合当地政策范围内的住院医疗费用，在扣除基本医疗保险、城乡居民大病保险以及各类补充医疗保险、商业保险报销后，救助对象个人自付 2000 元（2019 年改为 1000 元），剩余部分由保险公司按照 50%比例负责补偿，最高可补助 6 万元。同时，泉港、南安、安溪等 6 个县（市、区）也安排资金，为建档立卡贫困户购买商业补充医疗保险，构建了省、市、县多层次医保体系。其中南安市还成立了“医疗卫生志愿者服务队”，开展精准扶贫义诊活动，开展医生与贫困户结对帮扶，通过健康预防、健康管理，从源头上阻断农村居民因病致贫问题；2017 年 4 月，连江县在全省率先实现所有贫困人口签约家庭医生，落实十项医疗服务；2018—2020 年，南平市连续 3 年每年筹资 1200 万元用于全市建档立卡贫困户大病救助补助，提高他们的住院医疗报销比例，减轻贫困患者的负担。

4. 就业创业帮扶

一人就业，全家脱贫，就业是最有效、最直接的脱贫方式。国家对此十分重视，并以税收优惠鼓励贫困户就业创业。2017 年 6 月，财政部、税务总局、人力资源社会保障部发出《关于继续实施支持和促进重点群体创业就业有关税收政策的通知》，对持《就业创业证》或《就业失业登记证》的人员从事个体经营的，在 3 年内按每户每年 8000 元为限额（可上浮 20%）依次扣减其当年实际应缴纳的增值税、城市维护建设税、教育费附加、地方教育附加和个人所得税。2018 年 3 月，人社部、国务院扶贫办下发《关于做好 2018 年就业扶贫工作的通知》，提出多渠道开发就地就近就业岗位，深入开展劳务协作，大力加强就业服务，开展技能扶贫行动，切实做好深度贫困地区就业扶贫工作等具体任务。

福建省也遵照国家精神出台相关政策，鼓励贫困户就业创业，并为其提供小额信贷、税收优惠、政府补助、职业培训等政策优惠。如2016年7月，福建省人力资源和社会保障厅、省财政厅出台《关于推进精准就业扶贫六条措施的通知》，要求将建档立卡贫困家庭劳动力纳入就业困难人员对象范围，享受就业困难人员各项就业创业扶持政策；鼓励各类劳动密集型企业在乡镇、村设立扶贫加工点，吸纳贫困家庭劳动力就近就地务工；鼓励各类互联网创业孵化基地吸纳贫困家庭劳动力创业就业；鼓励各地设置一定比例的公益性岗位；对到公共就业人才服务机构办理求职登记的贫困家庭劳动力参加居民养老保险的，给予补贴；将基层就业工作平台当年帮扶辖区内贫困家庭劳动力就业实效，纳入就业专项资金绩效考核范围，在就业专项资金安排上予以倾斜。据此，福建省贫困家庭劳动力可享受社保补贴、公益性岗位补贴、创业资助等就业困难人员优惠政策。2018年9月，福建省政府办公厅发出《关于进一步做好促进就业工作十七条措施的通知》，强调推进精准就业扶贫，鼓励各类企业设立扶贫加工点、扶贫车间、扶贫基地，对吸纳贫困家庭劳动力就业实现脱贫的，可按吸纳就业人数由各地就业补助资金中给予一定奖补。对于专项培训，福建省也出台了相关政策。如2017年4月，福建省财政厅、省妇联出台《关于印发福建省巾帼精准脱贫家政培训专项资金管理办法（试行）的通知》，决定从2017年起对适合从业的建档立卡贫困妇女实施巾帼精准脱贫家政培训项目，培训内容包括家政服务、育婴、养老护理等，2017—2020年每年培训3000人。2018年5月福建省农业厅等部门《关于培育贫困村创业致富带头人的实施意见》要求选好创业致富带头人，科学开展各类培训。为规范培训资金的管理，福建省财政厅、省农业厅2016年出台《福建省农村劳动力培训资金管理办法（试行）》（2017年9月修订），相关的管理规定还有《福建省雨露计划资金管理办法》（2018）。

各地也出台了相关的政策和措施。如2018年4月泉州市出台《关于进一步做好就业扶贫工作的实施意见》，要求加强农村贫困劳动力就业信息数据库建设；加强技能培训并探索各种集中培训方式；支持企业在乡镇（村）创建扶贫车间、加工点，使贫困劳动力实现居家就业和灵活就业；给予贫困劳动力培训、就业创业服务、社会保险等相关补贴。一些地方还出台了专门的培训计划，如2016年漳浦县农办制定的《关于做好漳浦县2016年雨露计划培训工作的通知》，明确2016年“雨露计划”培训的目标任务、补助标准、培训对象和培训内容、培训形式及相关制度等内容。

实践中，福建省将贫困劳动力纳入就业困难人员对象范围加以扶持，免费为有劳动能力和转移就业意愿的贫困劳动力提供求职登记、办理《就业创业证》等服务。各地按照规定给予办理求职登记的贫困家庭劳动力参加城乡居民养老保险予以补贴。如福州市对办理求职登记的贫困家庭劳动力参加城乡居民养老保险的，按福州市城乡居民保最低缴费标准的50%给予3~5年社保补贴。各地还积极推荐贫困人口就业或设置公益性岗位，并引导各类企业吸纳贫困劳动力就业，如福州市林业部门要求在建档立卡贫困人口中选聘100名护林员，月工资不低于500元；而浦城县积极引导本县的服装制衣、电子、农产品加工等企业在有条件的乡镇创建就业扶贫车间（加工点），由乡镇政府劳动保障事务所筛选出适合扶贫对象就业的工作岗位，组织当地贫困家庭劳动力进车间务工，让贫困对象实现在“家门口就业”。同时还出台了《浦城县就业扶贫车间认定和资金补助办法》，加大了对扶贫车间的扶持力度；泉州相关部门还组织开展“就业援助月”活动，走访就业困难人员和零就业家庭，举行专场招聘会等帮助就业困难人员实现就业。

福建省还十分注重贫困人口职业培训，主要实施了新型职业农民培训、建档立卡贫困农民培训（雨露计划）、农村实用技术培训等几种培训类型。其中，新型职业农民培育和农村实用技术远程培训对象不限于贫困群体，但向23个省级扶贫开发工作重点县倾斜。“雨露计划”系对全省经过精准识别的建档立卡农村贫困人口进行农业实用技术和职业技能培训，福建省财政按人均400元的标准给予补贴，每年实际培训超过4万人次。2018年起，按照国务院扶贫办要求，福建省雨露计划调整为对该省建档立卡贫困家庭中子女正在接受中、高职等职业教育和技工院校教育的予以补助，补助标准为每人每年3000元。近年来，福建省每年安排专项扶贫资金，支持各地开展建档立卡贫困户农业实用技术、职业技能等培训，每年对超过6万人次的农村建档立卡贫困人口、返乡农民工、大学生农村创业者和农村“两后生”（农村高中、初中毕业生）进行了农业实用生产技术和就业创业技能培训。各地方政府也积极推动贫困户技能培训常态化，以泉州南安为例，仅2017年就举办了3次，5月在向阳乡三农“互联网+”创客空间举办了第一期现代农业创业（新型职业农民）培训班，7月举办了南安市新型职业农民食用专业技术培训班，9月举办了首期精准脱贫家政培训班。其他各地也时常开展这种培训，如2016年4月，明溪县农业局深入乡村举办科技扶贫养殖技术培训班；2017年8月，福州永泰县扶贫办产业组进村举办养蜂技术培训；龙岩武平县推出“双百”培训工作，即在全县举办100场技术培训班，组织100次科技进村宣传咨询活动，确保缺技术的贫困户都能获得1~2次以上的技术培训。

一些培训还做出了品牌，如泉州市创新“1+11”培训模式，培养创业致富带头人。该模式由泉州蓉中村培训基地首创，并获“全国脱贫攻坚工作创新奖”。其基本内容为：组织贫困村的学员在蓉中村脱产集中培训1个月，完成创业项目设计；再通过创业导师“一对一”“面对面”创业实践指导、帮扶、跟踪服务11个月，帮助学员形成创业致富实践能力，发展带贫项目。2014年10月，蓉中村被国务院扶贫办认定为全国贫困村创业致富带头人培训基地。2015年，国务院扶贫办印发了《关于组织实施扶贫创业致富带头人培训工程的通知》，蓉中村创业带头人培训模式被列入精准扶贫重要工程，并在全国全面组织实施；三明沙县实行“技能培训+资金服务+创业指导”的小吃创业扶贫模式，健全完善创业就业培训体系，设立小吃培训中心，免费开展小吃技能培训、创业指导等服务，并对培训合格的贫困户优先办理职业资格证、沙县小吃注册商标许可使用证，确保贫困户通过发展小吃产业实现脱贫致富；又如南平松溪县“闽姐姐”家政服务示范基地创建于2016年初，当年9月，省妇联与南平市政府签订《关于共同促进家政服务业发展战略合作协议》，建设“闽姐姐”家政服务品牌，共同推动精准脱贫工作。该基地负责对全县建档立卡贫困妇女中有劳动能力和就业意向的妇女进行家政培训，为其提供一条脱贫致富的好路子；再如2013年安溪县发动先富起来的农村能人组建“农民讲师团”，讲师团成员数十人，涵盖村干部、种养大户、制茶专家、市场营销能手和大学生村官等群体，实行订单式服务，深入田间地头讲政策、授农技、传经验，引领农民脱贫致富奔小康。自2013年组建“农民讲师团”至2017年底，讲师团已累计巡讲380多场，培训村干部和农民7万多人次。① 除短期培训外，福建省还优先选送符合条件的建档立卡农村贫困人口到农业院校免费接受大中专学历函授教育，切实提升其脱贫能力。

5. 教育科技扶贫

扶贫先扶智，教育能有效地阻断贫困代际传递。为帮助贫困户子女完成学业，福建省提出了专项职业培训项目支持、职业教育学生学费减免和国家助学金等一系列帮扶补助措施，如福建省财政厅、省教育厅、省人力资源和社会保障厅《福建省中等职业学校农村家庭经济困难学生和涉农专业学生免学费实施办法》（2010）、福建省财政厅等四部门《关于实施免费中等职业教育进一步完善国家助学金制度的意见》（2012）等。2013年以来，福建省又出台了大量教育扶贫的政策文件。如2016年4月福建省教育厅、省财政厅《福建省实施教育精准扶贫工作方案》，提出加大省级财政资金扶持力度，完善城乡义务教育经费保障机制，上述经费均向23个重点贫困县倾斜。2016年9月省教育厅、省财政厅等六部门《关于做好建档立卡等家庭经济困难学生精准资助工作的通知》，要求精确对准全日制在校家庭经济困难学生群体，落实教育多元扶持与资助

---

① 《“农民讲师团”背后的扶贫逻辑》，2017－12－26，http：//baijiahao.baidu.com/s？id＝1587834263477246047&wfr＝spider&for＝pc

政策。《通知》还要求改进工作程序，将原来的“自下而上”以学生申请为主改为“自上而下，上下结合”方式，学生无须申请就能获得资助，从而实现主动资助。福建省相关部门还出台了相应的资金管理办法，如《关于印发省级扶贫开发工作重点县教育扶贫专项补助资金管理办法的通知》（2017）和《关于印发福建省国家助学贷款还款救助操作规程的通知》（2017）等。

各地也有相应的政策。如 2017 年 12 月，厦门市教育局、市财政局等五部门联合出台了《关于进一步加强和完善学生资助工作及资金管理有关事项的通知》，表示经认定的家庭经济困难学生，各区、各校都会按照各学段资助项目和资助标准直接纳入资助范围，确保“应助尽助”。《通知》还要求多部门联动，增加资助项目，简化资助办理程序，让相关政策真正落地。又如 2017 年南平市制定的《建档立卡贫困户子女就学帮扶方案》，确定每年筹集 250 万元对建档立卡贫困户子女各教育阶段进行全覆盖帮扶，并明确各教育阶段就学的贫困户子女就学帮扶标准。

实践中，福建省加大教育扶贫力度，省级教育经费向贫困地区、老区、少数民族地区基础教育倾斜，改善贫困地区学校办学条件。近年来，福建省级财政每年拿出 4.6 亿元，安排 23 个省级扶贫开发工作重点县每个县一次性教育专项补助经费 2000 万元，用于支持学前教育、义务教育、高中教育、特殊教育和中职教育发展。福建省还加强乡村教师队伍建设，中小学教师“省培计划”重点向贫困地区倾斜。对于贫困户子女，福建省 2016 年即开始全面落实“两免一补”① 政策，共下达各项资助资金 18.9 亿元，惠及家庭经济困难学生逾百万人次，并确保建档立卡及低保家庭等家庭经济困难学生资助全覆盖。② 同时，还对建档立卡贫困户子女实行学前教育保教费、普通高中及中等职业教育学杂费减免和高等教

① “两免一补”是指“免学杂费、免费提供教科书，对家庭经济困难寄宿生补贴生活费”，是国家从 2006 年起开始推行的一项义务教育普惠政策，首先从贫困地区的农村地区开始落实，经过逐步推进，2017 年扩展到全部农村和城市。

② 张颖、郑永红：《全省学生资助工作视频会议举行》，《福建日报》2017 年 3 月 1 日第 2 版。

育补助，提高高校贫困生助学金资助标准和助学贷款额度，并发动社会力量资助贫困户子女完成学业。

各地对教育扶贫也十分重视。为有效保障贫困地区义务教育的发展，2017年泉州市教育经费近60%投入义务教育，义务教育经费中约65%投向农村地区，重点扶持30个市定扶贫开发重点乡镇义务教育发展；南平光泽县从2016年春季学期开始，每年拿出150万元设立建档立卡贫困子女就学补助资金；三明宁化在全面落实国家相关教育扶贫政策的基础上，2016—2018年对建档立卡贫困大学生给予每生每年4000—10000元的经济资助。不仅如此，各地还有一些教育扶贫的新举措，如厦门市从2018年起，在高校设立了“高校家庭经济困难毕业生就业补助金”，用于补助普通全日制本专科贫困毕业生公考、考级、考证、考研、面试等，每人一次性发放2000元；南平市用委托培养的方式支持贫困生就学就业，2017年筹集善款49.7万元开办三年制中职护理专业委培班，招收该市100位建档立卡户家庭应往届初中毕业生，全额免费就读福建卫生职业技术学院。委培班学生获得中职毕业证书后，可进入委培企业福建瑞泉护理服务有限公司工作；各地还注重发动社会力量助学。如江苏中远助学帮老基金会成立于2012年，先后在福建泉州、龙岩等地设立3个“圆梦班”，基金会资助“圆梦班”学生高中三年的学习、生活资助及教师奖励。

科技扶贫也是近年来国家精准扶贫强调的内容。2016年10月，中国科协、农业部和国务院扶贫办联合印发《科技助力精准扶贫工程实施方案》，提出科技精准扶贫的目标和未来几年科技扶贫的重点任务。同年11月召开的全国科技助力精准扶贫工程动员部署电视电话会议决定实施“科技助力精准扶贫工程”，计划到2020年在贫困地区支持建设1000个以上农技协联合会（联合体）和1万个以上农村专业技术协会，实现农技协组织和服务在贫困县全覆盖；组织10万名以上科技专家参与脱贫攻坚，实现科技服务在贫困村全覆盖。

福建省积极贯彻中央精神，完善农技服务站点，强化贫困户的科技培训。根据省科技厅等部门下发的《省级扶贫开发工作重点县人才支持计划科技人员专项计划实施方案》(2014),2014—2020 年,福建省每年选派 360 名科技人员到 23 个省级扶贫开发重点县开展科技服务。选派人员主要围绕省级扶贫开发工作重点县支柱产业的科技需求,提供公益专业技术服务,或创办领办农民合作社等,选派对象服务时限原则上不少于 1 年。为此,福建省重视农村科技人才培养。近年来,根据福建省委办公厅、省政府办公厅《关于加强农村"六大员"队伍建设的意见》(2014),以及省农业厅等部门《福建省农民技术员管理暂行办法》(2014)要求,着力加强村级农民技术员队伍建设。福建省还强调建立科技人员对接帮扶贫困户机制,以贫困户技术需求为导向,面对面帮助建档立卡贫困户掌握实用技术。另科技特派员制度在南平市自 2000 年即已开始推行,至 2018 年连续 19 年推进,这一做法还被全国给予通报表扬。自 2017 年起,福建省决定 2018—2022 年每年选认 1000 名以上省级科技特派员到基层开展服务创业,促进科技特派员工作向二、三产业拓展。[①]各地也有不少较为成功的经验,如龙岩武平县推出了"双百"培训工作,即在全县举办 100 场技术培训班,组织 100 次科技进村宣传咨询活动,确保缺技术的贫困户都能获得 1~2 次以上的技术培训。同时将中级以上专业技术人员人组建帮扶工作队,并要求每个技术人员都要挂钩 1 户以上发展种养的贫困户;近年来,永泰县农业局组织开展了"农业专业技术培训"和"雨露计划培训",传播农技科学知识和实用技术,还通过开展专家服务团队送科技下乡及"农民田间学校"活动日等,切实解决农户在生产中遇到的具体问题。并开设 12316 农业服务,实时提供技术培训、在线咨询、视频教学等服务。

此外,福建多地还探索发展"智慧农业",这包括以下几个方面:一是智能化生产,如寿宁县下党村凭借可视化预定系统和农产品可追溯系统进行茶叶种植;二是通过网络化经营增加流通收入;三是便捷化服务,

① 福建省农业农村厅:《关于省十三届人大二次会议第 1866 号建议的答复》,2019-08-21,http://nynct.fujian.gov.cn/ztzl/jyta/201908/t20190821_4968582.htm

健全科技信息服务体系。如2015年12月由河仁基金会资助，福建省启动了首个农村多媒体信息扶贫项目。该项目利用互联网技术、远程播控技术打造农村多媒体终端平台，集农业技术、电子商务平台、中小学及学前教育等为一体，为农民提供信息服务，帮助他们脱贫。该项目以宁德寿宁县、龙岩连城县为试点县，先行在30个行政村推开。

6. 安居工程

安居工程包括易地扶贫搬迁、危房改造、原地重建等工程，通过改善贫困群体的居住条件，渐次实现脱贫。

易地扶贫搬迁，又叫造福工程，是指把生活在偏僻困难地方的群众，搬迁到条件较好的地方，从根本上改变生产生活条件，发展致富。易地扶贫搬迁是安居扶贫工程的重点。2017年10月，国家发改委颁布《全国“十三五”易地扶贫搬迁规划》，计划五年内对近1000万建档立卡贫困人口实施易地扶贫搬迁，并明确此期推进易地扶贫搬迁的资金来源、资金运作模式、保障措施等，是推进全国“十三五”时期易地扶贫搬迁工作的行动纲领。

福建省在全国率先探索易地扶贫搬迁，从1994年开始大规模实施易地扶贫搬迁工作，至2015年已经累计搬迁142万人、整体搬迁7000多个自然村①，成为扶贫开发工作的一项标志性工程。政府每年都制定政策文件指导全省异地扶贫搬迁工作，其中较具代表性的有：2011年8月福建省委、省政府出台《关于加快推进十二五时期造福工程的指导意见》，明确了“造福工程”实施范围，将省级财政补助标准由原来的2500元/人提高到3000元/人；2016年5月《福建省人民政府办公厅关于明确相关政策加快推进造福工程扶贫搬迁工作的通知》，将省定贫困搬迁人口补助标准从3000元/人提高到10000元/人，同时对贫困户（人口）和其他非贫困户（人口）的搬迁给予低息贷款支持。《通知》明确了集中安置、插花安置、梯度安置、进城安置、跨区域安置等多元搬迁安置方式，降低

① 福建省人大常委会农业与农村工作委员会：《关于我省扶贫开发工作情况的调研报告》，2016-12-06，http：//www.fjrd.gov.cn/ct/68-120094

安置区建设门槛，适当调整集中安置区补助政策，并完善了土地增减挂钩收益分配政策等；2017 年 7 月福建省发改委、省扶贫办出台《福建省“十三五”易地扶贫搬迁实施方案》，提出“十三五”期间的搬迁目标以及精准识别、精准搬迁，群众自愿、应搬尽搬，保障基本、完善配套，整合资源、稳定脱贫的基本原则。方案还明确了“十三五”期间的搬迁对象、补助标准、搬迁方式、安置方式及建设内容，其中补助标准是国定建档立卡贫困户每人可享受补助不少于 25000 元，省定建档立卡贫困户由省级财政按家庭人口每人补助 10000 元，同步搬迁的非贫困户省级财政按家庭人口每人补助 3000 元，此外还可享受造福工程相关政策叠加补助；2018 年 2 月，福建省农业厅、省发改委、省财政厅发出《关于切实做好 2018 年造福工程易地扶贫搬迁工作的通知》，提出 2018 年全省易地扶贫搬迁 1.5 万人，建设 20 个 20 户以上各类规模集中安置区的目标任务。同时要求精准界定搬迁对象，明确集中安置区的申报条件，并细化了搬迁安置和集中安置区基础设施建设补助标准；2018 年 9 月，福建省扶贫办出台《关于报送 2019 年造福工程易地扶贫搬迁计划和集中安置区建设计划需求的通知》，进一步严格界定了搬迁要求，要求搬迁安置与后续发展相互促进，所有搬迁对象必须签订旧房拆除协议，杜绝“两头占”现象。整体看来，福建省重视扶贫搬迁及其后续安置建设工作，每年均把造福工程列为省委、省政府为民办实事项目。对符合搬迁政策且有搬迁意愿的贫困户，按照政策予以补助，并建立省级投融资平台，加大对自愿搬迁贫困户的搬迁扶持力度；将符合搬迁政策但不愿搬迁、希望就地新建或改建的贫困户纳入农村危房改造项目予以补助。同时，福建省明确规定城乡建设用地增减挂钩收益主要用于支持造福工程搬迁和集中安置区基础设施建设。

各地也出台了一些易地扶贫搬迁相关政策。如泉州市民政局《关于加快推进 2014 年低保家庭安居房建设项目的意见》（2014），泉州市政府办公室《关于实施 2016 年市级造福工程项目的通知》（2016）等，对该年造福工程的实施对象、任务安排、补助标准、实施要求等做出了安排。

又如南平光泽县创新易地扶贫搬迁方式，2017 年 5 月县委、县政府专门制定《在圣农小镇实施造福工程易地扶贫搬迁补助办法（试行）》，引导贫困户到圣农小镇集中购房安置，规定建档立卡贫困户在享受上级补助政策的基础上，光泽县给予每户 3 万元补助。相关部门还积极帮助易地扶贫搬迁贫困户就近在圣农企业就业，促使其长期稳定脱贫。

易地搬迁还需要一系列政策配套。为推进易地扶贫搬迁工作，2016、2017 年，国土资源部先后出台了《关于用好用活增减挂钩政策积极支持扶贫开发及易地扶贫搬迁工作的通知》和《关于进一步运用增减挂钩政策支持脱贫攻坚的通知》，明确省级扶贫开发工作重点县可以将增减挂钩节余指标在省域范围内流转使用。这意味着，增减挂钩节余指标使用由集中连片特困地区和片区外国定贫困县扩展到省定贫困县。2018 年国务院办公厅印发《城乡建设用地增减挂钩节余指标跨省域调剂管理办法》，允许深度贫困地区节余指标跨省调剂。同年自然资源部印发《城乡建设用地增减挂钩节余指标跨省域调剂实施办法》，进一步明确有关要求。福建省也完善扶贫开发用地政策，每年安排扶贫重点县每县各 200 亩扶贫专项用地计划指标，用于保障发展特色产业、造福工程搬迁、山海协作共建产业园等用地需求。2017 年 3 月，省国土资源厅等部门联合印发《关于建立城镇建设用地增加规模同吸纳农业转移人口落户数量挂钩机制的八条措施》，以推进新型城镇化建设，有效保障“十三五”期间福建省 150 万农业转移人口和其他常住人口在城镇落户的用地需求。为了加强安置区的建设，2016 年，福建省委、省政府办公厅出台了《关于加强造福工程安置区服务管理工作的通知》。

在资金投入方面，福建省对于国定扶贫标准贫困户每人补助 2.5 万元，并由中国农业发展银行、国家开发银行提供人均不超过 3.5 万元的易地扶贫搬迁专项贷款，由县级政府统筹用于支持搬迁建房和安置区相关的基础设施建设以及公共服务设施建设等；对于省定扶贫标准贫困户，每人补助 1 万元，由中国农业发展银行、国家开发银行向搬迁户提供一定额度的长期低息贷款。此外，为了改善提升集中安置区基础设施，

2012年以来，福建省每年安排基础设施建设补助资金建设100个百户以上的造福工程集中安置区，每个补助资金100万元（后调整为150万元以上）。从2016年开始省级财政、发改委、交通等部门筹措2亿元资金，集中扶持20户以上造福工程集中安置区的基础设施建设，当年建成各类规模的集中安置区221个，2017年又建成126个，这对福建省解决“有新房无新村”问题起到了积极的作用。与此同时，福建省相关部门也出台了一系列旨在提高资金使用效益的管理办法，如《福建省造福工程补助资金管理办法》（2016、2017），《福建省易地扶贫搬迁中央预算内投资管理实施办法》（2016），《福建省易地扶贫搬迁项目资金管理暂行办法》（2016、2017），《福建省易地扶贫搬迁专项建设基金监督管理实施细则》（2017）等，对造福工程资金来源、使用和监管等予以明确。各地也配套出台了相应的政策，如2017年6月泉州市财政局、农业局《泉州市造福工程补助资金管理暂行规定》等。

危房改造也是安居工程的重要内容。2012年福建省农村危房改造列入全国危改扩大试点省份之一，重点推进五保户、低保户、贫困残疾人家庭、原中央苏区（革命老区）国家重点优抚对象和革命“五老”人员以及其他贫困农户危房改造。按照福建省政府部署，福建省农村危房改造最先与“造福工程”结合，由省农业厅（省委农办）组织实施，改造方式包括修缮加固、异地集中重建、就地新建三种，补助标准依据改造方式和困难程度而有所不同。2012—2015年，累计完成农村危房改造任务15.5万户，共争取中央补助资金11.625亿元。2016年起，福建省农村危房改造与造福工程分开管理，分别由省住建厅、农业厅组织实施。2016年，省住建厅会同省财政厅等部门制定《福建省农村危房改造“十三五”专项规划》，提出“十三五”期间全省农村危房改造的总任务和年度任务，并明确了建设标准和分类补助标准，要求兜底保障特困户住房安全。农村危房改造结果按照2013年住建部等部门《农村危房改造绩效评价办法（试行）》进行绩效考核，考评结果作为资金分配的重要依据，形成激励约束并重、奖惩结合的任务资金分配与管理机制。各地市也出台了相关政策，如2017年《宁德市解决建档立卡贫困户住房安全问题实施方案》，提出在2018年底前通过旧房修缮、原址重建等改善改造方式，全面解决建档立卡贫困户住房安全保障问题；其下辖屏南省也于同年出台《屏南县解决建档立卡贫困户住房安全问题实施方案》，提出由财政户均统筹3万~5万元，全面解决104户377名贫困人口的安全住房问题；2018年5月，泉州市扶贫办还发出《关于做好建档立卡贫困户住房条件改善需求调查摸底工作的通知》。

在资金来源方面，针对“造福工程”建设周期长、内容多、投资规模大的特点，福建省建立“以财政补助为导向、群众投入为主体、有关部门资金整合、社会力量大力支持”的多元化资金投入机制。在逐步提高省级补助资金标准的基础上，协调市、县两级财政和乡村集体加大对造福工程的资金投入，并通过群众自筹、外出乡亲集资、社会捐赠等方式，调动社会各界参与“造福工程”的积极性。2014年，造福工程危房改造省级财政补助资金72750.16万元。其中搬迁改造人头补助62689.7万元，五保户补助2323.5万元，修缮加固补助3296万元，享受政策叠加的计生户补助2301万元、少数民族户补助370.26万元、残疾人户补助1769.7万元。[①] 2015年、2016年，分别安排省级补助资金8.08亿元和7.4亿元，用于完成各自年份全省20万人和15万人的搬迁任务。[②] 2017年造福工程搬迁对象及集中安置区补助资金5.05亿元，其中农户搬迁补助3.6亿元，省定贫困人口搬迁叠加补助0.7亿元，集中安置区补助资金预拨0.75亿元。[③] 危房改造，根据规划，2017—2020年4年共需补助33953.3万元，2016年省级已补助11500万元。[④] 同时，福建省还会根据

① 《福建省关于下达2014年造福工程危房改造补助资金的通知》，2015-01-07，http：//www.chinacir.com.cn/2015_zfzj/466604.shtml

② 孔令军：《福建省“造福工程”搬迁扶贫情况调查》，《当代农村财经》2017年第1期。

③ 《福建省财政厅 福建省农业厅关于提前下达2017年造福工程补助资金的通知》（闽财农指〔2016〕194号），2016-12-21。

④ 福建省住房和城乡建设厅：《福建省农村危房改造“十三五”专项规划》，2017-11-03，https：//www.tuliu.com/read-65935.html

资金使用情况进行调剂使用，如相关部门对福建省 2017 年造福工程搬迁对象补助资金进行结算后，决定收回全省 2017 年造福工程搬迁补助结余资金 1324.4 万元，同时结合各地使用情况，下达有关县（市、区）2017 年造福工程缺口资金 2552.2 万元。[①] 地市资金和社会资金也参与其中，如根据 2014 年洛江区民政局等部门《关于 2014 年低保家庭安居房建设实施意见的通知》，2014 年洛江区 30 户低保户安居房建设计划投资 105 万元，其中市级财政补助 18 万元、市级福利彩票公益金安排 42 万元、区财政补助 45 万元。不足部分由乡镇政府、村委会协调帮助受助对象筹集。又如为做好低保安居房的装修收尾工作，近年来泉州市慈善总会发放每户 1000 元的低保安居房建设装修补助资金，其下辖县、市、区慈善总会也多予以配套。

住房保险也是福建省安居工程的一大内容。2006 年 8 月，福建在全国首开省级政府出资为全辖农房统一投保农房保险之先河，农房保险成为继农村危房改造工程之后农村扶贫的又一重要举措。闽清县在原有的省县农房统保的基础上增加叠加保险，农户每年自愿缴费 3 元，房屋受到自然灾害损害时，能得到最高 3.5 万元赔偿（其中闽清县政府增加配套 1.5 万元）。低保户和建档立卡贫困户的保费由政府全额承担。

7. 水利、交通等其他扶贫

扶贫是一项系统工程，需要多个部门齐抓共管才能较好地解决。水利是农业的基础工程，也是扶贫的重要内容。2017 年 8 月《福建省水利厅关于推进水利扶贫开发的实施意见》出台，强调以 23 个省级扶贫开发重点县和 2200 个贫困村的贫困地区水利建设为主，推动水利扶贫开发工作。并提出下列重点工作：加快贫困地区重大水利项目建设；抓好国家精准扶贫对象饮水安全巩固提升；强化补齐贫困地区农田水利基础设施短板；大力扶持贫困地区水土流失综合治理；推进贫困地区安全生态水

① 《福建省财政厅 福建省农业厅关于结算及追加 2017 年造福工程搬迁省级补助资金的通知》（闽财农指〔2018〕20 号），2018－04－04，http：//czt.fujian.gov.cn/zwgk/czzj/201804/t20180404_3043577.htm

系治理；创新贫困地区小水电扶贫开新途径。同年，福建省水利厅还出台了《关于印发 2017 年水利扶贫开发工作要点的通知》及《关于进一步做好国家建档立卡贫困人口饮水安全工作的通知》。2018 年中共中央、国务院《关于实施乡村振兴战略的实施意见》发布后，省水利厅积极采取措施，完善农田水利基础设施和城乡防洪减灾体系，推动水生态环境治理，为乡村振兴提供强有力保障。同年 9 月省水利厅等部门出台《关于坚决打赢农村饮水安全脱贫攻坚战的通知》，要求按照中国水利学会 2018 年发布的《农村饮水安全评价准则》开展建档立卡贫困人口饮水安全解决情况的复核工作，当年解决全省建档立卡贫困人口饮水安全问题，并提出要强化督导检查工作。12 月，省水利厅又出台《福建省水利扶贫行动三年（2018~2020 年）实施方案》，提出 2018—2020 年福建省水利扶贫的总体要求、重点任务和保障措施。

交通方面，2017 年 7 月，福建省交通运输厅印发《福建省“十三五”交通精准扶贫建设专项规划》，对福建省交通精准扶贫的总体目标、重点任务、补助政策、保障措施等予以规定。地方政府方面，2018 年莆田在全省率先出台海岛交通运输精准扶贫市级资金补助政策，拟投入 10038 万元用于项目精准扶贫，对列入海岛精准扶贫的工程建设予以补助。2019 年初，农发行与交通运输部联合发布《关于合力推进贫困村交通扶贫工作的通知》，决心加大对贫困村交通扶贫的投入力度，助推贫困村脱贫攻坚。

其他行业也提出了各自的扶贫部署，如 2017 年 8 月福建省林业厅出台《关于推进林业扶贫工作八条措施的通知》等。

值得说明的是，虽然各地扶贫政策和措施有所差异，但大体上均是多部门齐抓共管、多措并举。如泉州市 2017 年针对贫困户的具体情形采取多种措施精准帮扶：将丧失劳动能力的贫困人口纳入最低生活保障；对因病致贫的人口实施医疗扶贫，建立精准扶贫医疗叠加保险机制，同时建立了商业补充医疗保险保障；对教育致贫的人口落实各种补助金，开展捐资助学等；对有劳动能力的贫困户，以“三个一”为基本抓手，即要求每户贫困户有“一块茶果菜园、一栏家禽家畜、一人实现就业”，构建稳定脱贫长效机制。2018 年，泉州市强调抓好“五个到户”（生产扶持到户、建房补贴到户、医疗援助到户、就业引导到户、就学补助到户），深入推进精准施策。同时，进一步强化挂钩帮扶，将结对帮扶时限及各项扶贫政策延伸至 2020 年。龙岩市，2016 年以来全面推行精准扶贫的“9336”政策，其中“9”是指“九到户”政策；“3”是采取部门挂钩、资金捆绑、干部驻村的“三位一体”；“3”是指电商扶贫、危房改造造福、产业富民工程等三项工程；“6”是指强化责任落实、干部人才工作、产业扶贫激励、精准管理、考核评价等六项机制。总之，由于贫困户的情况各不相同，而且不少贫困户并非单一因素致贫，因此多管齐下、精准施策是明智之策。

实践中也有不少多措并举的成功案例。如三明市宁化县石壁镇小吴村村民张某，夫妻均年老多病，儿子智障且残疾，儿媳是聋哑人，孙女也有智障，一家人生计全靠张某夫妻俩种植所得及低保收入，生活十分艰难。2014 年精准扶贫战略实施以来，当地干部为张某量身定制了一套脱贫方案：以张某家的 1 亩土地入股石壁现代农业观光园，每年分红 1500 元；张某在园里担任管理员，工资每月 600 元；安排其儿子儿媳在邻近的豆腐皮厂打零工。经此设计后，一家人有了较为稳定的经济来源，且收入增加，日子有较大改观。

（二）分对象专项扶贫政策

近年来，福建省还针对不同贫困对象（含区域和群体）出台了一些专门的扶贫政策。

1. 重点县、重点村

福建省在 2012 年贯彻落实《中国农村扶贫开发纲要（2011—2020）》的实施意见中，确定了建宁、永泰、清流、武平、霞浦、古田、明溪、柘荣、浦城、光泽、诏安、云霄、顺昌、平和、宁化、屏南、周宁、松溪、寿宁、政和、长汀、连城、泰宁 23 个省级扶贫开发工作重点县。并在次年 8 月出台《关于进一步扶持省级扶贫开发工作重点县加快发展的若干意见》，从产业发展、财政支持、科技创新、基础设施、用地保障、民生改善等方面提出要加大对 23 个省级扶贫开发工作重点县的倾斜扶持。意见尤其强调要加大资金支持力度，设立 3 亿元的产业发展资金，每年从中央代理发行的地方政府债券中安排 23 亿元，专项扶持重点县产业发展和结构调整，由省级财政给予全额贴息；增加一般性转移支付，从 2013 年开始对每县每年增加补助 1000 万元；支持重点县的民生工程建设，省级财政一次性安排教育专项资金每县 2000 万元；2013—2015 年，省级财政每年安排每县 1000 万元社会事业专项资金，用于支持急需解决的卫生、文化、体育等社会事业项目等。意见要求创新共建产业园区的山海协作机制和完善干部人才工作机制等。2015 年福建省委、省政府又将意见中的扶持政策延续到 2020 年，并决定加大对 23 个省级扶贫开发工作重点县交通基础设施建设的扶持力度，对重点县的交通项目，凡符合规划、完成前期工作的，优先列入年度计划加快实施。在资金方面，则继续加大扶持力度。如 2019 年省财政提前下达 23 个省级扶贫开发工作，重点县补助资金 9.75 亿元，比 2018 年增长 8.8%。其中，每县县级基本财力保障转移支付 1000 万元，共计 2.3 亿元，由 23 个县统筹用于已出台的各项重大民生政策支出；每县社会事业发展专项资金 1000 万元，共计 2.3 亿元，支持 23 个县急需解决的卫生、文化、体育等社会事业项目；每县县域产业发展专项资金 652 万元（财政厅切块下达部分），共计 1.5 亿元，由 23 个县整合用于具体产业发展项目；每县地方政府债券贴息资金 1588 万元，共计 3.65 亿元，支持 23 个县产业结构调整。① 可见，作为区域扶贫的对象，重点县可以享受大量政策和财政倾斜。

2018 年福建省共有建档立卡贫困村 2201 个。对于贫困村，政府主要在扶持村级集体经济方面和整村推进方面出台了大量的政策。2017 年，福建省被列入全国扶持村级集体经济发展试点省份。同年，中共福建省委组织部、省财政厅、省扶贫办三部门联合下发《关于开展扶持村级集

① 王永珍：《福建省财政提前下达 23 个省级扶贫开发工作重点县》，2018-11-14，http://www.gov.cn/xinwen/2018-11/14/content_5340161.htm

体经济发展试点工作的通知》，决定安排 4.5 亿元，选择 750 个建档立卡贫困村开展扶持村级集体经济发展试点工作，每个试点村享受财政补助 60 万元。试点按照“市县为主，村级收益”的办法组织实施，通过对农村集体资产、资源、资金等要素的有效利用，从资源开发型、股份合作型、项目带动型、服务经济型等几方面探索村级集体经济发展形势。为规范管理，同年并出台了《福建省扶持村级集体经济发展试点资金管理办法》，2018 年又发出《福建省财政厅关于 2018 年开展扶持村级集体经济发展试点的批复》和《福建省财政厅关于 2018 年第二批扶持村级集体经济发展试点方案的批复》。至 2018 年底，福建省采取“资金补助到村、市县统一运营，村级集体受益”方式，先后安排三批专项资金共 8.5 亿元，扶持 2201 个建档立卡贫困村，实现了全省贫困村村级集体经济发展的扶持全覆盖。① 同时，福建省建立了“一季度、一反馈”的督查机制，督促各地管好用好补助资金。

各地市也出台了相关的政策。如 2016 年福州市委、市政府出台《关于扶持薄弱村村级集体经济发展的意见》，计划通过 3~5 年的努力，逐渐形成薄弱村产业稳步发展、经费有效保障、工作正常运转、管理日趋规范的良性机制。同年还出台《福州市扶持发展薄弱村村级集体经济专项资金管理办法》，决定从 2017 年起，将市财政统筹安排扶持薄弱村专项资金 1500 万元提高到 2000 万元。在泉州，市委组织部、财政局、农业局 2016 年联合制定《关于泉州市村集体经济专项补助资金实施办法》，决定对村级收入少于 10 万元的省定建档立卡贫困村和经营类收入 3 万元以下的村，在 2016—2020 年由市财政每年安排 1000 万元补助资金，在增加其资产、资源、经营、服务等收入方面给予重点扶持。为规范资金管理，同年三部门联合印发《泉州市村集体经济创收项目补助资金管理暂行规定》。次年，泉州市级财政安排村集体创收专项资金 2000 万元，同时还整合各部门的涉农资金，提高专项资金扶持薄弱村集体经济的比例。

① 林先昌：《福建安排专项资金 8.5 亿元扶持 2201 个建档立卡贫困村》，2018-12-27，https://fj.qq.com/a/20181227/003781.htm

2018年泉州市委组织部、市财政局、市农业局出台《发展壮大薄弱村集体经济三年行动方案》，下达2018年市级村集体经济创收项目补助资金2500万元，用于扶持“空壳村”（村集体经营类收入1万元以下）和“薄弱村”（村集体经营类收入3万元以下）共200个村集体经济发展创收项目；并安排2000万元扶持资金，用于扶持市级扶贫开发工作重点乡镇、重点村实施公共服务设施项目。同年8月，泉州市农业局出台《2018年泉州市本级扶持村级集体经济发展试点工作方案》，将留存该市市本级运营资金（含上级补助资金及市本级配套资金）1270万元以委托经营的方式进行运营，即试点村委托有关县农业行政主管部门（扶贫办）与泉州市农业局、泉州市金融控股集团有限公司签订委托经营三方协议，由泉州市金融控股集团有限公司投资运营。实践中，从2016年至2018年10月，泉州市市级财政专项用于村集体经济的扶贫资金共6500万元，扶持了377个项目，取得较好成效。[①] 一些县（市）也出台了相应的政策，如2017年《晋江市精准帮扶发展壮大村级集体经济九项措施》，南平顺昌县近年来相继制定了《发展壮大村级集体经济的实施意见》（2016）等六份有关发展壮大村级集体经济的政策措施，设立2000万元产业发展资金和1200万元小额贷款资金，引导各村根据自身区位条件和资源状况，因地制宜发展。

整村推进是以贫困村为工作载体，集中人力、物力、财力和其他社会资源，在较短时间内改善贫困村的基础设施和生产生活条件，加快产业发展，综合提高贫困村和贫困人口自我发展能力的一种扶贫方式。从2002年开始，福建省委、省政府开始实施扶贫开发整村推进计划，把全省208个自然条件最为恶劣，经济基础最为薄弱的村确定为省级扶贫开发工作重点村，并主要通过以下方式推进：一是干部驻村任职。2004年以来，从省、市、县三级选派优秀年轻干部到贫困村担任党组织“第一书记”，任期3年；二是部门挂钩帮扶。确定省直单位和中央驻闽单位定点挂钩帮扶省级扶贫开发工作重点村，并建立起帮扶工作目标责任制，将

① 泉州市农业局（扶贫办）：《泉州市脱贫攻坚工作情况汇报》，2018年10月16日。

挂钩扶贫成效列入单位考评内容，不脱贫，不脱钩；三是资金捆绑使用。各级财政每年统筹安排专项资金用于扶持贫困村，其中省财政从2004年开始每年统筹安排4000万元以上，按每村不低于20万元给予扶持，市、县两级财政再予以相应配套，主要用于帮扶村的基础设施、公共建设和开发性生产项目；四是企业结对共建。动员、组织各类企业结对帮扶贫困村，其中2014年启动的第四轮省级重点村，安排53家央属、省属企业结对帮扶其中的74个特困村，要求每家企业每年帮扶资金不少于20万元。[①] 通过上述方式，形成了“部门挂钩、资金捆绑、干部驻村”的整村推进扶贫开发运行机制。

福建省的整村推进扶贫开发机制三年一轮，滚动开发。2014年启动实施第四轮整村推进扶贫开发工作。2015年和2016年，又从各级机关事业单位选派两批8381名干部，到党组织软弱涣散村和建档立卡贫困村开展为期一年的驻村蹲点工作。2017年，福建省委办公厅、省政府办公厅联合印发《关于开展第五轮省级扶贫开发重点村整村推进帮扶工作的通知》，对第五轮省级重点村确定、帮扶主要任务、驻村帮扶机制、强化工作保障等做出具体安排。通知决定在选派党员干部驻村任职基础上，将选派党员干部驻村任职与驻村蹲点合并为驻村任职。为顺利推进整村推进工作进度，省级财政每年还安排省级驻村干部领队工作经费30万元。同时，还强调强化工作保障，落实驻村干部待遇。当年12月，省财政厅、省农业厅下达2017年度省级扶贫开发工作重点村捆绑资金8000万元和领队工作经费210万元。

福建省整村推进工作帮扶力度不可谓不大。仅2015年，全省投入省级扶贫开发重点村帮扶资金达4.06亿元，实施项目1743个。全省各级共选派了2349名党员干部驻村任职，安排了179个省直和中央驻闽单位进行挂钩帮扶，安排4720万元省级捆绑资金，扶持省级扶贫开发重点村发

---

① 赖诗双：《“真扶贫 扶真贫”——福建省建立完善六个机制推动精准科学扶贫》，《农村工作通讯》2015年第17期，第24页。

展。[①] 而自2004年第一轮整村推进工作开展以来，全省共选派五批近2万名机关干部到“双薄弱”村担任第一书记实施驻村帮扶，有效推动了人才、技术、资金等资源要素向农村流动。

各市县也参照省里的做法确定了一批贫困村，并对贫困村帮扶有所安排。如2014年前，泉州市级专项扶贫资金每年为2000万元，其中市级重点帮扶村每村每年捆绑资金50万元。2014年开始，泉州市级财政每年安排1亿元扶贫开发资金，其中市级重点帮扶村捆绑资金每年每村100万元；福州市闽清县农业局2017年下达市级扶贫开发重点村驻村干部捆绑资金280万元，下达县级扶贫开发重点村捆绑资金160万元，并于2018年3月印发《闽清县扶贫开发重点村捆绑资金管理办法》等。

2. 民族地区扶贫

一方面，福建省在民族政策中强调了少数民族地区的扶贫工作，如《中共福建省委、福建省人民政府关于加强和改进新形势下民族工作的实施意见》（2015）和《福建省人民政府关于贯彻国务院“十三五”促进民族地区和人口较少民族发展规划的实施意见》（2017），提出加大对民族乡村基础设施、扶贫开发、生态建设等的扶持力度，推进福建省少数民族乡村和少数民族群众精准脱贫；另一方面，福建省也出台了专门针对少数民族地区的扶贫政策，如挂钩帮扶是福建省扶持少数民族地区发展的重要举措，福建省先后出台了《关于进一步帮扶民族乡加快发展五条措施的通知》（2012）、《关于做好挂钩帮扶民族乡村工作的通知》（2016）等文件，要求挂钩帮扶政策覆盖到全省19个民族乡和567个民族村。前者提出省财政和挂钩帮扶单位每年各支付100万元（列入预算），帮助民族乡发展特色产业和社会事业、完善农村基础设施，培育“造血”功能；后者还强调有关单位挂钩帮扶工作重点要向民族村倾斜，每年安排民族村的项目、资金应占60%以上。同时，相关政策还强调加大少数民族贫困村的帮扶力度，切实做好民族地区的“五通”工作，发

① 本报讯：《我省大力扶持省级扶贫开发重点村发展》，《福建日报》2016年2月2日。

展民族地区的特色产业经济等。如强调通过典型示范和重点帮扶，推动民族乡村挖掘当地优势资源，发展现代农业、休闲农业、乡村旅游业等特色产业，并依托电子商务平台，培育新的经济增长模式，不断增强民族乡村的自身造血能力。

总的来说，对少数民族贫困地区的扶贫体现了同等优先、适当照顾的基本精神。根据现有政策，少数民族贫困人口可以优先适用福建省现有扶贫举措，并享受各种叠加优待。如自2015年起，要求将年人均可支配收入低于4500元的少数民族贫困村纳入全省第四轮扶贫开发整村推进实施范围，并在资金分配、项目立项、信贷投放等方面给予倾斜；在干部驻村蹲点帮扶方面，实现全省19个少数民族乡、567个少数民族村全覆盖，并每年选派100个少数民族村党支部书记到经济发达地区挂职锻炼[①]；对符合条件的少数民族造福工程搬迁对象优先扶持，并享受政策叠加补助；为有发展产业项目的少数民族贫困户提供5万元以下、3年以内的无抵押担保贷款，实现“应贷尽贷”等。

在资金上，民族地区扶贫资金包括几个方面：一是中央和省级少数民族发展（补助）资金。2013年至2016年6月，中央共下达福建省少数民族补助款1.18亿元。[①]2017年获得中央少数民族发展资金3157万元，2018年获得3213万元，且各年度资金一般提前下达。省级财政补助，2017年少数民族扶贫资金合计1320万元，其中经济扶贫700万元，社会事业发展620万元；2018年少数民族补助款1355万元，其中扶贫资金576万元，社会事业发展779万元。二是整村开发资金。福建省将符合条件的少数民族贫困村尽数纳入，每年每村给予20万元的资金支持。2017年整村推进扶贫开发（少数民族贫困村）帮扶资金260万元，2018年200万元。三是改善少数民族居住条件补助，包括搬迁叠加补助和危房改造补助资金。从2015年起，将造福工程中少数民族搬迁户每人叠加补助标准由原来的600元提高到1000元，另2017年少数民族造福工程危房改

① 福建省农业厅：《关于省十二届人大四次会议第1618号建议的答复》，2016-06-23，http：//nynct.fujian.gov.cn/ztzl/jyta/201606/t20160623_2559816.htm

造补助资金450万元。为了规范管理，2017年6月，福建省财政厅、省民族与宗教事务厅印发《福建省少数民族发展与补助资金管理办法》，各年还制订少数民族补助款（扶贫部分）绩效目标表及少数民族补助款项目实施方案等。

各地也十分重视民族地区扶贫工作，如泉州市委、市政府近年来加大了民族扶贫工作力度：一是落实挂钩帮扶机制，从2016年起实现48个民族村（社区）挂钩帮扶全覆盖。二是提高专项补助标准。除中央、省级少数民族补助资金外，泉州市配备有市级民族专项补助资金以及市直各挂口帮扶单位帮扶资金。市级民族专项补助资金自2014年起每年落实460万元，实现少数民族人口人均20元目标。① 其中，对列入市级扶贫开发重点帮扶的少数民族村，泉州市除安排捆绑扶持资金100万元外，市级财政每年再增加20万元资金扶持；对未列入重点帮扶的少数民族村，2016—2020年市级财政每年安排20万元，用于支持产业发展或基础设施建设。② 三是实施民族村扶贫开发整村推进，将现有少数民族年人均可支配收入低于4500元的2个民族村（洛江区河市镇厝斗畲族村、德化县龙门滩镇大溪畲族村）纳入市级扶贫开发整村推进实施范围，市级财政每年给予每村10万元资金支持，所在县（区）每年给予不少于30万元的配套帮扶资金。四是为民族村争取社会资助。泉州市在全省首创引导宗教界挂钩扶持民族村活动，至2018年共筹集帮扶资金2700多万元。③ 并积极引导海外华侨和港澳台胞支持民族乡村的经济社会建设，至2017年已为民族乡村筹集扶持资金2000多万元。④

3. 老区扶贫

为贯彻落实中央办公厅、国务院办公厅《关于加大脱贫攻坚力度支

① 颜雅婷：《落实长效帮扶，实施精准扶贫》，《泉州晚报》2018年1月1日。

② 阮锡桂、王帅：《乡村振兴，民族村不掉队》，《福建日报》2018年12月7日第10版。

③ 《中共泉州市民族与宗教事务局支部引领推进少数民族特色村寨建设》，2018-05-03，http：//www.mzj.fjqz.gov.cn/jgdj/xnjs/201805/t20180503_634685.htm

④ 《多措并举促和谐 民族团结谱新曲——泉州市民族团结进步创建暨城市民族工作经验总结》，2017-11-07，http：//mzzjt.fujian.gov.cn/ztbd/mztjjbcj/201711/t20171107_2081891.htm

持革命老区开发建设的指导意见》（2015），2016 年 6 月，福建省委办公厅、省人民政府办公厅出台《关于加大脱贫攻坚力度支持革命老区开发建设的实施意见》，要求做好精准识别和分类施策，加大扶贫工程实施力度，实施老区村跨越发展工程，确保老区贫困人口脱贫。各地也相继出台或转发实施意见，如 2017 年初泉州市《关于加大脱贫攻坚力度支持革命老区开发建设的实施意见》，提出革命老区开发建设的目标任务、工作重点和保障措施，并提出“十三五”期间老区建设专项资金增至每年 350 万元，用于支持“五老”人员、“五老”人员遗属扶贫脱贫和老区村扶贫开发建设补助。

在资金安排上，根据 2017 年 3 月福建省财政厅、省老区办《关于下达 2017 年度老区扶贫建设资金的通知》，2017 年度福建省共安排老区扶贫建设资金 1976 万元，其中困难老区扶贫建设资金 1024 万元；再根据 2017 年 12 月省财政厅、省老区办《关于提前下达 2018 年度老区专项扶贫发展资金的通知》，2018 年度福建省中央财政老区专项扶贫发展资金合计 3000 万元。

4. 国有贫困农场林场

根据国有贫困林场界定标准界定，福建省有省属国有贫困林场 9 家，县属国有贫困林场 40 家。根据国家林业局办公室《国有贫困林场扶贫工作绩效考评办法（试行）》（2016）的要求，2016 年 8 月福建省林业厅发出《关于做好国有贫困林场扶贫工作的通知》，提出贫困林场的扶贫目标及主要工作措施，要求各县属、省属国有贫困林场编制脱贫实施方案，创新扶贫体制机制，加大政策、项目资金支持。2017 年 11 月，福建省林业厅印发《福建省国有贫困林场“十三五”扶贫规划》，要求以完善国有贫困林场生活生产基础设施条件为基础，以优化林业产业结构和拓宽职工收入为主线，坚持开发式扶贫，积极探索和创新扶贫新机制，加大资金投入力度，按照“补短板、强基础、促转型”的要求，努力构建“生产发展、生活宽裕、场风文明、场容整洁、管理民主”的和谐林场。为落实责任，2017 年还出台《福建省林业厅关于建立国有贫困林场扶贫工作责任制的通知》。

为确保脱贫工作顺利进行，福建省建立了国有贫困林场扶贫重点工程项目库，储备 219 个扶贫项目，2016 年下达资金 1972 万元，用于道路修建、危旧生产用房改造、水电等设施设备建设、速丰林建设、低产林改造等扶贫工作。2016 年福建省财政厅、省林业厅修订《福建省国有贫困林场扶贫资金管理实施办法》，保证资金合理有效使用。2017 年中央下达林场扶贫资金 2054 万元，2018 年 2176 万元。

贫困农场，2017 年福建省中央国有贫困农场一共有 6 家，分别是诏安县建设农场、福州市鸿尾农场、云霄县和平农场、柘荣县茶场、福鼎市茶场、松溪县国营茶场。2018 年 5 家，不包括福州市鸿尾农场。福建省各级政府主要通过资金和政策支持，帮助贫困农场解决基础设施建设等束缚农场发展的诸多瓶颈。早些年，中央给予每一个国有贫困农场扶贫资金 100 万元，按此标准，2011 年中央下达福建省国有贫困农场扶贫资金 300 万元，2012 年 400 万元，2013 年 500 万元。近年来，中央加大了对国有贫困农场的帮扶力度，2017 年为 1010 万元，2018 年 1288 万元。[①]

5. 贫困残疾人扶贫

为解决残疾人贫困问题，2012 年国务院办公厅印发《农村残疾人扶贫开发纲要（2011—2020 年）》，对农村残疾人扶贫开发的基本原则、目标任务、政策保障、扶持措施、组织领导等予以明确。之后又相继出台了《国务院关于加快推进残疾人小康进程的意见》（2015），《“十三五”加快残疾人小康进程规划纲要》（2016），对残疾人扶贫做出部署。后者提出要将农村贫困残疾人作为脱贫攻坚的重点对象，分类施策、精准帮扶，确保如期脱贫；并提出要逐步建立残疾人基本福利制度，建立完善残疾人就业扶持政策体系等扶贫举措。为使残疾人普遍享有基本康复服务，2016 年 6 月中国残疾人联合会等部门推出《残疾人精准康复服务行动实施方案》。着眼于当前我国贫困残疾人脱贫攻坚过程中面临的突

---

① 相关数据来自于福建省农业厅网站。

出问题，2016 年底，中国残联等 26 个单位联合制定《贫困残疾人脱贫攻坚行动计划（2016—2020）》，明确了“七个一批”的贫困残疾人脱贫任务：通过全面落实农村低保等社会救助政策和困难残疾人生活补贴、重度残疾人护理补贴等保障制度兜底脱贫一批；通过减少医疗康复费用刚性支出并改善残疾人身心功能状况缓解一批；加快实施农村危房改造和易地扶贫搬迁工程，推动贫困残疾人家庭住房安全解困一批；加大职业教育和实用技术培训力度赋能一批；产业带动、资产收益折股量化等多种方式帮带一批；深入开展基层党组织和党员干部助残扶贫行动结对帮扶一批；动员社会各界力量参与贫困残疾人扶贫帮助一批。

对于贫困残疾人，早在 1998 年底，福建省残疾人工作协调委员会、省脱贫办等部门联合发出《福建省农村残疾人扶贫开发试行办法》，打算用 3 年时间基本解决农村有劳动能力贫困残疾人的温饱问题，并对扶贫任务分解、资金投入、贷款办法、扶持措施等做出具体规定。近年来，福建省全面贯彻中央相关政策，出台了《福建省残疾人精准康复服务行动实施方案（2016—2020 年）》（2017），转发了中国残联等《贫困残疾人脱贫攻坚行动计划（2016—2020）》通知。其下属各地也有相关政策，如 2016 年 12 月，泉州市政府出台《泉州市“十三五”加快残疾人小康进程规划纲要》，就残疾人基本民生、就业扶贫、康复服务、教育文体、无障碍环境和维权、社会环境六个方面提出具体目标任务和帮扶举措；福州市仅 2016 年就相继出台《福州市人民政府关于加快推进残疾人小康进程的实施意见》《福州市困难残疾人生活补贴和重度残疾人护理补贴实施办法》《福州市“一户多残”残疾人家庭生活困难补助实施暂行办法》《福州市盲人保健按摩机构（个体）扶持暂行办法》《福州市 0—6 岁残疾儿童康复训练补贴实施方案》《福州市残疾人社区康复站建设管理实施办法》《福州市残疾人辅具适配站建设实施办法》《福州市听力残疾人助听器适配补贴实施方案（试行）》等扶残助残政策，2017 年又推出《福州市残联 2017 年精准扶贫工作实施方案》，为推进残疾人工作提供了有效的制度保障。

实践中，各地也认真落实贫困残疾人脱贫攻坚任务。一方面在小额信贷、造福工程等扶贫项目中对贫困残疾人同等优先安排；另一方面还专门针对贫困残疾人开展一些扶贫举措，如积极创建残疾人就业扶贫基地，包括企业安置型（依靠现有的各类企业建立残疾人就业扶贫基地，残联给予政策扶持）和辐射带动型（企业免费提供技术服务和合同价回收产品等形式，吸纳农村残疾人从业）两种，为残疾人提供技术培训、信息咨询、优良品种、生产工具、资金扶持等；举办残疾人实用技术培训班，通过培训使残疾人提高就业技能和生存竞争能力；给贫困残疾人发放补助。如从2015年起，泉州市在全国率先争取物价部门价格调节基金为60周岁以下的贫困重度残疾人发放一次性临时价格补贴。至2018年，这一残疾人专项福利政策已连续实施四年，共发放一次性临时价格补贴1029万元，帮助60周岁以下的贫困重度贫困残疾人34300人次。①

各地还发挥自身优势，创新贫困残疾人扶贫新形式。如福州市对16793名农村贫困残疾人核实摸底，而后将1141名残疾人纳入全市精准扶贫建档立卡名册。相关单位大力推进农村残疾人扶贫基地带动就业创业，2016年共帮助近4000名农村残疾人增加收入、改善生活，为1450名智力、精神和重度残疾人提供每人每年2000元的托养服务补助。同时福州市残联等单位认真落实扶持残疾人就业创业“1+5”政策，推行用人单位按比例安排残疾人就业，大力扶持残疾人集中就业、自主就业创业以及灵活就业，残疾人创办的小微企业和社会组织优先享受相关扶持政策；举办残疾人就业招聘会、残疾高校毕业生专场招聘会，增加残疾人公益性岗位，开展职业培训和能力测评，做好就业安置的推介服务。2016年，该市共为残疾人提供技能培训2247人次，新增就业1772人。②至2017年底，1141名残疾人已全部脱贫。

① 《暖心：泉州为8500名特困（低保）重度残疾人发放一次性临时价格补贴》，2018-10-22，http://www.sohu.com/a/270536464_99896150

② 福州残联：《多策并举谋福祉 多措落实促民生——福州市残疾人工作取得新成效》，2017-05-31，https://mp.weixin.qq.com/s?__biz=MzU3MzA2MzU3Mg%3D%3D&idx=1&mid=2247483730&sn=83b4dfc275874e16ac7bb1e8e60ce5ae

三、扶贫保障政策

（一）扶贫资源配备

扶贫资源配备主要是人、财、物等的提供，这里主要强调资金和人才。

1. 扶贫资金

（1）财政资金

福建省扶贫资金来源广泛，不仅包括中央、省、市等各级财政扶贫基金，还包括社会资金。各级财政扶贫基金也囊括广泛，包括直接用于精准扶贫、精准脱贫的财政专项扶贫资金，如用于扶贫发展①、以工代赈、少数民族发展、国有贫困农场林场扶贫等支出方向的资金；省级农村低保、五保精准扶贫转移支付补助资金；省级精准扶贫“五个一批”②转移支付资金；根据省委、省政府支持连片特困地区发展政策切块到片区县市的省级农业综合开发项目资金；其他用于精准扶贫、精准脱贫的财政性资金。

近年来，福建省持续加大对贫困地区和贫困户的财政扶贫投入。如为支持23个省级扶贫开发工作重点县的精准扶贫工作，省财政在2013—2015年不断加大对重点县的重大民生支出、社会事业和产业发展的扶持力度。在民生方面，2013—2015年，在安排县级基本财力保障补助时，每个重点县每年单独增加补助1000万元，共计6.9亿元，统筹用于重大民生政策支出；在社会事业方面，2013年一次性安排每个重点县2000万元，共4.6亿元专项资金支持重点县教育事业发展。2013—2015年，省财政每年安排每个重点县1000万元，共6.9亿元专项资金支持重点县卫生、文化、体育等社会事业项目；在产业发展方面，2014—2015年，从

① 扶贫发展支出主要用于支持产业扶贫、造福工程易地搬迁、山海协作、贫困村发展、贫困劳动力培训、小额信贷贴息（风险金）等方面。

② 发展生产脱贫一批、易地扶贫搬迁脱贫一批、生态补偿脱贫一批、发展教育脱贫一批、社会保障兜底一批。

中央财政代理发行的地方政府债券资金中每年安排每县 1 亿元，共 46 亿元，由省财政全额贴息，支持扶贫开发工作重点县产业结构调整。①

整个“十二五”期间，全省各级财政共筹集 60 多亿元资金用于扶贫。自 2016 年开始，福建每年按上年度地方一般公共预算收入的 2‰筹集资金专项用于精准扶贫精准脱贫，自 2016 年至 2019 年 7 月，省级财政投入综合扶贫资金超过 225 亿元。② 其中 2016 年全年共下达省级以上（含中央）财政各类扶贫资金 96.2 亿元③；2017 年，省财政用于造福工程搬迁的资金为 10.85 亿元，8 月下达省级财政专项产业扶贫发展资金 2 亿元④；9 月下达 3.4876 亿元扶持贫困村集体经济发展；这一年，23 个重点县相关补助资金近 8.42 亿元；2018 年，全省各级财政共下达财政专项扶贫资金 30.64 亿元⑤；2019 年省财政厅、省农业农村厅下达扶贫开发专项资金 2.6826 亿元⑥，下达财政专项扶贫发展资金 1.2333 亿元，另提前下达 23 个重点县 2019 年补助资金 9.75 亿元，比上年增长 8.8%。⑦

福建省还积极争取中央财政扶贫补助。如 2016 年争取中央财政专项扶贫资金 3.36 亿元；2017 年 4.43 亿元，比上年增加 60.5%，用于支持贫困户发展产业、贫困村发展集体经济、以工代赈、少数民族、国有贫

---

① 《省财政加大扶贫开发重点县扶持力度》，2013-09-24，http：//czt.fujian.gov.cn/zwgk/zwzx/czxw/201309/t20130924_ 762751.htm

② 张辉：《摆脱贫困的福建担当》，《福建日报》2019 年 8 月 12 日。

③ 《2016 福建脱贫攻坚报告：又有超过 26 万名群众摆脱贫困》，2017-02-20，http：//www.fjrd.gov.cn/ct/4-121152

④ 《福建省财政厅 福建省农业厅关于下达 2017 年度福建省级财政产业扶贫发展资金的通知》（闽财农指〔2017〕91 号），2017-09-03。

⑤ 《省财政多项举措加快财政专项扶贫资金支出进度》，2018-11-13，http：//czt.fujian.gov.cn/zwgk/zwzx/czxw/201811/t20181116_ 4608311.htm

⑥ 《福建省财政厅 福建省农业农村厅关于下达 2019 年扶贫开发专项资金的通知》（闽财农指〔2019〕10 号），2019-03-18。

⑦ 王永珍：《省财政提前下达 23 个省级扶贫开发工作重点县补助资金 9.75 亿元》，2018-11-09，http：//czt.fujian.gov.cn/zwgk/zwzx/czxw/201811/t20181109_ 4602350.htm

困农场林场发展①；2018 年争取约 3.767 亿元；2019 年已获得第一批中央财政专项扶贫资金 2.7222 亿元，另获得中央财政国有贫困农场专项扶贫资金 1159 万元。

其下属各设区市也筹集本级及县级财政资金扶贫。如泉州市自 2013 年至 2018 年 4 月，市级财政共安排专项扶贫资金 4.94 亿元。② 这其中，从 2014 年开始，泉州市级财政每年从新增下游补偿上游等专项资金中统筹安排 1 亿元，用于扶贫开发重点乡镇、重点村发展。2016 年安排市级统筹财政扶贫专项资金 1.15 亿元，实施扶贫开发项目 566 个③，相关县（市、区）也投入 1.29 亿元推进脱贫攻坚工作；2017 年全市共投入财政专项扶贫资金 3.92 亿元，其中市级财政专项扶贫资金共投入 1.59 亿元，有关县（市、区）共投入 2.33 亿元④；2018 年市级扶贫资金 9.24 亿元，其中市本级约 1.78 亿元⑤；2019 年度全市共安排 1.27 亿元扶贫开发专项资金。⑥ 另据统计，2016 年至 2018 年 10 月，泉州市县两级财政专项扶贫资金共投入 7.5 亿元。⑦

各县也对扶贫开发做出各自的资金安排。如南平顺昌县委、县政府 2016 年出台了《扶贫开发专项资金使用办法》和《顺昌县扶贫小额信贷实施方案》，前者表示每年筹集不低于 2000 万元扶贫资金，专项用于贫困村、贫困户及带动贫困户增收的新型经营主体发展生产专项补助、农

① 《4.43 亿扶贫资金已全部下达 这 4 种情况可申请专项补助》，2017-08-08，http：//czt.fujian.gov.cn/zwgk/zwzx/czxw/201708/t20170808_ 763525.htm

② 泉州市扶贫办：《泉州市脱贫攻坚工作情况汇报》，2018 年 5 月 2 日。

③ 林楷煜：《福建泉州大力推进扶贫攻坚工作 力争至 2018 年实现所有贫困人口全脱贫》，2016-12-12，https：//www.sohu.com/a/121351903_ 114731

④ 《全市脱贫攻坚工作情况汇报》，2018-05-07，http：//www.quanzhou.gov.cn/zfb/xxgk/ztxxgk/fp/tpcx/201806/t20180619_ 708759.htm

⑤ 《泉州市 2018 年度各级各类扶贫资金分配情况公示表》，2019-01-26，http：//www.quanzhou.gov.cn/zfb/xxgk/ztxxgk/fp/gggs/201904/t20190424_ 1559238.htm

⑥ 游怡冰：《今年泉州安排 1.27 亿元专项资金用于扶贫开发》，《泉州晚报》2019 年 3 月 27 日。

⑦ 《泉州市 2018 年度各级各类扶贫资金分配情况公示表》，2019-01-26，http：//www.quanzhou.gov.cn/zfb/xxgk/ztxxgk/fp/gggs/201904/t20190424_ 1559238.htm

业设施保险和贫困户健康保险；后者决定拿出小额信贷风险担保金 1200 万元，为贫困户和带动贫困户发展生产的新型农村经济组织提供无抵押担保贴息贷款。

整体说来，近年来财政扶贫资金投入力度有逐渐加大的趋势，这对于保障扶贫工作的顺利推进十分关键。这在各地市也是如此，如泉州 2017 年全市共投入财政专项扶贫资金 39204. 58 万元，比增 55. 51%。其中，市级财政专项扶贫资金共投入 15889. 54 万元，比增 57%；有关县（市、区）共投入 23315. 04 万元，比增 54. 27%。①

此外福建省还吸纳社会资金，鼓励社会力量扶贫。如鼓励和组织各类企业开展“百龙联百村”活动，至 2018 年先后有 150 家省级重点龙头企业与 151 个村结对共建，投入资金 14 亿元。②

同时，扶贫资金的分配、使用和管理也愈益优化，从而有利于保障扶贫工作的顺利推进，并提升扶贫效率。从资金分配来看，福建省财政扶贫资金是有重点地进行的，尤其体现在重点支持 23 个省级扶贫开发工作重点县的扶贫发展上。如福建省农业综合开发持续加大对 23 个省级扶贫开发工作重点县的扶持力度，在项目选择和资金安排上向重点县倾斜。2011 至 2017 年初，累计向 23 个重点县投入省级以上财政资金 20. 4 亿元，占全省农业综合开发资金的 32. 4%。③ 这在各地也有所表现，如南平市农业综合开发持续加大对 5 个省级扶贫开发工作重点县的扶持力度，2011 年至 2017 年初，已累计向 5 个重点县投入省级以上财政资金 4. 3 亿元，占全市农业综合开发资金的 43. 3%。④ 另根据中共福建省委、省政府《关于推进精准扶贫打赢脱贫攻坚战的实施意见》（2015），对 23 个省级

---

① 《全市脱贫攻坚工作情况汇报》，2018 - 05 - 07，http：//www. quanzhou. gov. cn/zfb/xxgk/ztxxgk/fp/tpcx/201806/t20180619_ 708759. htm

② 福建社科院课题组：《改革开放 40 年来脱贫攻坚的福建实践》，《福建日报》2018 年 11 月 5 日第 9 版。

③ 《农业综合开发六年投入 20 亿元支持扶贫造血》，2017 - 01 - 09，http：//czt. fujian. gov. cn/zwgk/zwzx/czxw/201701/t20170109_ 763417. htm

④ 《南平市农业综合开发六年投入 4. 3 亿元支持扶贫造血》，2017 - 02 - 09，http：//czt. fujian. gov. cn/ztzl/qnhnzjjg/gzdt/201702/t20170209_ 801170. htm

扶贫开发工作重点县的相关支持政策延续到2020年。对于重点村，福建省也设置省级扶贫开发工作重点村捆绑资金，2017年、2018年均为8000万元，各年均设有驻村干部领队工作经费210万元。另福建省也鼓励改革试验区的发展，如2017年三明国家扶贫改革试验区建设获得专项资金2500万元，2018年长（汀）连（城）武（平）扶贫开发试验区建设也获得专项资金1500万元。

为了减轻贫困县的负担，省委、省政府适当减免23个扶贫开发工作重点县配套资金。如在实施造福工程中，2016年《福建省造福工程补助资金管理办法》开始不对县级配套补助资金提硬性要求；在实施扶贫小额信贷中，重点县风险保证金配套资金比非重点县配套资金少400万元。

在资金使用和管理上，省财政专项扶贫资金目前主要采取切块下达、县级审批、省市备案的管理办法，县（市、区）根据本地扶贫开发需要，按照贫困户直接受益的原则，自主安排能支持贫困对象或能够带动贫困户增收的经营实体发展种、养、加项目及乡村旅游项目。

为提高资金使用效率，福建省财政厅还采取多项措施推进扶贫资金支出进度：一是优化程序，对财政扶贫资金下达、拨付建立限时办结制度，缩短各环节运转的时间。同时，福建省还摸索资金拨付的改革创新。2017年2月，省农业厅修订了《福建省造福工程补助资金管理办法》，将补助资金拨付方式由原来“先建后补”修改为“分期拨付”，即各项目县根据乡镇实施任务，将建房补助资金预拨到乡镇财政所，由乡镇财政所采取分期拨付方式，拨付至搬迁安置户，及时保障搬迁项目建设资金需求。二是加强整合。近年来，国家层面非常重视涉农财政资金的统筹整合，2016年4月《国务院办公厅关于支持贫困县开展统筹整合使用财政涉农资金试点的意见》出台，要求试点省安排贫困县的资金增幅不得低于中央财政专项扶贫资金预算指标平均增幅，分配给贫困县的资金一律采取“切块下达”，资金项目审批权限完全下放到县，不得指定具体项目或提出与脱贫攻坚无关的任务要求。同年8月，福建省确定平和、明溪2个省级扶贫开发工作重点县作为扶贫资金整合试点县，探索在县级层面打破部门界限，统筹整合扶贫资金使用。在试点工作中，省直部门改革财政扶贫项目资金管理模式，及时切块下达属于整合范围的扶贫资金，并尽量减少资金使用的具体要求，充分赋予试点县统筹整合使用财政扶贫资金权限。之后，为贯彻《国务院关于探索建立涉农资金整合长效机制的意见》（2017）精神，2018 年 7 月福建省政府公布《福建省推进涉农资金统筹整合实施方案（试行）》，提出了涉农资金整合的原则、目标以及具体要求，强调到 2020 年构建农业发展领域权责匹配、相互协调、上下联动、步调一致的涉农资金统筹整合长效机制。另 2019 年财政部、国务院扶贫办联合印发《关于做好 2019 年贫困县涉农资金整合试点工作的通知》，要求各地彻底放权到位，取消限制统筹整合的各项规定，着力治理对整合试点支持不坚决甚至软抵制的问题。福建省坚决予以实施。三是清理结余（结转）；四是注重绩效。使用部门申请财政扶贫项目资金预算时设定绩效目标、执行中实施绩效监控、事后开展绩效评价，并向社会公开绩效目标和评价结果信息。①

（2）金融扶贫

金融扶贫就是将金融资金、服务等传递给贫困者，帮助其脱离贫困。金融扶贫在本课题中包含金融、保险扶贫。

近年来，国家出台了不少金融扶贫政策。如 2016 年 1 月，银监会印发《关于银行业金融机构积极投入脱贫攻坚战的指导意见》，对增加贫困地区信贷投放、优化贷款结构与提高网点密度等提出了较为具体的目标要求。同年 3 月，中国人民银行等七部门联合发布《关于金融助推脱贫攻坚的实施意见》，要求增强金融服务的准确性和有效性，并提出了精准对接脱贫攻坚多元化融资需求、充分发挥各类金融机构助推脱贫攻坚主体作用等金融扶贫举措。5 月，中国人民银行等五部门联合印发《关于加强金融精准扶贫信息对接共享工作的指导意见》，推动建立金融扶贫信息与扶贫基础信息对接共享机制，夯实金融扶贫工作基础。2017 年 7 月，

① 《省财政多项举措加快财政专项扶贫资金支出进度》，2018-11-13，http：//czt.fujian.gov.cn/zwgk/zwzx/czxw/201811/t20181116_4608311.htm

中国银监会等五部委联合印发《关于促进扶贫小额信贷健康发展的通知》，要求各地依法合规使用扶贫小额信贷，禁止将扶贫小额信贷以入股分红、转贷、指标交换等交由企业使用，坚持“户贷、户用、户还”。此外，为深化农村金融改革创新，稳妥有序开展“两权”抵押贷款，2015年《国务院关于开展农村承包土地的经营权和农民住房财产权抵押贷款试点的指导意见》出台。2018年底农业农村部等部门联合印发《关于开展土地经营权入股发展农业产业化经营试点的指导意见》，提出要创新土地经营权入股的实现形式，完善土地股份组织运行机制，探索土地经营权入股风险防范措施等。

根据国家相关精神，福建省也出台了相关办法。省级扶贫小额信贷资金是指由省级财政预算安排，专项用于扶贫小额信贷贴息和小额信贷风险担保的资金。2014年福建省制定了《福建省扶贫小额信贷资金管理办法》（后经多次修订），贴息对象和使用范围初期较宽，2017年修订后强调扶贫小额信贷“5万元以下、3年期以内、免担保免抵押、基准利率放贷、财政贴息、县建风险补偿金、户借户还”的政策要点，并严格了扶持对象和贷款条件，前者仅限建档立卡扶贫开发对象和民政农村低保对象，后者要求精准用于贫困户发展生产或能有效带动贫困户致富脱贫的特色优势产业，必须坚持贫困户自愿和贫困户参与两项基本原则。2016年，人行福州中心支行等七部门联合出台《推进福建省金融精准扶贫打赢脱贫攻坚战实施意见》，从精准识别和对接贫困户金融需求、做好重点领域金融服务、创新金融产品、加强政策扶持与服务、建立健全金融服务体系和工作机制等方面提出金融扶贫的具体措施。2017年3月，福建省银监局出台《关于2017年度银行业支持扶贫开发工作的意见》，强调要持续加大扶贫开发信贷投放力度、着力提升贫困村及贫困人口金融服务水平、大力推进金融扶贫机制产品模式创新、全面开展金融精准扶贫示范创建等意见。各地也出台了相关的政策，如2016年《关于印发泉港区扶贫小额信贷资金管理规定的通知》，2017年福州市扶贫办《转发〈关于促进扶贫小额信贷健康发展的通知〉的通知》，2018年《连江县扶贫小额信贷资金管理办法》等。

为解决贫困户发展资金匮乏问题，福建省农业厅与农信、邮储、农行等金融机构签订金融扶贫战略协议，推动银行业机构与贫困村签订共建协议，并加强金融机构之间的业务合作，共同推进金融精准扶贫。从各金融机构来看，福建农村信用合作社参与较为积极。为精准扶贫，福建省农信联社建立了与农业厅、扶贫办等众多部门协作扶贫的联动机制，与省扶贫办签署《金融精准扶贫战略合作框架协议》，联合开展扶贫小额贷款业务。福建农信社还推出了“1550”工程，即创建1个示范区、5个示范县、50个示范点，通过发展产业带动贫困户、贫困村发展致富，从而形成一些可复制、易推广、能持续的扶贫经验和做法；农业银行也是重要的参与机构，2016年5月，中国农业银行福建省分行与福建省扶贫办签署战略合作协议，共同推进精准扶贫。2016—2020年，农行福建分行表示在23个省级扶贫开发重点县力争实现每年贷款投放不低于150亿元，每年直接或间接贷给建档立卡贫困户的贷款不低于10亿元，累计帮扶带动10万建档立卡贫困人口增收脱贫。农行福建分行还将进行农地抵押贷款试点，这包括农民住房财产权、土地经营权、集体经营性建设用地使用权等；其他金融机构也以各种方式参与到金融扶贫中来。如在南平国家储备林质量精准提升工程项目中，国家开发银行福建省分行创新融资模式和项目机制，首次采用“以存量促增量”的现金流建设方案，构建“市带县”的PPP融资体系，授信南平国家储备林质量精准提升工程项目170亿元。

为加大精准扶贫贷款投放力度，福建省有序推进扶贫信贷担保创新，在全省13个县（市）重点推进农村承包土地经营权、农民住房财产权的抵押贷款试点，并结合农村产权确权和流转市场建设实际，引导金融机构发展“信用评级+村级担保基金担保+两权反担保”的抵押融资模式。截至2018年3月，试点地区“两权”抵押贷款余额合计51.21亿元，位居全国前列。

为了调动金融机构扶贫的积极性，福建省还注重政策激励：一是加大扶贫再贷款资金投放力度。中国人民银行于2016年3月创设扶贫再贷款专项用于支持贫困地区地方法人金融机构扩大涉农信贷投放，央行扶贫再贷款利率仅为1.75%（低于支农再贷款1个百分点），对金融机构可累计展期4次，最长使用期限可达5年，为地方法人金融机构扶贫提供低成本资金来源。2018年3月末，福建全省扶贫再贷款余额已达13.67亿元。二是将对建档立卡贫困户贷款纳入普惠金融定向降准考核范围，引导金融机构在风险可控的前提下加大扶贫信贷投放。三是开展县域金融机构涉农贷款增量奖励试点。省级财政每年预算安排资金0.77亿元，对县域金融机构当年"农户"贷款和"农企"贷款等四类涉农贷款季均余额同比增长超过13%的部分，按2%的比例给予奖励。四是落实中央财政农村金融机构定向费用补贴政策，增加"三农"金融服务供给。①

在鼓励金融机构为贫困户贷款的同时，福建省在实现贫困户信用建档全覆盖及推进金融机构贫困信息和扶贫信息共享的基础上，还通过以下方式减少金融机构的经营风险：一是开展扶贫小额信贷贴息。扶贫小额信贷是福建省针对贫困户资金筹集难问题提出的主要解决之策。福建省从1997年开始实施扶贫小额信贷，主要是对贫困户进行贷款贴息。从2012年开始，每年省财政安排贴息5000万元，金融部门落实10亿元贷款额度，使3万多贫困户获得贷款。2016年后扩大扶贫贴息贷款规模，2016—2020年每年新增1亿元贷款贴息资金，促进金融机构加大贷款投放额度。二是开展小额贷款担保。2012年开始在屏南开展扶贫小额信贷风险担保试点，次年扩大到19个县，各级财政筹措风险担保金1亿多元，为2万多贫困户担保贷款3亿多元。2015年小额贷款担保试点扩大到23个重点县，2016年省级财政下达3.26亿元，县级财政配套2.4亿元，支持贫困人口千户以上的60个县（市、区）全面建立小额扶贫信贷风险担保金，为贫困户发展生产提供3万~5万元无抵押生产性贷款。同时，为调动贷款的积极性，福建省还提高财政风险担保金的风险承担比例。截

① 福建省农业厅：《关于省政协十二届一次会议20181308号提案的答复》，2018-06-14，http：//nyt.fujian.gov.cn/ztzl/jyta/201810/t20181011_4534832.htm

至2018年3月底，共筹集财政风险担保金7.9亿元，累计发放扶贫小额信贷28.8亿元，扶持64530户贫困户发展生产。[①] 三是设立省级现代农业信贷风险补偿金，对金融机构为新型经营主体生产性贷款风险提供补偿。福建省在2015年启动了现代农业信贷风险补偿金项目，由省级财政安排1亿元，为新型农业经营主体（主要是市级以上农业产业化龙头企业、农民合作社示范社、家庭农场）贷款提供风险补偿，通过风险共担方式引导合作银行为新型经营主体贷款。

各地也探索出不少小额信贷扶贫经验。如在泉州，2014年安溪县被确定为全省扶贫小额信贷试点县，率先在全市成立了县级工作协调小组及扶贫小额信贷促进会，县扶贫办与县农村信用联社深度合作，创新推出了“银行+风险担保金+贫困户”的帮扶模式，让贫困户个人可以免担保、免抵押获得贴息小额贷款。而整个泉州市各银行机构则大力推进信用户、信用村、信用镇建设，加快形成“征信+财政资金担保+银行贷款”的扶贫小额信贷可持续发展模式，在风险可控的前提下适当放大扶贫小额信贷风险担保金的担保倍数，同时建立授信绿色通道，对符合条件的扶贫小额贷款3天内办结发放，并给予利率优惠。

此外，为缓解贫困户抵押物不足难题，国务院于2015年8月启动农村“两权”抵押贷款试点工作。同年12月，福建省漳浦、建瓯、沙县、仙游、福清、武平、永春、屏南、邵武、古田等10个县（市）成为全国农村承包土地的经营权抵押贷款试点县（市），晋江、古田、上杭、石狮等4个县（市）成为全国农民住房财产权抵押贷款业务试点县（市）。在省试点推进工作小组的领导下，2016年3月，中国人民银行福州中心支行会同农业厅、国土资源厅、住建厅、财政厅等部门研究制定了《福建省农村“两权”抵押贷款试点工作方案》，加强试点工作部署，统筹协调推进试点面临的瓶颈问题。同时，省农业厅启动农村经营管理综合信息应用平台建设，加载农村产权抵押登记、产权流转交易、农村产权抵押

① 蔡茂楷：《福建：精准发力5年脱贫近110万人》，《农民日报》2018年07月24日，http://www.chinacoop.gov.cn/HTML/2018/07/24/139597.html

统计等功能，推进农村“两权”抵押贷款信息化管理。截至 2017 年 11 月末，全省 13 个试点县（市）农村“两权”抵押贷款余额均突破 1 亿元，合计达到 40.79 亿元，其中农村承包土地的经营权抵押贷款余额 19.31 亿元，农民住房财产权抵押贷款余额 21.48 亿元。[①]

另为减少农业生产风险，福建省还启动了政策性农业保险工作。2006 年 8—9 月，福建省政府相继下发《关于开展农业保险试点工作的通知》及《关于农业保险试点工作的补充通知》，决定围绕农村住房保险、森林火灾保险、水稻种植保险、渔工责任保险和渔船保险等五个险种开展农险的试点工作，并出台了相关扶持政策和优惠措施。至 2015 年，全省政策性农业保险试点险种已由试点初期的 5 个基本险种增至 16 个，基本涵盖农村种养殖业的主要领域。此外，为降低建档贫困人员因病致贫、因病返贫风险，泉州市州市推动人保财险泉州市分公司创新“保险+”服务模式，与泉州市扶贫办签订《泉州市农村建档立卡贫困人员精准扶贫保险协议》，截至 2018 年 8 月，累计为贫困人员提供总保额为 83.36 亿元的风险保障。[②]

（3）社会资金投入

如通过实施“千企帮千村”等精准扶贫活动，广泛动员和组织民间力量扶贫，至 2019 年 8 月，全省共有 1079 家企业帮扶 1176 个贫困村，帮扶贫困人口 33885 人，共投入产业扶贫资金 3.55 亿余元。[③]

一些社会组织对扶贫也倾注了热心。如林文镜慈善基金会先后捐资近千万元助学，帮助一届又一届的莘莘学子圆了大学梦；“海西春雨·侨青助学”活动是自 2008 年始泉州市侨青联为贫困归侨侨眷子女实施的一项助学圆梦活动，全部资金均由侨青联委员自愿捐助。一些侨界组织还

---

① 张秋希、荣杰、周恒：《福建省：推动“两权”抵押贷款试点工作再上新台阶》，2017-12-19，http://www.financialnews.com.cn/qy/dfjr/201712/t20171219_129901.html

② 王宇：《我市金融精准扶贫成效显著》，2018-08-22，http://www.quanzhou.gov.cn/zfb/xxgk/zfxxgkzl/qzdt/bmdt/201808/t20180822_727757.htm

③ 福建省农业农村厅：《关于省政协十二届二次会议 20191255 号提案的答复》，2019-08-22，http://nynct.fujian.gov.cn/ztzl/jyta/201908/t20190822_4969089.htm

将其活动重心转到扶贫助困上来。如李新炎慈善基金会 2009 年为响应国务院侨办“侨爱工程——万侨助万村”活动倡议，专门设立“扶贫助侨”项目，10 年来共资助困难归侨侨眷 685 人次，资助总额达 118 万元。[①] 成立于 2004 年的福建省石竹慈善基金会一直致力践行各类慈善活动，2017 年后基金会将重点开展捐资助学、扶贫助老、扶危济困、支持体育公益事业等各类公益慈善活动。

个人扶贫捐赠也十分突出。如厦门市侨联自 2013 年以来，连续 6 年举行“邱季端先生高考助学”活动，累计为 132 人次贫困大学生发放助学金 68.3 万元。[②] 邱先生的捐助活动不止于厦门，2015 年 8 月丘先生向福建省 23 个贫困县的 100 名贫困学子捐款助学，共捐赠 50 万元。[③]

2. 人力配备

为解决贫困地区的人才缺乏问题，2004 年以来，福建省坚持把选派驻村第一书记制度作为扶持贫困村整体发展的重要措施。对 2201 个贫困村，采取“干部驻村、部门帮扶、资金捆绑”的办法，建立由第一书记、驻村蹲点干部（已合并）、大学生村官、科技特派员、乡镇包村干部等扶贫力量组成的驻村工作队，三年一轮，集中帮扶，滚动开发。2015 年《省委办公厅、省政府办公厅关于选派干部驻村蹲点的通知》出发，开始选派干部驻村蹲点，为期一年。之后这一做法得以延续。为解决驻村干部的待遇问题，各年度省财政还配套了省派驻村干部领队工作经费。

各地而言，如从 2004 年开始，福州市开始从机关及企事业单位选派党员干部到经济发展相对薄弱的村担任村党组织第一书记、书记或副书记，截至 2017 年初共选派 5 批，每批任期 3 年，累计 3299 人。13 年来，福州市省市县三级驻村干部共为驻点村筹集各类帮扶资金 23 亿元，村均

---

① 罗赐杰：《龙岩“扶贫助侨”助困金发放》，《福建侨报》2018 年 11 月 9 日第 5 版。

② 夏闻：《邱季端 6 年“高考助学”132 人次》，《福建侨报》2018 年 9 月 7 日第 5 版。

③ 海余、诗雨：《游子情怀 不忘初心 ——访知名侨商、厦门国鼎集团董事局主席丘鸿彬》，《福建侨报》2018 年 9 月 14 日第 7 版。

投入 104 万元，实施各类帮扶项目 7.4 万多项，村均 34 项。[①] 在泉州，2004 年泉州市委组织部等五部门联合下发《关于加强下派驻村任职干部管理的意见》，拉开了该市下派干部驻村帮扶的序幕。2013 年泉州市委、市政府下发《关于进一步做好扶贫开发工作的实施意见》，决定每年安排 30 个市级扶贫开发工作重点村，每村捆绑扶持资金 100 万元，市直下派干部驻村时间延至 2 年。2016 年 5 月，泉州市委办公室、市政府办公室颁布《关于印发厅处级干部结对帮扶贫困户工作实施方案的通知》，要求全市 30 位厅级、57 个市直部门的 700 多位处级领导干部每人结对帮扶 2 户贫困户。7 月，两部门又印发《关于市直部门挂钩帮扶市级扶贫开发重点帮扶村的通知》，确定 2016 年 30 个市直部门挂钩帮扶 30 个扶贫开发重点帮扶村，为期 2 年。市财政局负责协调市直有关部门筹措捆绑扶持资金 3000 万元，每个重点帮扶村 100 万元。市直挂钩部门和相关县（市、区）政府可根据财力和实际情况，安排资金予以扶持。2017 年各相关县（市、区）累计投入帮扶资金 2692.5 万元，落实帮扶项目 3060 个。[②] 2017 年之后又相继下发《市直部门挂钩帮扶市级扶贫开发重点村实施方案》、泉州市扶贫办《关于切实做好结对帮扶工作的通知》等文件，要求各级各部门切实履行帮扶责任。

为了让帮扶干部能有效发挥作用，福建省农业厅、省扶贫办等相关部门还举办了培训。如 2017 年 10 月的全省扶贫干部综合业务培训班，2018 年 2—3 月的全省扶贫办主任综合业务培训班，2018 年 5 月的全省乡村振兴和脱贫攻坚工作专题培训班及全省扶贫开发重点工作培训班，2018 年 10 月全省扶贫干部综合业务培训班等，这些培训主要学习中央相关扶贫精神和扶贫政策，进行扶贫业务培训，并对下一步工作做出全面部署安排。这些培训班也适用于驻村干部。此外，还有专门针对驻村干

① 福州市农业局（市委农办）：《福州市以“四个一”为抓手打造一支“不走”的驻村扶贫攻坚工作队》，2017 - 03 - 14，http://nyt.fujian.gov.cn/xxgk/gzdt/qsnyxxlb/fz/201703/t20170314_2540093.htm

② 许雅玲、黄亚洲：《泉州获 2017 年省脱贫攻坚成效考核优秀 获奖 1000 万元》，2018-07-13，http://www.myzaker.com/article/5b488b3977ac646967583dcc/

部的培训班，如2016年3月第四批省派驻村干部培训班，2018年8月宁德、南平片区第五批驻村第一书记脱贫攻坚专题培训班等。各地在帮扶中也形成了一些有效的工作方法，如泉州市建立“四带一”挂钩联系帮带机制，由1名派出单位分管领导、1名县（市、区）委组织部干部、1名乡镇挂村领导和1名乡镇工作片长挂钩联系1名驻村第一书记，帮助熟悉村情，掌握农村工作方法。

（二）其他扶贫保障政策

如前所述，扶贫供给包括政策供给（狭义），资源供给、保障体系供给等多个方面，而广义的精准扶贫政策是对这几个方面的宏观安排。前述扶贫规划是对扶贫工作的整体规划，专项扶贫政策是具体安排，内中包含了各种专项资源的安排，本节的扶贫保障政策主要是对保障体系进行安排，强调的是保障狭义扶贫政策效果的各种配套安排。具体包括贫困识别、帮扶主客体权责及其相互关系的确定，财政金融等配套制度的完善，扶贫资源和扶贫过程的监管，扶贫成效的评估等。

1. 创新扶贫机制

近年来，为进一步提升扶贫效率，福建省根据国家相关精神，进行了扶贫机制创新，主要包括扶贫瞄准机制、扶贫责任机制和大扶贫工作机制等，以保障扶贫资源更好地适应贫困地区和贫困群体的需求，且精准、高效传递至贫困地区和贫困群体。

（1）扶贫瞄准机制

精准识别是精准扶贫的基础性工作，贫困对象的精准识别不仅关乎社会公平，而且关乎扶贫资源的扶贫价值能否实现。

2013年12月，中共中央办公厅、国务院办公厅印发《关于创新机制扎实推进农村扶贫开发工作的意见》，提出由国家制定统一的扶贫对象识别办法，建设全国扶贫信息网络系统，对每个贫困村、贫困户建档立卡。由于这一规定仍然较为笼统，2014年4月国务院扶贫办印发《扶贫开发建档立卡工作方案》，对贫困户、贫困村、贫困县和连片特困地区建档立卡工作的标准、规模、方法和工作要求等详细规定。方案提出贫困识别采取规模控制的原则，各省将贫困人口识别规模逐级分解到行政村；贫困户识别要以农户收入为基本依据，综合考虑住房、教育、健康等情况，通过农户申请、民主评议、公示公告和逐级审核的方式，整户识别；方案并提出了识别的具体步骤。此后，全国各地据此对贫困户进行摸底调查，建档立卡。为了规范全国扶贫信息管理，国务院扶贫办开发了全国扶贫开发信息系统，并于2016年发出《关于做好全国扶贫开发信息系统推广使用工作的通知》，要求各地做好扶贫资金管理信息的录入工作、扶贫项目管理信息的录入工作，及帮扶单位、驻村工作队、帮扶责任人及其与贫困村、贫困户结对关系的信息录入工作。2018年全国上下又开展了贫困户信息采集，将贫困户的基本信息、家庭成员信息、致贫原因、收入情况、生产生活条件，以及帮扶责任人信息六个方面纳入全国扶贫信息网络系统统一管理。贫困是一个动态的概念，需要进行动态调整。2016年4月，中共中央办公厅、国务院办公厅印发《关于建立贫困退出机制的意见》，将贫困人口、贫困村、贫困县退出标准和程序予以详细规定，并强调贫困人口、贫困村、贫困县退出后，在一定时期内国家原有扶贫政策保持不变，支持力度不减，确保稳定脱贫。内中并强调正向激励原则，对提前退出的贫困县，各省（自治区、直辖市）可制定相应奖励政策，鼓励脱贫摘帽。2017年又出台《国务院扶贫办关于印发〈贫困县退出专项评估检查实施办法（试行）〉的通知》。

根据国家要求，福建省多次部署贫困村、贫困户的识别工作。2014年开始按照县为单位、规模控制、精准识别、动态管理的原则，对2013年农民人均纯收入3310元（相当于2010年3000元不变价）的93万贫困人口和2200个农民收入、集体收入较低的贫困村以及23个扶贫开发重点县全面建档立卡。此外，还定期监测贫困户、贫困村、重点县的贫困状况、收入变化以及发展动态，建立常态化的进退机制。由于实践中发现部分贫困户不合乎条件，2015年11月福建省扶贫办发出《关于开展扶贫开发建档立卡贫困户专项核查工作的通知》，督促有关县（市、区）对此开展专项核查。同月，省农业厅发出《关于开展全省扶贫开发建档立卡

“回头看”工作的通知》，次年省政府办公厅出台《关于开展农村扶贫开发对象建档“回头看”完善精准识别机制的通知》，各地遵照执行。2016年10月，福建省扶贫办转发《关于做好全国2016年扶贫对象动态调整和建档立卡信息采集录入工作的通知》，12月发出《关于建立贫困退出机制的实施意见》。为规范省级扶贫开发工作重点县的退出工作，2018年2月福建省扶贫开发领导小组印发《福建省省级扶贫开发工作重点县退出专项评估检查实施办法（试行）》，提出贫困县退出专项评估检查的具体指标，把贫困人口退出质量作为考核评估的重要内容。另外，2018年福建省扶贫办还出台了《关于进一步完善贫困人口建档立卡工作的通知》《关于做好2017年度考核整改建档立卡数据信息调整和补录工作的通知》《关于进一步加强完善贫困人口动态管理工作的通知》及《福建省2018年度扶贫对象动态管理工作方案》等政策，对建档立卡贫困对象的动态调整工作予以规范。此外，在扶贫标准方面，2018年底省民政厅出台《关于进一步做好支出型贫困家庭最低生活保障工作的通知》，开始将符合一定条件的支出型贫困家庭纳入低保范围。这表明政府开始关注支出型贫困问题。

同时，福建省相关部门还针对特定群体进行精准识别，如福建省相关部门多次发文部署贫困归侨侨眷的调查摸底工作，出台了《关于联合开展散居社会贫困归侨调研工作的通知》（2009）、《福建省侨联关于进一步完善贫困归侨家庭有关数据统计工作的通知》（2014）、《福建省侨联关于开展贫困残疾归侨调查统计工作的通知》（2016）等文件，以确保侨务帮扶对象的精准性。

各地也出台了相应的贫困识别和调整政策，如2017年10月，福州市委办公厅、市政府办公厅印发《关于建立贫困退出机制的实施方案》，明确福州市建档立卡贫困村退出考核指标；2018年泉州市扶贫办先后出台《关于进一步完善贫困人口建档立卡工作的通知》《关于做好建档立卡数据调整补录和季度动态调整工作的通知》《关于做好2018年度扶贫对象动态管理工作的通知》；厦门市不存在国定贫困户，2017年11月针对低收入家庭出台《厦门市低收入家庭认定实施办法》，主要从标准确定、审批程序、经济核对三个方面对低收入家庭的认定进行了完善；2016 年《龙岩市完善精准扶贫管理机制的意见》，对贫困村、贫困户的脱贫、新增或返贫对象的认定标准、认定程序、识别方法等进行明确规定；2017 年 4 月三明市委办、市政府办下发《关于建立贫困退出机制的实施意见》等。

实践中，福建省要求各地各部门严格按照标准统一、方法科学、程序规范、信息完整的原则，认真做好贫困村、贫困户的建档立卡工作和基础信息更新工作，并要求各级财政安排专项工作经费。为扎实开展入村入户识别工作，福建省对市、县（区）及乡（镇）建档立卡业务人员进行全面培训，并严格了相关的责任制度。同时，福建省每年均对贫困人口和脱贫人口进行复核，以实现精准进退。而各地也摸索出一些独特的识别经验，如三明探索出“348”精准扶贫识别机制，其中“3”是“三步工作法”，指识别扶贫对象的“一申请、两比选、三公示”，“4”即“四因四缺分类法”，指按照“因病、因残、因学、因灾”和“缺技术、缺资金、缺劳力、缺动力”等划分，确定每个贫困户的致贫原因。在此基础上，采取结对帮扶、创业培育、入股分红、资产盘活、基地托养、订单带动、资金互助、搬迁改造等八种帮扶模式。

（2）扶贫责任机制

扶贫工作责任机制是近年来扶贫工作机制改革的重点。2016 年 5 月，福建省委办公厅、省政府办公厅印发《贯彻实施〈中共福建省委、福建省人民政府关于推进精准扶贫打赢脱贫攻坚战的实施意见〉重要政策措施分工方案》，将脱贫攻坚各项政策措施分解到各级各部门，较好地解决了扶贫工作中权、责、利的分歧和矛盾，以及部门间职能交叉等问题。同年 10 月，中共中央办公厅、国务院办公厅印发《脱贫攻坚责任制实施办法》，提出脱贫攻坚按照中央统筹、省负总责、市县抓落实的工作机制，构建责任清晰、各负其责、合力攻坚的责任体系，并强调要以适当方式表彰落实脱贫攻坚责任到位的部门和个人，依纪依法追究不负责任的相关部门和人员责任。次年初，福建省扶贫办发出关于认真贯彻落实中央《脱贫攻坚责任制实施办法》的通知。2018 年 3 月，福建省委、省政府印发《关于实施乡村振兴战略的实施意见》，强调坚持中央统筹、省负总责、市县抓落实的工作机制，强化党政一把手负总责的责任制。各地也严格落实责任，如近年来，泉州市建立了市、县、乡、村四级一把手抓扶贫的领导机制，并于 2017 年 2 月调整充实了市扶贫开发领导小组，由市委书记、市长任组长，市委、市政府分管领导任副组长，49 个成员单位组成，进一步加强了全市扶贫开发领导力量。县一级也成立了由主要领导任组长的脱贫攻坚领导小组，明确了书记、县长是第一责任人的县级扶贫主体责任。2016—2017 年，泉州市委、市政府还分别与 8 个有扶贫开发任务的县（市、区）签订脱贫攻坚责任书。总之，通过层层压实责任，大大提升了各级政府的脱贫攻坚责任意识。而福州市也出台了《福州市 2017 年县级党委、政府扶贫开发工作责任清单》，将责任细化到县、乡、村。

为确保脱贫攻坚任务的完成，在帮扶行动中还成立了一些专门机构。如为更好地开展“百企帮百村”行动，2015 年福建省成立了“百企帮百村”精准扶贫行动领导小组，各设区市、县（区）也成立了相应的行动领导小组。这些精准扶贫行动领导小组通过不定期召开会议，及时通报帮扶情况，研究解决问题的措施办法，从而扎实推进了扶贫工作的顺利进行。

（3）大扶贫工作机制

大扶贫工作机制不仅强调不同力量参与到扶贫事业中来，而且强调他们之间的扶贫合作。由于扶贫是一项系统工程，非单一部门所能独立完成，因而大扶贫工作机制的构建是必然的。

大扶贫工作机制首先是政府不同部门间的协同扶贫，目前，不同部门间的合作扶贫正在国家统筹安排下进行，也因为如此，才有上述不同层级、不同部门责任的明确和规范。同时也体现在相当多的扶贫政策是众多部门联合制定的，这是部门间协同扶贫的结果。当然，各部门又结合各自行业扶贫规划，单独出台了一些扶贫政策，如近年来泉州市发改委、财政局、教育局、卫计委、人社局、民政局、住建局、旅游局、林业局等相关部门都结合行业扶贫任务，制定了《关于印发泉州市人力资源社会保障精准扶贫实施意见（2017—2020 年）的通知》（泉人社〔2017〕332 号）、《关于调整提高 2017 年度城乡居民最低生活保障标准和补助水平的通知》（泉民保〔2016〕145 号）、《关于扎实开展林业扶贫工作的通知》（泉林综〔2016〕90 号）、《关于印发泉州市 2017 年农村危房改造实施方案的通知》（泉建村〔2017〕42 号）等扶贫政策文件。由于贫困体现在多个方面，脱贫也需要推动方方面面工作的解决，因此不同行业扶贫政策的出台最终也能形成脱贫攻坚合力。而且，在实践工作中，泉州扶贫、医保、卫计委、民政等部门强化合作，在健康扶贫、低保兜底等工作中信息共享，从而有力推动了大扶贫工作机制的健全。在其他地方，也形成了不少部门协同的好做法。如三明明溪县近年来持续拓展“348”精准扶贫工作机制及“九到户”工作措施，结合县域产业特点及地区实际，出台了《中共明溪县委明溪县人民政府关于实施精准扶贫“三个三”工作推进法的意见》《明溪县贯彻落实〈福建省三明国家扶贫改革试验区建设任务分工方案〉细化落实方案》等文件，推进精准扶贫开发工作的开展；宁德屏南县成立扶贫开发工作领导小组“一办八组”（办公室和产业扶贫、金融扶贫、造福工程易地搬迁扶贫、教育卫生扶贫、山海协作社会扶贫、社会保障兜底扶贫、宣传报道、扶贫督导等 8 个工作组），有利于扶贫信息共享和分工合作。

社会扶贫也是大扶贫机制的题中之义。狭义上的“社会扶贫”是指将非政府资源（主要是私营企业、社会组织、个人）用于扶贫事业。在国外，社会力量扶贫效果显著。但当前我国“社会扶贫”是广义上的，除狭义上的社会力量扶贫外，还包括党政机关、军队、国有企事业单位、群团组织（如工商联、妇联、侨联、各地扶贫协会）等扶贫，后者虽然没有直接预算安排财政扶贫资金，但在参与中，有部门间接的、再分配的财政资源。目前，福建省社会扶贫主要包括鼓励和组织东部经济发达地区支持山区、贫困地区，即山海合作；组织和动员政府部门和国有企事业单位参加对口扶贫；提倡民营企业、社会组织和个人扶贫。

一是山海协作。20世纪80年代，福建省开始试行“山海协作、联动发展”战略，之后得到发扬。2012年福建省委、省政府出台《关于深化山海协作的八条意见》，确定沿海较发达县（市、区）结对对口帮扶23个扶贫重点县，着重在产业发展、基础设施和社会事业予以扶持。同时提出山海共建产业园区、建立山海联席会议制度、加强山海干部人才交流制度等进一步完善山海协作体制机制的具体措施。2013年8月，省委、省政府出台《关于进一步扶持省级扶贫开发工作重点县加快发展的若干意见》对此进行了强化，要求每年沿海经济较发达县（市、区）落实对口帮扶资金不少于1200万元。为规范产业园区建设，2013年《福建省山海协作共建产业园区规划纲要》出台。各地也有相关的政策，如2018年5月泉州市扶贫办《关于进一步做好山海协作对口帮扶工作的通知》等。此外，泉州区域内也开展山海协作帮扶，2016年出台《关于市沿海乡镇（街道）结对帮扶市级扶贫开发重点乡镇贫困户工作实施方案》，组织30个沿海乡镇（街道）结对帮扶30个市级扶贫开发重点乡镇建档立卡贫困户，要求每个沿海乡镇（街道）结对帮扶相对应乡镇40户贫困户。

二是挂钩帮扶。福建省较早探索部门挂钩帮扶办法，近年来不断出台政策优化部门挂钩帮扶做法。2013年《关于进一步支持省级扶贫开发工作重点县加快发展的若干意见》提出推进挂钩帮扶工作，每个重点县要有1~2名省领导挂钩联系，5~6个省直单位和省属企业挂钩帮扶。次年5月，省委、省政府又把扶贫开发列为全省拉练检查的三项内容之一，要求挂钩的省直牵头部门每年召集协作部门，对共同挂钩的重点县制定帮扶计划、确定帮扶项目、落实帮扶资金。为避免协作不力的情况，省委、省政府主要领导或分管领导会定期召开重点县协调服务会，了解挂钩帮扶中出现的新情况、新问题，协调解决相关问题。2004年至2014

年，各级挂钩部门共落实帮扶资金 140 多亿元，扶持项目达 7 万余个。[①]

“村企共建”也是挂钩帮扶的重要方式。2014 年启动的第四轮省级重点村建设，就安排了 53 家央属、省属企业结对帮扶 74 个特困村，要求每家企业每年帮扶资金不少于 20 万元。[①]

三是社会力量参与。这里是指狭义的社会力量，即民营企业、社会组织和个体。2014 年 11 月，国务院办公厅印发《关于进一步动员社会各方面力量参与扶贫开发的意见》，强调要培育多元社会扶贫主体，进一步动员社会各方面力量参与扶贫开发，形成政府、市场、社会协同推进的大扶贫格局，并从多个方面完善了社会力量扶贫的保障措施和政策支持。2017 年 11 月《国务院扶贫开发领导小组关于广泛引导和动员社会组织积极参与脱贫攻坚工作的通知》下发，就广泛引导和动员社会组织（在民政部门登记的社会团体、基金会、社会服务机构）积极参与脱贫攻坚工作进行部署。

福建省十分重视社会力量扶贫，近年来，遵照中央精神颁布了一系列相关政策。如 2017 年福建省民政厅等部门《关于引导和鼓励港澳台胞、海外侨胞参与慈善事业发展的意见》，将扶贫、济困作为引导和鼓励侨胞开展慈善活动的重点领域；2018 年省民政厅、省扶贫办《关于广泛引导和动员社会组织参与脱贫攻坚的通知》、省民政厅《关于倡导社会组织参与 2018 年扶贫日活动的通知》等，对社会组织扶贫的重点领域和相关条件等予以明确；另 2018 年省委统战部、省工商联等五部门《关于印发〈福建省“千企帮千村”计划实施方案〉的通知》，对民营企业扶贫进行了部署。其下辖地市也有相关的政策，如宁德市《关于动员社会力量参与精准扶贫的实施意见》（2016），泉州市《关于“百企帮百村”精准扶贫行动实施意见》（2016），福州市民政局、市扶贫办《关于印发〈福州市“百会联百村”扶贫攻坚行动方案〉的通知》（2017），《福州市落实福建省“千企帮千村”计划的实施方案》（2018）等。

---

① 《福建“六个机制”推动精准科学扶贫》，2014-06-25，http：//nyt. fujian. gov. cn/ztzl/fpgz_1/fpzc/201406/t20140625_ 2575561. htm

近年来，福建省也采取各种措施引导和组织社会力量扶贫。一是开展全国扶贫日系列活动。自2014年起，国务院将每年的10月17日设立为“扶贫日”。在每年扶贫日期间，福建省均动员和组织社会力量通过多种方式扶贫济困，弘扬全民扶贫精神。2018年全国扶贫日，省扶贫办还出台了《福建省2018年扶贫日活动方案》。二是动员和组织民营企业（商会）积极投身精准扶贫。如前所述，各级政府部门还为此出台了专门的文件，如泉州市2016年《关于“百企帮百村”精准扶贫行动实施意见》，对“百企帮百村”的精准结对、帮扶方式、行动开展、宣传和推广、总结表彰等提出了指导意见。而《关于印发〈福建省“千企帮千村”计划实施方案〉的通知》（2018）及《福州市落实福建省“千企帮千村”计划的实施方案》（2018）等，则动员民营企业（商会）在2018-2020年间通过“一企（会）帮一村”“一企（会）帮多村”“多企（会）帮一村”等多种方式，采取就业帮扶、困难帮扶、项目帮扶等多种形式精准扶贫。三是发动各类社会组织扶贫。省民政厅经常组织省扶贫办、社会组织召开全省脱贫攻坚座谈会，与社会组织共商脱贫攻坚举措。省民政厅并建立了与社会组织的双向扶贫信息沟通机制，一方面通过各种方式把贫困信息传递给社会组织，便于社会组织对接扶贫工作；另一方面建立信息报送制度，要求省级社会组织按时报送脱贫攻坚有关情况，便于民政厅了解扶贫实情，及时应对。为了提升社会组织的扶贫能力，省民政厅举办社会组织党组织支部书记和党务工作者培训班，举办社会组织脱贫攻坚经验交流会等。为了引导社会组织扶贫，省民政厅等单位还召开脱贫攻坚动员会或组织社会组织实地考察贫困村，了解扶贫需求，对接扶贫资源。如在2019年4月省民政厅召开的福建省社会组织参与脱贫攻坚再动员会上，省浙江商会、省扶贫公益服务协会、省商盟公益基金会和省雕刻艺术家协会分别与安溪县石山村、永泰县后寨村、霞浦县下村村、长沙村签订了助力乡村扶贫合作协议。四是开展个体慈善扶贫活动。整体而言，近年来，社会力量帮扶多通过项目推动，已经形成一定的品牌效应和资金聚集效应。社会力量扶贫不仅使扶贫参与主体更加多元，扶贫方式和内容更加全面，而且实现了行政机制、市场机制、社会机制的综合运用。

不仅如此，近年来，政社合作扶贫已有所开展。如2014年以来，泉州晋江市通过政府购买服务，引进社会工作服务介入“四帮四扶”工作①，体现在社工入户核实扶贫对象，定制帮扶方案并运用专业价值观、方法及技巧服务帮扶对象。项目实施以来，社会工作者通过资源链接、生计发展、能力提升、精神关爱等帮助困难群众建构社会支持网络，改善生活境况，多户被帮扶对象不同程度脱贫。

2. 强化扶贫监管考核

近年来，遵照国家的相关规定，福建省十分注重对扶贫资源和扶贫项目的监管，注重扶贫绩效的考核。

要做好监管工作，扶贫信息的收集无疑是基础性的。近年来，国家十分注重贫困信息和扶贫信息的信息化管理。2016年国务院扶贫办出台《关于做好全国扶贫开发信息系统推广使用工作的通知》，2018年3月国务院扶贫办又出台了《关于完善县级脱贫攻坚项目库建设的指导意见》等。福建省遵照国家精神细化了相关规定，如2018年4月出台《福建省扶贫开发领导小组办公室关于做好县级脱贫攻坚项目库建设的实施意见》，对省内县级项目库建设的原则、内容和程序等予以确定。同时也遵照国家规定，做好相关信息的采集和填报工作。

在此基础上，福建着重抓好以下几方面的工作。

（1）加强扶贫监管

资金使用是扶贫监管的重点。各级政府对此均有规定，如2017年3月财政部、扶贫办等部门颁布《中央财政专项扶贫资金管理办法》，对中央财政专项扶贫资金的预算安排与资金分配、资金管理与监督等予以明确。为规范财政扶贫资金的使用管理，2016年以来，福建省制定和完善

① “四帮四扶”是指每年从低保家庭中重点挑选300户左右特困家庭，实施“帮就业、帮就医、帮就学、帮安居”和“扶贫困、扶老幼、扶伤残、扶志气”为主要帮扶内容的挂钩帮扶方式。

了《福建省易地扶贫搬迁项目资金管理暂行办法》（2016）、《福建省易地扶贫搬迁中央预算内投资管理实施办法的通知》（2016）、《福建省农村劳动力培训资金管理办法（试行）》（2016）、《福建省扶贫开发专项资金管理办法》（2016）、《福建省造福工程补助资金管理办法》（2017）、《福建省革命老区发展专项资金管理办法》（2017）、《福建省省级财政专项资金管理办法》（2017）、《福建省雨露计划资金管理办法》（2018）、《福建省扶贫发展专项资金管理办法》（2019）等一系列资金管理办法，做到每项扶贫资金都有相应的管理办法。各地也出台了相关规定。以泉州市为例，仅 2017 年 6 月泉州市财政局、市农业局就印发了 4 个市级扶贫开发项目资金管理暂行规定，包括《泉州市扶贫开发产业发展项目资金管理暂行规定》《泉州市扶贫开发基础设施建设项目资金管理暂行规定》《泉州市扶贫开发小额贷款贴息项目资金管理暂行规定》和《泉州市扶贫开发贫困户精准补助项目资金管理暂行规定》。其他如《市级扶贫开发系列专项资金管理暂行规定》（2014）、《泉州市造福工程补助资金管理暂行规定》（2017）、《泉州市市级财政专项扶贫资金管理暂行规定》（2019）等，以规定各类扶贫资金的使用。

在完善资金管理制度的同时，福建省还对扶贫资金进行在线监管。如建立了“精准扶贫精准脱贫开发数据平台”，及时掌握资金流向和使用情况。尤其是针对扶贫资金涉及部门多、资金监管存在“九龙治水”现象，省纪委协调省财政厅等职能部门，探索建立以信息化技术为支撑、贯通省市县乡四级的扶贫资金在线监管平台，打破职能部门的“数据孤岛”，让每一笔扶贫资金在监督的“阳光”下精准可查，依规使用。为此，2017 年 6 月，福建省财政厅印发《福建省扶贫资金在线监管系统建设工作方案》，要求运用“制度+科技”模式，高标准推进扶贫资金在线监管系统建设。为完成该项建设，同年 9 月，省扶贫办印发《福建省扶贫资金在线监管系统“最后一公里”业务管理模块建设方案》，将省级以上 21 项扶贫资金项目列入监管范畴，通过建设扶贫资金“最后一公里”业务管理模块，建立扶贫资金全流程监控和风险预警平台。福建省扶贫资金全程在线监管系统于2018年1月1日起正式运行。至2019年1月，该平台已将中央、省级的21项扶贫资金和民政、水利2项救灾资金，共计23个项目纳入监管范围，监管资金总规模约30亿元，惠及贫困对象近70万人。[①] 2018年年底，又对扶贫资金在线监管平台进行优化升级，建设全省扶贫（惠民）资金网，扩大监管范围，完善监督流程。福建省并推出扶贫惠民资金网App，方便群众随时随地查看资金拨付情况，监督资金发放情况。各地也对在线监管方面进行了诸多探索。如为促进惠民资金阳光运行，福州永泰县借力“互联网+监督”，于2017年6月创建全市首个惠民资金监督平台，将农业支持保护补贴、生态林补偿金、五保补助等12类惠民资金，在网上“晒”出来，既方便群众实时查询和在线举报，又强化了扶贫领域的监督执纪问责力度。在总结永泰县经验的基础上，福州市在全市推广建设福州市惠民资金网。

除财政资金监管外，扶贫监管还包括对具体扶贫项目、对扶贫主体等的监管。如对于扶贫项目，相关机构也予以精准管理。如2016年福建省委办公厅、省政府办公厅发出《关于加强造福工程安置区服务管理工作的通知》，加强对造福工程安置区的管理。又如对“侨居造福工程”，福建省侨办不仅要求补助资金专款专用，而且要求严把质量关，指定专人对项目进展情况跟踪检查，并建立定期汇报制度。再如2017年8月省民政厅《关于进一步加强社会救助精准监督工作的意见》，要求健全社会救助监督检查长效机制。

（2）加强扶贫督查

这里的“扶贫督查”指扶贫的督促检查。扶贫督查主要由各级扶贫开发领导小组、纪检部门、财政部门、审计部门及扶贫单位自身等组织开展。其具体又可以分为以下几个方面。

一是自查。在进行检查、考核前，一般有一个自查的过程。如2013年，《农业部办公厅关于开展农垦扶贫资金项目专项检查工作的通知》下

---

① 《福建：全省扶贫监督检查由20项整合为4项》，2019-01-11，https：//baijiahao. baidu. com/s?id=1622316054244537579

发，要求对各贫困农场2010—2012年实施的全部财政扶贫资金项目进行专项检查。次年7月，福建省农业厅办公室发出《关于开展农垦扶贫资金项目专项检查工作的通知》，要求对2011—2013年各贫困农场实施的全部财政扶贫资金项目进行专项检查，检查方式是全面自查和重点抽查，自查是各贫困农场自行开展。另外，2018年初还专门出台了《福建省财政厅关于开展2017年度专项支出和整体支出绩效自评工作的通知》。

二是督查巡查。近年来，福建省强调督查机制建设。2016年5月《福建省“十三五”扶贫开发专项规划》中强调要完善督查考评机制，建立健全评估检查的长效工作机制。规划提出省扶贫开发领导小组及省效能办、省委督查室、省政府督查室要组织开展年度督查，并向省委、省政府报告督查情况，提出问责建议，对未完成年度减贫任务的设区市要对党政主要领导进行约谈。为确保脱贫攻坚各项目标任务的完成，2016年7月，中共中央办公厅、国务院办公厅印发《脱贫攻坚督查巡查工作办法》，明确了脱贫攻坚督查巡查的形式，指出国务院扶贫开发领导小组根据工作需要组织开展省级之间交叉督查和巡查，督查包括综合督查和专项督查，前者一般每年1次，后者根据需要不定期开展。巡查由国务院扶贫开发领导小组组建巡查组不定期开展。次年1月，福建省扶贫办发出认真贯彻落实中央《脱贫攻坚督查巡查工作办法》的通知。近年来，省纪委也加强了对扶贫工作的督查。2016年10月，省纪委发出《关于2015—2020年度加强监督执纪问责助推精准扶贫的工作意见》，在全省范围内开展为期6年的扶贫领域监督执纪问责专项工作。意见明确将扶贫政策落实情况、扶贫专项资金使用管理情况、扶贫项目实施情况等列入监督检查的重点。为贯彻这一意见，省纪委驻省农业厅纪检组结合农业部门的职责分工，印发《关于对省农业厅机关推进精准扶贫工作加强监督执纪问责的意见》，决定采取“1+X”的监督方式，督促职能部门开展对全省贫困人口和脱贫人口的全面复核工作，类似的还有《2017年福建省纪检监察机关精准监督助推精准扶贫实施方案》等。

各地也有相应的督查机制，如根据2016年《龙岩市脱贫攻坚督查巡查工作方案》，该市将按照半年一督查、年终一考核实施脱贫攻坚督查，对脱贫项目实施、易地扶贫搬迁、扶贫小额信贷三项脱贫攻坚重点任务进展情况实行每月抽查、排名、通报；而2017年6月《福州市脱贫攻坚督查工作方案（试行）》则将在全市设立5个脱贫攻坚工作督查组，对县、乡脱贫攻坚工作及帮扶责任人工作进行督查，方案还强调各县也要组织相应的工作力量，使督查推进工作常态化；宁德屏南县成立精准扶贫督导室，出台了《屏南县2016年度精准扶贫督查工作方案》，实行每月一督查、一通报、半年督查和年终考评，上述督查由县委、县政府分管领导带队分组逐个乡镇进行。

对扶贫领域进行监督检查必不可少，但相关检查太过繁杂则会使实践部门应接不暇。针对扶贫领域存在的职能部门各自为政、检查扎堆的现象，2018年福建省纪委监委组织协调17家相关职能部门建立扶贫领域监督检查联合工作机制，整合现有各类监督检查项目，严格控制单项检查次数、人员规模和检查时长。经此控制，全省性检查从原计划的20项整合为4项。①

根据相关制度，省扶贫部门认真配合审计部门对全省财政扶贫资金进行审计，省扶贫办、省财政厅不定期对扶贫资金使用管理进行专项检查或抽查。如2016年11月，省扶贫办、省财政厅组织开展了财政专项扶贫资金的集中检查工作，重点检查扶贫资金申请、分配、拨付、管理和使用过程中存在的问题；12月，省扶贫办、省财政厅还联合组织三个检查组，对各地的自查工作进行复查和抽查；次年1月，组织各级扶贫办对扶贫资金下达使用情况及结转结余情况进行调查摸底和检查，持续强化扶贫资金监管；2017年3月，组织全省各级财政部门开展中央财政扶贫资金和中央专项彩票公益金等扶贫资金专项检查工作；2017年8月，省财政厅派出检查组对10个县（市、区）的扶贫资金进行重点检查，等等。

① 《福建：全省扶贫监督检查由20项整合为4项》，2019-01-11，https://baijiahao.baidu.com/s?id=1622316054244537579

各地也时常进行督查。如 2017 年初福州市委印发《2017 年脱贫攻坚“六轮检查”工作方案》，决定在 2017 年 11 月前，连续开展县里自查、市里督查、循环式互查、拉网式检查、明察暗访和模拟第三方评估检查“六轮检查”，狠抓问题整改。为响应省里部署的 2017 年脱贫攻坚“春季攻势”行动，福州市 3 月也发出《关于开展福州市脱贫攻坚“春季攻势”行动专项督查的通知》，决定组成 5 个专项督查组对 5 个县开展为期一个月的专项督查。2018 年，福州市扶贫办又开展了两项扶贫领域联合专项监督检查：一是市域内对口协作资金使用与落实情况；二是专项扶贫资金检查，包括医疗救助和精准扶贫医疗叠加补助资金，贫困户低保金发放。在泉州，为贯彻落实中央、省委有关脱贫攻坚“春季攻势”的部署要求，泉州市四套班子领导于 2017 年 3 月下旬至 4 月上旬开展脱贫攻坚“春季攻势”行动专项调研检查；泉州市扶贫办也从 25 个市直部门抽调人员成立市级脱贫攻坚工作督查组，2017 年共组织 8 次专项督查。有关县（市）也相应成立脱贫攻坚督查组，做到村村督查全覆盖。为了加强督查实效，2017 年 5 月泉州市举办了全市脱贫攻坚督查业务培训班，对全市脱贫攻坚工作督查组成员进行业务知识培训。根据泉州市纪委办公室等部门《关于建立扶贫领域监督检查联合工作机制的通知》（2018）的要求，2018 年 5 月泉州市纪委、市扶贫办牵头制定了《市级扶贫领域联合监督检查年度总计划》，决定在 2018 年 7 月初和 11 月底开展两次联合监督检查，财政、审计、住建等部门计划开展三次单项检查等。在宁德，屏南县委针对群众反映的扶贫领域突出问题，组成专项巡察组，严肃查处扶贫领域虚报冒领、挪用挤占、吃拿卡要等问题，确保扶贫资金用到最需要的地方。县纪委还督促水利、民政、农业、财政等部门对各自领域的扶贫专项资金加强监管，要求公开项目运行全过程。莆田市重视扶贫审计，早在 2016 年 9—10 月，市审计局就统筹各县区审计力量开展全市精准扶贫情况专项审计调查。2018 年以来，莆田市审计机关通过创新精准扶贫审计“加减法”，提高扶贫审计效率质量。在三明，在前期开展扶贫资金专项检查和扶贫领域专项巡察、县乡联动“机动式”交叉巡察基础上，2017 年 8 月后对未巡察的 53 个乡（镇）进行巡察全覆盖，对已巡察过的 89 个乡（镇）重点监督巡察是否彻底全面、问题整改是否到位等问题，确保不留死角。此后，该市结合此次专项巡察，开展以纪委组织协调、扶贫职能部门为主的精准扶贫“1+X”专项检查，由派驻纪检组对扶贫职能部门落实主体责任、政策措施、项目资金等情况开展同步监督检查。

三是专项治理。典型如扶贫领域腐败和作风治理。按照国务院扶贫开发领导小组《关于开展扶贫领域作风专项治理的通知》（2017）的要求，2017 年 12 月福建省扶贫开发领导小组公布《关于开展扶贫领域作风问题专项治理的实施方案》，将 2018 年确定为脱贫攻坚作风建设年，在全省范围内开展扶贫领域作风问题专项治理。为此，全省各级纪检监察机关在坚持原有好的做法基础上，坚持“六个强化”。一是强化清单管理，明晰各级纪委的职责定位和工作重点，继续推行清单化管理，形成上下监督合力。二是强化职能监管，督促职能部门选取本地区资金量大、受众面广、问题比较集中的项目、资金，开展“最后一公里”专项督查。三是强化一线监督，2018 年底前，县、乡纪委要继续组织对辖区内尚未脱贫的贫困户开展入户访查全覆盖；对已脱贫的建档立卡贫困户，按 20%比例随机开展入户访查。四是强化精简精准，建立由纪委牵头、扶贫办具体组织实施、有关职能部门密切配合的扶贫领域监督检查联合工作机制，防止重复多头检查，同时充分运用扶贫资金在线监管系统，实现智能化、精准化监督。五是强化线索管理，对 2016 年以来受理的扶贫领域腐败和作风问题线索进行“大起底”“回头看”，对未办结或办理不到位的，重新处置；高度关注脱贫攻坚中的涉黑涉恶腐败问题，分期分批筛选典型问题，实施“三个一批”直查快办。六是强化换届监督，严把候选人任职资格审查关。①

各地市也出台了相关政策，如泉州市先后出台了《泉州市纪检监察机关关于开展扶贫领域腐败和作风问题专项治理的方案》（2017）、《泉州

① 林蔚、林捷：《推进扶贫领域腐败和作风问题专项治理》，《福建日报》2018 年 5 月 2 日第 1 版。

市纪检监察机关贯彻落实〈关于推行扶贫领域监督执纪问责清单化管理的意见〉任务分工方案》（2017）、《关于开展扶贫领域作风问题专项治理的实施方案》（2018）等文件，进一步强化脱贫攻坚作风建设；2018年1月福州市扶贫办印发《关于开展扶贫领域作风问题专项治理的实施方案》的通知等。

总之，福建省通过组织开展常规检查、专项巡察、“最后一公里”专项督查等方式，对扶贫开发工作实行全过程监督。

（3）严格考核

考核既包含对扶贫主体的考核，也包括扶贫成效的专项考核。而扶贫主体考核，也主要依据其扶贫成效来进行。

扶贫资金绩效考核较为常见。福建省根据国家相关规定出台了相应的政策，如福建省按照《财政专项扶贫资金绩效评价办法》（2017）的精神，2017年12月出台《福建省财政专项扶贫资金绩效评价办法》，将资金投入、资金拨付、资金监管、资金使用成效等作为财政专项扶贫资金绩效评价的主要内容，并制定了相应的绩效评价指标评分表。2018年5月，财政部等部门颁布《扶贫项目资金绩效管理办法》，要求市县级财政部门会同有关部门对扶贫项目相关资金预算的编制、执行、决算实施全过程进行绩效管理，绩效自评结果和抽查结果作为有关部门和单位改进管理、调整财政支出方向和安排以后年度预算的重要依据。同年8月福建省政府又发出《关于认真贯彻落实〈扶贫项目资金绩效管理办法〉的通知》。

不仅如此，在发放具体扶贫资金的同时，通常也附有相应的发展资金绩效目标表。如发放2018年第二批中央财政专项扶贫发展资金时，就附有第二批中央财政专项扶贫发展资金绩效目标表，该表含产出指标（包括质量指标和时效指标）和效益指标（指社会效益指标），类似的还有2018年度造福工程补助资金绩效目标表、2018年省级扶贫开发重点村绩效目标表、2018年雨露计划资金绩效目标表等，各表均包括产出指标和效益指标两项，只是不同项目各指标的具体内容有所不同。

对于整体脱贫工作，福建省在2016年前按国务院扶贫办《扶贫开发工作考核办法（试行）》（2012）进行考核。2016年2月，中共中央办公厅、国务院办公厅印发《省级党委和政府扶贫开发工作成效考核办法》，要求对省级党委和政府扶贫开发工作的考核围绕减贫成效、精准识别、精准帮扶、扶贫资金进行，办法并对考核的具体时间、步骤及奖惩等进行了规定。考核工作从2016年到2020年，每年开展一次，由国务院扶贫开发领导小组组织进行，具体工作由国务院扶贫办、中央组织部牵头，会同国务院扶贫开发领导小组成员单位组织实施。根据中央的精神，同年12月，福建省委办公厅、省政府办公厅印发《福建省扶贫开发工作成效考核实施办法》。次年5月，省委办公厅、省政府办公厅发出《关于调整〈福建省扶贫开发工作成效考核实施方法〉考核指标的通知》，将考核内容“农村居民收入增长”修改为“省级扶贫开发工作重点县农村居民收入增长”，将考核指标“农村居民收入增长率”改为“省级扶贫开发工作重点县农村居民收入增长率”，体现了扶贫本身的关注。对于贫困县，2014年中共中央组织部、国务院扶贫办印发《关于改进贫困县党政领导班子和领导干部经济社会发展实绩考核工作的意见》，对改进贫困县考核机制和领导干部政绩考核工作做出部署，引导贫困县党政领导班子和领导干部树立正确的政绩观。而贫困县的退出，2018年福建省扶贫开发领导小组印发了《福建省省级扶贫开发工作重点县退出专项评估检查实施办法（试行）》，明确了贫困县退出专项评估检查的具体指标和步骤。

相关考核还引进了社会力量。如贫困县的退出就引入了社会力量，根据省委办公厅、省政府办公厅《关于建立贫困退出机制实施意见的通知》和省扶贫开发领导小组印发的《福建省省级扶贫开发工作重点县退出专项评估检查实施办法（试行）》要求，经公开招标，确定厦门大学为重点县退出第三方评估机构。2018年8月，厦门大学成立5个调查组分赴永泰县、泰宁县、光泽县、长汀县、霞浦县开展实地评估检查工作。一些地方的精准扶贫工作考核也引入了社会力量，如根据《屏南县精准扶贫第三方评估办法（试行）》，组织部分人大代表、政协委员、离退休老党员、老干部等组成第三方评估组，深挖精准扶贫存在的问题。

另外，为减轻基层负担，2017 年 12 月国务院扶贫开发领导小组《关于在扶贫考核中切实减轻基层工作负担的通知》，要求统筹整合考核，减少考核频次，严禁多头考核、层层考核、搭车考核，并要求改进考核方式方法，减少填表报数。之后，又在相关文件中多次强调要严格控制各地开展增加一线扶贫干部负担的各类检查考评，省市两级对县及县以下扶贫工作考核原则上每年不超过 2 次，加强对县委书记的工作考核，注重发挥考核的正向激励作用。福建省遵照执行。

各地也十分注重扶贫考核工作。如泉州市委、市政府不仅在 2017 年 2 月调整充实了市扶贫开发领导小组，而且制定《2017 年泉州市县级党委政府脱贫攻坚工作目标责任》和《泉州市扶贫开发工作绩效考评办法》，进一步明确年度脱贫攻坚各项重点任务工作计划和责任单位。并通过与各县（市、区）签订脱贫攻坚工作责任书，将扶贫开发工作成效列为对各县（市、区）政府效能考评的重要内容。其下辖晋江市在考核过程中还形成了自己“回头看”的特有经验，每年都对帮扶后贫困家庭的情况进行核对，由市里 15 个经济信息部门组成评估小组进行评估，工商、银行、人社等部门将信息进行联合比对，避免脱贫数据失真。在福州，《福州市扶贫开发工作考评办法》将考评区分为有减贫任务县（主要考核脱贫成效、造福工程搬迁、扶贫小额信贷、财政扶贫资金投入使用、群众满意度）和无减贫任务的县（市）区（主要考核山海协作与对口帮扶工作）进行，2017 年 3 月还印发《福州市扶贫开发工作成效考核实施细则》，将脱贫攻坚工作纳入县乡党委、政府绩效考核。在龙岩，2016 年制定《干部挂钩帮扶贫困户工作成效考核办法》《县级党委政府扶贫开发工作成效考核办法》《市直单位和中央、省属驻岩单位扶贫开发工作成效考核办法》三个考核办法，对不同部门和人员的考评实现全覆盖。

（4）严格奖惩制度

一方面是严格问责。2016 年 4 月，福建省纪委、省委组织部等六部门联合印发《福建省扶贫专项资金使用管理责任追究办法（试行）》，对责任追究的对象、原则、情形、形式以及相关职能部门的监管责任予以明确。之后，省纪委印发《关于2015—2020年度加强监督执纪问责助推精准扶贫的工作意见》，在全省范围内开展为期6年的扶贫领域监督执纪问责专项工作。事实上，自2015年11月以来，省纪委就牵头协调财政、审计等部门，联合开展扶贫专项资金检查，严肃查处扶贫领域违规违纪问题。截至2016年9月底，共发现问题线索1012条，已核查924条，立案315件，给予党纪政纪处分423人，诫勉谈话等其他处理959人，对682名党员干部实施问责。[①] 之后，在2017年1—8月，省纪委共查处扶贫领域违纪问题664件、处理1172人，其中给予党纪政纪处分419人，移送司法机关38人。9月，省纪委通报8起典型案例。[②] 充分体现了纪委系统敢于亮剑、从严执纪的精神。2018年在福建省《关于实施乡村振兴战略的实施意见》中，要求开展扶贫领域腐败和作风问题专项治理，切实提高脱贫质量，对弄虚作假、搞数字脱贫的严肃查处，对挪用和贪污扶贫款项的行为严惩不贷。各地也根据中央和省里精神出台相应规定，如2017年初福州市出台《福州市脱贫攻坚工作问责办法（试行）》，对全市承担脱贫攻坚工作任务的所有单位及其工作人员提出了“情况明、数字准、工作实、管理严”的要求，明确了22种“应当予以问责情形”，为脱贫攻坚工作划出了“纪律红线”。同年5月《泉州市脱贫攻坚工作问责办法（试行）》印发，表示今后将对贯彻脱贫攻坚有关精神不到位、业务操作不规范、工作作风不扎实、组织领导不力、落实党风廉政“两个责任”不力等方面的28种情形进行问责。

另一方面是正向激励。一是激励脱贫攻坚一线干部，落实各项补助和慰问制度，让一线干部扶贫有奔头、有干劲。二是将扶贫实效与干部提拔挂钩。在相关的扶贫考核中规定对如期完成任务且表现突出的贫困

① 石长毅：《福建省出台扶贫领域监督执纪问责工作意见》，《福建日报》2016年10月19日。

② 杨光：《福建省纪委通报八起扶贫领域不正之风和腐败问题典型案例》，2017-09-29，http://www.cpad.gov.cn/art/2017/9/29/art_2082_71285.html

县党政正职应予以重用，对在脱贫攻坚中工作出色、表现优秀的扶贫干部、基层干部注重提拔使用等。三是对扶贫工作表现较好的地区或部门采取予以奖励，实质上是扶贫财政资金分配上的正向激励原则。如福建省财政厅、省农业厅下达 2016、2017 年度设区市党委和政府扶贫开发工作成效考核奖励资金，对这两年设区市党委和政府扶贫开发工作成效考核等次为“好”的设区市各给予 1000 万元的资金奖励。又根据《财政部关于拨付 2018 年财政专项扶贫资金的通知》精神，省财政下达 2018 年中央财政专项扶贫资金绩效评价奖励 3000 万元，给予绩效评价获得“优秀”等级的龙岩、南平、泉州三市各安排 600 万元，给予“良好”等级的福州、莆田、宁德各 400 万元。相关考核主要与各地贫困人口数量和减贫成效挂钩。

3. 加强政策宣传

政策宣传对于相关主体知晓和透彻掌握相关政策十分必要。一些政策出台之初就强调其宣传工作，如 2015 年福建省发改委等部门联合出台的《福建省乡村旅游扶贫工程实施方案（2016—2020 年）》中提及要加强乡村旅游宣传推介，并对其宣传方式予以具体化。一些政策出台之后，相关部门对其宣传工作予以部署。如为了做好造福工程，省扶贫办 2016 年编写了《造福工程易地扶贫搬迁政策问答（一）》，并于当年 6 月发出《关于抓紧组织开展造福工程易地扶贫搬迁政策宣讲解读工作的通知》，要求各市、县（区）农业局（扶贫办）于 6 月 26 日至 7 月 6 日期间在本县（市、区）范围内组织开展一次造福工程易地扶贫搬迁政策宣讲解读。

实践中，各地扶贫政策宣传的方式主要包括：①分发宣传册。一些扶贫政策通常会以传单、宣传册的方式分发至贫困户手中。如泉州市扶贫办、市人保分公司设计印发《泉州市精准扶贫宣传手册》《泉州市农村建档立卡贫困人员精准扶贫保险理赔服务指南》，分发给每一户贫困户，让贫困户熟知政策。其中《泉州市精准扶贫宣传手册》印发了 3 万册，不仅分发给贫困户，还发到每个驻村挂职干部手中，帮助挂钩帮扶干部进一步了解和掌握扶贫政策；莆田市秀屿区纪委联合区扶贫办等众多部门编印了《扶贫领域惠民政策摘编》小册子，分发给纪检干部、镇村干部和贫困户，让干部和对贫困户对惠民政策“心中有数”。②媒体宣传。近年来，福建省农业厅、省扶贫办等扶贫单位会同省委宣传部，组织福建日报、福建电视台等传统媒体以开辟专栏的办法，有计划、有步骤、有重点地加强脱贫攻坚宣传工作。如在2016年至2018年10月，泉州市刊发《泉州市脱贫攻坚简报》38期、市级以上扶贫新闻报道164篇，着重宣传依靠扶贫政策脱贫的典型案例及各地扶贫的典型事迹。③会议和培训。大多数的扶贫会议均会涉及中央和省里相关扶贫精神和扶贫政策的宣传和解读，而不少培训班也是向贫困户宣传的重要场所，如2016年4月，明溪县农业局在胡坊镇朱南村举办的以“精准扶贫”为主题的科技扶贫养殖技术培训班，此次活动共发放《福建农业五新手册》《农业常用政策法规手册》等宣传材料150余份，并现场接待群众的政策咨询。④网络宣传。近年来，随着互联网的普及及数字政府的推进，网上政策公开、网络调查和意见征集等也成为政策宣传的重要途径。难能可贵的是，一些地方还将扶贫政策整理后在网上分类公布，如福州市制定《2017年脱贫攻坚百条政策一览表》，内分政策类别、具体政策举措、责任单位等。另整理公开《福州市精准扶贫政策清单》，将受益对象、政策名称、政策内容、实施单位等涵盖在内，一目了然，便于群众查询。网络调查和意见征集也是政策宣传的新方式。如为更好地推进易地扶贫搬迁工作，2016年10月8日至11月7日，福建省农业厅开展了一场“关于开展造福工程易地扶贫搬迁的意见征集”活动，欢迎网友积极参与并建言献策。意见征集不仅起到了政策宣传的效果，也是改善政策的较好途径。同年11月1日至12月1日，省农业厅又开展了“我省开展造福工程易地扶贫搬迁工作认知度”的网上调查。

实践中，各项政策通常都是综合运用各种手段进行宣传，如2017年《福建省精准扶贫医疗叠加保险方案》出台后，泉州各地通过新闻媒体、互联网、电视、报刊等形式，向社会广泛宣传相关政策，提高群众知晓率。

第三节　当前福建省精准扶贫政策的优势

当前福建省扶贫政策的优势使得扶贫政策与扶贫需求更为匹配。概括说来，这些优势主要体现在以下几个方面。

一、多措并举、分类施策

精准扶贫强调“精准帮扶”，因而相比以往，福建省扶贫政策更具多元性和针对性。近年来，福建省出台了各类扶贫政策，尝试多种精准帮扶模式：①产业扶贫。资助贫困户因地制宜发展种养业、手工业、农产品加工业、服务业和电商行业，支持他们成立或加入各种农业产业化经营组织，从而实现稳定脱贫。②商贸扶贫。发挥相关组织的商业网络和信息优势，帮扶贫困村、贫困户对接外部市场，解决农产品销路问题。③就业扶贫。对具有劳动能力的贫困者，制订“个性化”帮扶方案，通过加大就业培训力度、推荐就业岗位等帮助其自力更生。④智力扶贫。各级政府不断加大对贫困地区及贫困群体的教育投入，并引导教育基金或社团持续关注贫困学生。除教育扶贫外，相关组织和人员还帮助贫困村、贫困户把准“贫”脉，而后出谋献策，助其脱贫。⑤社保扶贫。健全低保制度，鼓励和支持贫困人口加入新农保和新农合，构建基本医疗保险、大病保险、医疗救助、精准扶贫医疗叠加保险及商业医保在内的多层次医疗保障体系，保障农村贫困人口的基本生活需要，进一步减轻其生活负担。⑥慈善扶贫。引导社会力量参与扶贫慈善事业，帮助贫困村、贫困户解决实际困难。应该说，福建省扶贫政策较以往更加全面、细致。

上述政策在操作中也强调因人施策，精准帮扶。如福建省委、省政府《关于推进精准扶贫打赢脱贫攻坚战的实施意见》（2015）明确规定，将无法通过开发性扶贫措施实现脱贫的贫困人口全部纳入低保给予兜低保障，做到应保尽保；对因病致贫的人口实施医疗保险医疗救助帮扶；对因学致贫的人口落实各种补助金，开展捐资助学；对缺资金的贫困人口创业提供产业补助和金融扶贫；对技能致贫的贫困人口开展技能培训等。

分类施策还体现在同一政策区别对待不同情况的贫困对象。如从2016年起，福建省易地扶贫搬迁补助政策中，对于符合搬迁条件的国定建档立卡贫困户和省定建档立卡贫困户，省级财政分别给予每人2.5万元和1万元补助；其他搬迁农户，每人给予3000元补助；五保户按每户1.5万元补助。困难计生户、少数民族户和贫困残疾人可以享受叠加补助。

由于同类贫困主体其致贫原因各有差异，有时还集多种因素于一身，因此对于同一类型贫困主体，福建省也多措并举，协同发力。如根据2016年8月国务院《"十三五"加快残疾人小康进程规划纲要》，农村贫困残疾人的帮扶举措包括：逐步建立残疾人基本福利制度，提高残疾人社会保障水平；建立完善残疾人就业扶持政策体系，多渠道促进残疾人就业创业；实施残疾预防和残疾人康复、教育、文化体育、无障碍等基本公共服务项目；制定修订残疾人就业、教育、社会福利等法规，强化残疾人权益保障法律法规的落实；营造理解、尊重、关心、帮助残疾人的浓厚社会氛围等。

近年来，福建省还要求全省建档立卡贫困户明确具体挂钩帮扶责任人，根据贫困户的条件制订"一户一策"精准帮扶方案。

二、注重提升贫困户"造血"能力

要实现脱贫，归根到底取决于贫困户自身的努力和脱贫能力。近年来，福建省在不断加大扶贫资源投入力度的同时，也十分注重提升贫困户的脱贫能力建设。如注重扶贫先扶智，通过教育、培训提升贫困者的生存技能。近年来省财政每年安排1600万元专项扶贫资金实施雨露计划培训，开展建档立卡贫困户农业实用技术和职业技能培训，每年培训4

万人次。2018 年起，福建省雨露计划实施内容按照国务院扶贫办要求，调整为对该省建档立卡贫困家庭中子女正在接受中、高职等职业教育和技工院校教育的予以补助，这对于解决家庭贫困的代际传递问题很有帮助。又如注重就业帮扶和产业扶贫，争取使贫困户获得稳定收入。如 2016 年以来，泉州市把实施产业扶贫作为脱贫攻坚的主攻方向，按照“一村一品”“一乡一业”思路，依托各地区资源禀赋，探索出“区域特色产业+”（光伏产业、特色农业、乡村旅游共发展）、“农业经营主体+”（公司与农户双赢）、“电商+”三种产业扶贫模式，既增加了贫困人口收入，又有力地助推村级集体经济发展，有效实现“造血”式扶贫。针对贫困户创业资金不足难题，福建省积极出台和落实扶贫小额信贷政策。对建档立卡贫困群众发展产业，提供额度 5 万元以内、3 年期限以内、无抵押无担保贷款，贷款实行基准利率，省级财政安排资金予以全额贴息。

为增强贫困户的脱贫意志和动力，2017 年福建省设立 2 亿元财政专项产业扶贫发展资金，全省建档立卡贫困户创业经审核后可获得该项补助。这种竞争性的产业扶贫举措有利于调动贫困户的竞争意识和自主脱贫意识，培育脱贫致富的内生动力。一些地区也奉行激励性扶贫机制，如龙岩市的“竞争性扶贫”机制，最早由龙岩新罗区首创，采取“政企搭建平台、贫困对象竞争上岗”的方式来进行产业扶贫。具体步骤是：政府根据当地优势资源或特色产业，统筹各级专项扶贫资金，采取政府购买成果的方式，租赁经营主体的生产设施或购买种苗种畜，分配给竞争上岗的贫困户，并联同经营主体对贫困户的项目实施进行全过程的监管，优胜劣汰，以强化贫困者脱贫的自觉性和主动性。在 2016 年底试点成功后，新罗区于 2017 年开始在全区试点，再到龙岩全市推广。如今，这项扶贫新机制已在龙岩实践出了一条“扶贫先扶志”的新路子。截至 2018 年 5 月，龙岩全市有 127 个乡镇实施 418 个激励性产业扶贫项目，让 7132 户 2.5 万人受益。[①]

---

① 郑景顺、兰浏堃：《福建龙岩趟出“扶贫扶志”新路子》，《农村工作通讯》2018 年第 17 期，第 58 页。

三、整合扶贫资源

福建省整合扶贫资源体现在多个方面，如山海协作系整合发达地区资源扶贫。从20世纪80年代中期福州对口帮扶宁德开始，至90年代初推广山海协作做法，山海协作已成为福建省扶贫的一大品牌。当前，福建省已将山海协作制度化，并加大了帮扶力度和深度，如要求双方共建产业园区、建立联席会议制度，进行双向人才交流等。山海协作首先给被帮扶地区带来了可观的资金，如根据2012年《关于深化山海协作的八条意见》，每年沿海经济较发达县（市、区）必须落实不少于1200万元的对口帮扶资金。而且，山海协作还给被帮扶地区及被帮扶群体带来了新的致富思路和渠道，这对于脱贫也十分关键。其他对口帮扶或挂钩帮扶活动也给被帮扶地区带来了可贵的人才资源和财力资源。又如伴随着国家层面对社会力量扶贫的重视，福建省注重发动和组织企业、社会组织等社会力量扶贫，并充分利用福建省的侨务资源优势，广泛动员侨界力量扶贫。2017年省民政厅等部门出台了《关于引导和鼓励港澳台胞、海外侨胞参与慈善事业发展的意见》，将扶贫、济困作为引导和鼓励侨胞开展慈善活动的重点领域。

另外，与以往有所不同的是，此期福建省更加关注多元主体间的协调和合作，强化合力，健全大扶贫工作机制。如前所述，福建省按照中央部署对扶贫资金整合进行了安排，在精准扶贫工作大体系中也对各部门的职责进行了合理分工。在实践中多主体也时常开展协同帮扶，如2018年4月，南安市慈善总会（资助方）与南安市16家合作社和农场（受助方）、14个乡镇政府及街道办事处（监督方）签约，三方协作扶贫。项目的具体运作方式是南安市慈善总会投入100万元为合作社和农场提供金额不等的扶贫资金，帮助其做大做强；合作社和农场为贫困户提供就业岗位；各乡镇（街道）发挥监督作用，并为贫困户提供相应技术支持。

四、注重政策配套和衔接

扶贫是一项系统工程，扶贫政策之间也有着这样或那样的联系，这就要求扶贫政策配套和相互衔接。

近年来，福建省对此十分重视。如为了推进易地扶贫搬迁工作，福建省除给予贫困户搬迁补助外，各级土地管理部门对易地扶贫搬迁用地予以优先扶持。福建省“十三五”期间，每年安排扶贫重点县每县各200亩扶贫专项用地计划指标，用于保障发展特色产业、造福工程搬迁、山海协作共建产业园等用地需求。2017年还出台《关于建立城镇建设用地增加规模同吸纳农业转移人口落户数量挂钩机制的八条措施》，以保障此期福建省农业转移人口和其他常住人口在城镇落户的用地需求。其下辖龙岩市以用地政策助力精准扶贫，新增建设用地计划指标优先保障扶贫开发用地。为使迁入者安心发展，福建省还设立了集中安置区基础设施专项资金并安排易地扶贫搬迁专项贷款来加强安置区基础设施建设，为此还先后出台了《关于加强造福工程安置区服务管理工作的通知》（2016）、《福建省造福工程补助资金管理办法》（2016）等文件。此外，福建省也积极引导社会各界力量参与安置点基础设施建设。为使迁入者稳定下来，福建省还帮助搬迁群众提升就业创业能力，在全省持续开展提升农民工职业技能的“春潮行动”，落实职业培训补贴和就业扶持政策，提供免费公共就业服务，开展“一对一”就业帮扶等。可见，从搬迁前的用地支持、搬迁中的补贴，再到搬迁后的安置地建设和搬迁群体就业扶持，形成一整套连贯的政策支持体系。

又如低保与扶贫开发政策的相互衔接。要实现脱贫，单靠低保难以完成，还需要与扶贫开发政策相衔接。2010年5月，国务院扶贫办和民政部下发《关于做好农村最低生活保障制度和扶贫开发政策有效衔接扩大试点工作的意见》，试图将这两项制度衔接。但实际运行效果并不理想，在对象衔接、标准衔接、管理服务等方面没有达到预期目标。2016年10月，国务院办公厅转发民政部等部门《关于做好农村最低生活保障制度与扶贫开发政策有效衔接的指导意见》，要求加强农村低保制度和扶贫开发政策在运行机制、管理监督方面的衔接，并就二者在政策、对象、标准、管理衔接等方面做出明确指示。2017 年 9 月，国务院扶贫办和民政部进一步发出《关于进一步加强农村最低生活保障制度与扶贫开发政策有效衔接的通知》，以解决衔接中的具体问题。根据国家的安排，2009 年福建武平县被确定为农村低保和扶贫开发政策有效衔接试点县，并根据中央文件精神，制定《武平县实施农村最低生活保障制度和扶贫开发政策有效衔接试点工作方案》，明确试点工作的目标要求、实施步骤和保障措施。之后，其他地市也开始积极探索低保制度和扶贫开发政策的衔接，以形成"低保维持生存、扶贫促进发展"的新局面。2016 年民政部等部门《关于做好农村最低生活保障制度与扶贫开发政策有效衔接的指导意见》颁布后，当年 12 月福建省也出台了《福建省农村居民最低生活保障制度与扶贫开发政策有效衔接实施方案》，打算通过农村低保制度与扶贫开发政策的有效衔接，形成政策合力，确保到 2020 年现行省定扶贫标准下农村贫困人口全部脱贫。

五、治防结合，以治为主

目前福建省扶贫政策主要倾向于对贫困的治理、对贫困者的扶持，但同时一些政策措施也兼顾到贫困预防。如提升农民技能是避免农民陷入贫困的有效手段，近年来，福建省加强了新型职业农民培训，培训对象为全省从事农业生产、经营和服务的农民，包括返乡农民工、退伍军人、大学生农村创业者和农村"两后生"（农村高中、初中毕业生）等，也就是说并非专门针对贫困群体。近年来，该项培训每年超过 2 万人次。同时，福建省实行教育培训、认定管理和政策扶持"三位一体"的培育机制，制定出台了《福建省新型职业农民认定管理和扶持办法》，对符合条件者予以认定并颁发证书，并将现有的支农政策、项目资金方面向新型职业农民倾斜。这不仅有利于新型职业农民本身的创业，也有利于激发农民受训的欲望。又如在贫困地区进行基础设施建设和产业培育，对于增强贫困地区的整体发展能力、预防贫困和返贫现象也是有利的。

在健康扶贫方面，一些健康扶贫的政策兼有很大的预防性质。如近年来推行的家庭医生签约项目，签约的家庭医生服务内容十分宽泛，一些内容对于农村居民养成良好的生活和卫生习惯、预防疾病等也有裨益。如根据2017年4月连江县启动的健康扶贫、家庭医生签约项目，家庭医生医疗服务有十项：一是全面推进落实贫困户家庭医生签约服务和分级诊疗服务，每月对签约贫困户随访一次；二是免费提供基本公共卫生服务和医疗卫生计生服务；三是每年对签约家庭进行一次健康评估，提供健康管理建议；四是免费接受电话咨询，进行健康、营养、保健咨询和指导；五是提供双向转诊服务；六是便民上门服务，为慢性病、老年病等上门送药、送化验单、体检报告；七是医生接到贫困户求助电话后，必须进行就诊指导，紧急情况时提供相应紧急救助指导；八是根据实际情况，优惠提供力所能及的残疾人康复、中医药保健服务；九是对于建档立卡贫困户，协助办理门诊特殊病种、大病救助、计生奖扶、慈善救助等相关材料，协助落实医疗费用报销等相关工作；十是对于建档立卡贫困户，免费提供家庭成员一年一次较全面的健康体检。上述措施有利于减轻贫困户的医疗支出，预防贫困户因病进一步致贫。

第四章

当前福建省精准扶贫政策优化必要性和难点

第一节 当前福建省精准扶贫政策供给问题

当前福建省精准扶贫工作取得了前所未有的成效，但同时也仍然存在着个别扶贫瞄准有误、扶贫供给与扶贫需求不完全匹配、扶贫资源浪费等问题，与扶贫政策及其传递等有一定的关系。值得说明的是，这些问题并不限于福建省内存在，在全国也较为普遍，其产生缘由甚至也不仅仅是福建省的问题，与整个扶贫环境有着密切的关联，因而更有分析的必要性。

一、政策有待进一步完善

（一）受益面和受益度问题

受益面主要是受益对象问题。扶贫资源供给要与贫困人口的数量相一致，确保所有的贫困人口都享受到扶贫政策，没有遗漏也没有富余。受益度是受益程度问题，讲究的是扶贫力度，既不过大导致贫困者产生政策依赖或政府难以负担，也不太小以至于于事无补。目前，精准识别仍是精准扶贫的难题，而扶贫力度也较难把握，具体问题主要体现在以下几个方面。

1. 覆盖对象不全面

其实质仍是贫困遗漏问题，这首先是因为标准仍然偏低。如前所述，中国目前国定贫困线以 2011 年 2300 元不变价为基准进行动态调整，近年来福建省定贫困线还高于国定扶贫标准。尽管如此，福建省定标准仍然不算高，如浙江省从 2012 年起就将扶贫标准提高至 4600 元，而浙闽两省人均 GDP 相差并不是特别大，如 2018 年两省人均 GDP 分别为 14907 美元、13838 美元，位列全国第五、六名。贫困标准较低，贫困面缩小，一些生活困难群体难以完全纳入帮扶范围。尤其是一些临界贫困户的保障仍不够，他们的收入虽然高于贫困线，但与贫困线距离很近，生活也很艰苦，随时可能陷入贫困。虽然目前福建省对边缘户也有所关照，但相关救助并未制度化，各地执行差异也较大，对这部分人的保障措施还不健全。

其次是规模控制问题。由于一定时期内国家物力、财力、人力有限，因此扶贫部门对贫困人口予以规模控制，数量是既定的，各地再将指标逐级向下分解。从 2014 年开始，福建省按照县为单位、规模控制、分级负责、精准识别、动态管理的原则进行贫困识别。由于采取规模控制、层层分解的做法，难免存在部分村指标人数超出实际贫困人数，不该划入的划入了，而部分村贫困指标小于实际贫困人数，本该划入的不能划入，出现贫困人口的遗漏问题。当然，由于福建省区分了国定贫困线和省定贫困线，而且省定贫困线高于国家贫困线，这能在很大程度上扩大政策受益面，但由于国定贫困户和省定贫困户享受的待遇与政策有较大的差别，而且省里也仍然实行规模控制、层层分解的原则，因此仍然可能存在上述问题。因此，一些学者建议应该建立常态化认定机制，只设基本要求，不设名额限制，而且切实贯彻可进可退的原则，让扶贫资源发挥最大效应。

最后是城市贫困问题。目前精准扶贫侧重于农村，但城市也同样存在贫困问题，目前在城市，政府的关注面主要是“三无”人员和低保人口，一部分被排除在城镇最低生活保障线以外的城镇贫困人口就难以享受扶贫政策。但城市贫困者既无赖以生存的土地，也面对较大的贫富差距，容易产生心理失衡，从而对社会稳定构成潜在威胁。

2. 识别不精准

针对精准识别问题，福建省委、省政府多次召开全省农村贫困人口建档立卡“回头看”工作电视电话会议，要求各地对现有建档立卡贫困对象开展“回头看”，逐户逐个重新审核认定，挤出水分。对遗漏的贫困人口，通过农户申请、民主评议、“两公示一公告”、领导签字等程序重新识别确认。但是，这仍然不能完全避免识别偏差问题。实践中，识别不精准的问题仍然在福建各地程度不同地存在。

识别不精准有主客观原因，客观原因是贫困标准的问题。从操作便利上考虑，收入标准是众多国家判定贫困的主要标准，我国也不例外，但同时也参考了其他多种因素。目前，福建全省已基本完成了贫困人口的识别认定工作，并建立了以收入为主，参考家庭住房、粮食储存、劳动力状况、子女读书、生病住院等指标的贫困对象识别机制。收入方面虽然有明确的识别标准，但真实收入却难以准确测量。收入以外的其他因素由于不好测量，实践中考量较少或只是作为参考因素存在，因此仍然可能出现识别偏差。如虽然2018年底福建省民政厅出台《关于进一步做好支出型贫困家庭最低生活保障工作的通知》，开始将符合一定条件的支出型贫困家庭纳入低保范围，但目前仍限于低保范围，而且也未能做到应保尽保，因此很难保障那些因病（需长年服药）因学等硬性支出较多家庭的生活水准。

主观原因是贫困人口刻意隐瞒，而扶贫识别过程不够细致，或受人情关系影响导致出现识别偏差。由于“贫困”往往附带有各种资源，因而一些贫困对象刻意隐瞒财产，致使出现一些贫困户已脱贫但未及时退出，真正需要得到帮扶的贫困对象没有及时纳入的现象，背离了精准扶贫宗旨。同时，由于农村居民真实收入较难测量，实践中贫困识别往往出现简单化与人情化的现象，甚至一些项目还存在较为严重的“精英俘获”现象，尤其是部分贫困户因个人原因难以参与到产业扶贫和金融扶贫中来，扶贫资金大多被村里头脑灵活、有商业意识或与村干部有着紧密联系的非贫困“精英”人物获取，致使扶贫资金流入中高收入人群等。因此，一边是政府不断加大投入，一边是扶贫资金的挤占和漏出，浪费了宝贵的扶贫资源。

3. 覆盖内容不全面

由于致贫原因是多方面的，因而脱贫需求也是多方面的。2014 年《社会救助暂行办法》对此有所关注：一是强调贫困者需求导向、动态变化及兼顾发展需求；二是关注社会融入及心理慰藉；三是关注脱贫能力救助。如前所述，在福建省，近年来对贫困户的帮扶内容日趋全面，关注到农村贫困人口生产和生活的各个方面，也关注到农村贫困地区的人力资本、资源、生态、基础设施建设等各方面的问题，实即针对致贫原因和机理提供了综合性的解决方案。但归结起来，目前福建和全国一样主要还是关注贫困者的绝对贫困和相对贫困问题，也就是收入问题，至于目前一些国家开始关注的脆弱性、能力贫困、权利贫困等非物质因素，仍然关注较少。这就导致不少贫困者物质生活虽然有所改善，但在家庭照料、观念文化、个人技能等方面的改善还不够明显。此外，对特殊贫困群体的扶贫策略也还不够细致和到位，如农村老年贫困者除收入较低外，生活照料、精神空虚等方面的问题也很突出，但扶贫政策对这些仍缺乏更精细的设计。

而且，虽然现在福建省精准扶贫政策强调科技扶贫、产业扶贫，也开始关注教育扶贫，阻断贫困的代际传递，即精准扶贫政策越来越注重预防和扶贫的长效性。但从整体上看，目前政策取向上仍主要是事中、事后干预，事前预防较少。如在健康扶贫方面，重在减轻贫困户的医疗负担，在预防方面做得还不够，也较少发挥贫困群体自身的参与作用。个别地方在这方面做了一些努力，如 2018 年厦门市决定为 65 岁以上老年人建立健康档案，每年一次免费体检，并做好老年人心脑血管疾病、癌症等慢性病综合干预和防治工作。这种做法，不仅可以降低贫困风险，而且可以大大节省医疗资源。近年来的家庭医生签约也有同样的效果，但其实践效果仍有待进一步观察。

此外，在扶贫政策背后，向贫困户和贫困地区提供的资源更多的是经济支持，未能将经济支持与非经济支持有效结合，通过综合运用经济、科技、服务、思想教育等手段获得整体和可持续效果，进而实现标本兼治。

4. *受益程度有限*

一些政策因资源投入有限，导致受益程度有限。典型如贫困标准不高，贫困线和城乡居民年人均收入之间存在较大的差距。即便是已经脱贫的人口，其生活仍然可能比较艰苦。

之前，“两线不一”的问题也备受争议。“两线”是指低保线和贫困线，以前由于扶贫由国务院扶贫办主管，低保由民政部主管，两者各有其认定和管理体系，因而两者并未有效衔接。长期以来，农村低保线低于贫困线，如 2016 年泉州安溪、永春、德化三县农村低保标准为每月 295 元（含）以上，低于当年泉州市定贫困标准 4705 元（每月 392 元）。这就导致有些群众明明是贫困户，却享受不了低保。这种现象在 2018 年后有所转变，这年 4 月民政部印发《关于推进深度贫困地区民政领域脱贫攻坚工作的意见》，要求各地农村低保标准不低于国家扶贫标准。同年 7 月，泉州市民政局调整低保标准，各地城乡低保水平均高于市定贫困线 4992 元（每月 416 元）。

而且，虽然整体上福建省扶贫瞄准机制愈益精准，但不同类型扶贫资源的使用在瞄准上仍有较大的差异性。如公共基础设施的支出对于贫困人口不会特别青睐；一些项目因为设置有捆绑条件等往往不能覆盖贫困群体的大多数，如部分贫困户因负担不起到户项目（如水窖、沼气、危房改造、移民搬迁等）配套资金而享受不到相关扶持政策等。

5. *差别待遇问题*

差别待遇影响到若干群体的受益程度。为了解决贫困集中区域的贫困问题，目前福建省乃至全国的精准扶贫工作均是有重点、有选择地进行的，近年来全省重点帮扶23个省级扶贫开发工作重点县，2201个建档立卡贫困村，并对少数民族地区、革命老区等有所倾斜。在扶贫资源有限的情况下，这种扶贫战略可以解决大面积的贫困或相对贫困问题，因而是合理的，但也必然会使一些非重点县、非重点村贫困对象的帮扶工作受到影响。实践中，这部分贫困人口难以和重点县、重点村贫困人口享受同等待遇。如一些产业扶贫项目倾向于重点贫困县、贫困村，非贫困村的项目立项比较困难，而且贫困村和非贫困村在基础设施建设方面存在较大的差别，很多改善民生的基础建设都是优先保障贫困村，挂钩帮扶也主要是针对重点县、重点村。这样，非重点贫困县和贫困村里贫困人口的帮扶就难以得到有效保障。

类似的还有城乡低保标准差距问题，虽然近年来自上而下都在强调“城乡一体化”，但显然这一进程不会一步到位。普遍而言，早年各地城市低保标准高于同地区农村低保标准，一些地方的差距还较大。如龙岩市2016年各县（市、区）农村低保标准为家庭年人均收入不低于2650元（月均221元），而根据2016年《龙岩市人民政府关于进一步提高城市低保标准的通知》，从当年7月1日起，新罗区城市低保标准提高至567元，永定区、上杭县、漳平市为517元，武平县、长汀县、连城县为475元。[①] 应该说，城市由于物价水平一般高于农村，加之没有土地可供生产，生活消费支出较大，且还有一些农村所没有的固定支出（如物业管理费等），因此城市低保标准高于农村是合理的。但另一方面，由于农村公共基础设施（如公共交通）和教育资源投入不如城市，可能导致农村居民交通、义务教育等支出较多，加上农村居民观念相对保守，一些民俗消费和人情消费的支出也是居高不下，因此城乡低保差距也不宜过大。对此，2017年福建省《关于进一步增强低保制度惠民实效六项措施的通知》要求，到2018年力争各地农村低保标准达到当地城市低保标准

① 《龙岩市人民政府关于进一步提高城市低保标准的通知》，2016-10-12，http：//xwb.longyan. gov. cn/flfg/201612/t20161216_ 662124. htm

70%以上，所有市辖区全部实现城乡低保标准一体化，全省实现城乡一体化的县（市、区）达到40%以上。这一规定对于推进城乡低保一体化进程大有裨益。

（二）针对性和适用性问题

针对性强调对症下药，有的放矢，这也是精准扶贫的基本要求。目前而言，由于对贫困区域、贫困人口致贫原因和扶贫需求的全面考察与精致分析尚不完全到位，导致个别精准扶贫政策和举措针对性不够强。如对于那些因懒致贫的贫困对象，需要摒弃简单送钱送物的不可持续帮扶方式，通过入户教育、舆论宣传、算账对比等方式，引导和督促其通过发展生产、就业创业，实现增收脱贫。而目前一些地方对贫困对象仍缺乏更细致的分类。

一些扶贫政策与贫困户需求仍然存在一定的矛盾。如造福工程是近年来福建省政府精准扶贫的主导项目，主要通过对自然条件恶劣地区贫困人口的搬迁安置，改善其发展环境、拔除穷根来脱贫。但这些群众自我搬迁能力较弱，而政府的补贴资金有限，大部分搬迁费用还得自己出，这就势必挤占他们的生产生活投入。而且许多安置地距其原居地较远，农业生产不方便，一些贫困户又没有其他的谋生技能，这也可能使贫困户不愿搬迁，尤其对于那些首要考虑当前的生活问题，而不是居住条件和长远发展环境问题的贫困者而言更是如此。即便搬迁，也可能造成原居住地耕地抛荒，而贫困户又面临新的就业发展问题。又如小额信贷，为了有效防范风险，其贷款机制可能会与扶贫理念发生冲突。目前福建省农村小额信贷期限三年，贴息政策享受年限为两年，到期后要偿还利息。由于福建省农户小额信贷多用于农业与林业，以水产养殖和果物种植为主，前期投入较大，生长周期较长，不能立即取得资金回报。因此，当前福建小额信贷的周期要求与农业生产规律不符合，导致农户无法做长远投资，难以实现产业扶贫的初衷。

个别扶贫项目也存在供需不匹配问题，即扶贫项目与贫困群体的实际需求存在着差距。如一些贫困地区的扶贫项目主要集中在基础设施建设方面，主要是修建道路、发展饮水工程、建设文化广场等，忽视了农村贫困人口人力资源的开发，没有解决产业发展、村民增收的难题。即便是直接针对贫困人口的产业扶贫项目，由于各地在项目设计时一定程度上存在着跟风现象，导致一些扶贫项目设计不够结合农村实际，最终只能搁浅。比如在泉州，2017 年各级财政专项扶贫资金结转结余 703.33 万元，结转结余率 1.4%（省里规定 8%）。这些资金结转结余主要是省级产业扶贫专项资金（全年共投入 1587 万元），主要原因是部分贫困户没有或缺乏劳动力，无法发展产业项目。同年仙游县省级财政专项产业扶贫发展资金共投入 921 万元，结余 226 万余元①，结余率高达 24.5%。可见，目前省级专项扶贫资金拨付的针对性还有待进一步加强，尤其应该加强与项目的直接对应。

适用性也有对症下药的意思，但更强调其实效，也即更多地从结果来观察。目前，一些扶贫政策可能存在目标偏离，如小额信贷就有这种可能。农村信用社及农业银行的国家贴息小额贷款，由于优惠力度大、使用成本低，存在被企业或大户占用、政策的可持续性难以保障的问题。以精准扶贫“特惠贷”为例，该项金融扶贫政策优惠力度大，为建档立卡贫困农户提供 5 万元以下、3 年期以内，免担保、免抵押、由财政贴息支持的贷款。其设计意图是只要有劳动能力、有脱贫愿意，通过贷款选择合适的产业项目就能脱贫。但由于一些贫困者一时之间找不到合适的预期收益大的项目，加之资金使用成本低，因而一些地方就出现了一些企业以贫困户的名义获得贷款，最大的获益者变成了企业。虽然 2017 年 7 月中国银监会等部委联合印发《关于促进扶贫小额信贷健康发展的通知》，禁止将扶贫小额信贷以入股分红、转贷、指标交换等交由企业使用，但实践中难以完全查证。这种“户贷企用”的现象，改变了扶贫贷款的使用用途，违背了扶贫小额信贷政策的初衷。倘若企业经营出现危机，也将衍生出不可控的金融风险。当然，我们不能因噎废食，而是应

---

① 《仙游县农业局关于收回部分财政专项扶贫结余资金的通知》，2018 - 06 - 06，http：//www.xianyou.gov.cn/xnyj/xxgk/fpkfzl/201807/t20180703_ 1185395.htm

该研究如何堵住漏洞，完善设计。类似的还有贫困户搬迁补助，目前福建省制定了国定贫困人口搬迁每人补助2.5万元、省定贫困人口搬迁每人补助1万元、非贫困人口搬迁每人补助0.3万元的差异化补助政策。由于国定贫困标准更低，这种差异化补助政策是合理的，但即便如此，贫困户仍然可能无法承担日益上涨的建房买房价格，最终可能导致非贫困户受益。调研中发现，许多搬迁户虽然也是高山、偏僻的贫困村，但多是原居住村中经济条件相对较好的农户。对于他们而言，即使政府不给补贴他们也会搬迁。而那些真正的贫困户，由于经济条件差，政府补助资金有限，即使政府提供贷款也要考虑偿还问题，最终出现“搬富不搬穷”的现象。

一些政策设计对实际困难缺乏足够考虑，因而也出现适应性问题。如近年来自上而下都倡导参与式扶贫，让贫困者参与扶贫的全过程，但同时却缺乏对贫困者参与能力和精力的同步关注。一些因病、因学、残疾等贫困者可能因时间或身体原因无法持续性地参与扶贫设计，视野、见识或政策了解程度也限制了其参与能力，最终扶贫事项基本上仍是村干部和村精英们做主。而且大部分农民监督意识和维权意识薄弱，即便遇到侵犯其合法权益的事情，也不懂得如何维护自身的合法利益，更多的村民基于“多一事不如少一事”“民不与官斗”的思想而忍气吞声。因此，贫困户的参与权利实践中未能得到有效保障。又如行业帮扶，调动行业优势、行业资源来扶贫，初衷是好的，但受制于行业性质，其帮扶往往也受到限制。比如一些行业本身工作就很繁忙或者属于特殊行业，如医生、警察等群体，对其所负责的帮扶对象常常给予物资帮助，造血性帮扶不足。

一些政策在具体实施时出现了不适用的问题。如“雨露计划”，作为精准帮扶的重点措施，其针对性和立意都很好，各地也一再强调要充分尊重农民的学习特点和规律，改进培训形式，确保培训质量。但实践中各地在具体实施时仍程度不同地出现了培训内容、方式的不适用性问题。又如目前福建省乡村文化扶贫的供给与需求在某些地方也存在不太协调的地方，主要是扶贫的内容和形式还需要进一步适应贫困群众的需求。虽然近年来福建省各级政府坚持文化投入重心下移，农家书屋或文化场馆也不断出现，但贫困地区文化设施不足、文化物资配备不齐的情况并未完全改观，尤其是提供的文化产品和服务宣传性较强，不够接地气，针对留守村民（老人、妇女、小孩以及病人、残疾人等）的科技知识、医疗卫生知识、环保生活知识、体育健身器材等内容供给不足，文化扶贫"适销对路"问题仍然存在。

（三）稳定性和可持续问题

扶贫实践中的政策调适，意在纠正政策执行偏差，解决贫困治理中的难题。如为纠正盲目搬迁及"两头占"现象，2018 年 9 月，福建省扶贫办下发《关于报送 2019 年造福工程易地扶贫搬迁计划和集中安置区建设计划需求的通知》，严禁将居住在行政村和集镇等条件较好地方的农户纳入搬迁对象范围，并进一步明确了搬迁的具体要求，要求所有搬迁对象必须签订旧房拆除协议，杜绝农村住宅"两头占"现象。可见，为了解决扶贫实践中出现的种种问题，政策调整不可避免。

目前福建省一些政策变动较为频繁，典型如小额信贷政策，2016 年 4 月《福建省扶贫小额信贷资金管理办法》印发，原 2014 年 9 月《福建省扶贫小额信贷资金管理暂行办法》废止；2017 年 6 月《福建省扶贫小额信贷资金管理办法》印发，2016 年 4 月《福建省扶贫小额信贷资金管理办法》文件废止。福建省小额信贷资金管理政策的调整与国家层面要求进一步规范和完善扶贫小额信贷管理有直接的关联，同时也是省内扶贫实践及小额信贷政策自我完善的需要。如扶贫小额贷款资金主要用于发展家庭种植业、养殖业、简单加工业及购置小型农机具等，对于暂时没有合适投资渠道的贫困户，早年当地政府会鼓励引导贫困户，将信贷资金委托给本村农业合作经济组织和其他涉农企业投资经营，贫困户享受保本和固定分红的权益。因此，2014 年福建省制定的《福建省扶贫小额信贷资金管理办法》，将省级扶贫小额信贷资金的贴息对象和使用范围确定为：建档立卡贫困户、低于本县（市、区）上年度农民人均纯收入

60%的低收入农户以及能够带动贫困户发展的农业专业大户、家庭农场、农民合作社。2017 年 7 月，中国银监会、财政部等国家五部委联合印发《关于促进扶贫小额信贷健康发展的通知》，强调扶贫小额信贷要用于发展种植业、养殖业及第二、三产业，提高贫困户脱贫内生发展动力，禁止将扶贫小额信贷以入股分红、转贷、指标交换等交由企业使用，坚持“户贷、户用、户还”。原本支持贫困农户创业的资金转贷给了非贫困组织，贫困农户仅享受了微薄的红利，这对于并不充裕的扶贫资源而言有些浪费。而且由于此项贷款是针对有劳动能力的贫困户，无劳动能力的贫困者就难以享受这种红利，这显然又有失公平，因而需要调整。事实上，此前一个月修订后的《福建省扶贫小额信贷资金管理办法》就规定：扶贫小额信贷是为建档立卡贫困户量身定制的金融精准扶贫产品，扶持对象仅限两类人群：一是建档立卡扶贫开发对象，二是民政农村低保对象，包括每年新增的建档立卡扶贫对象或返贫家庭。同时，新规定严格了贷款条件，即扶持对象应达到法定贷款年龄、信用良好、有劳动能力、有贷款意愿、有就业创业潜质、技能素质和一定还款能力；且贷款资金要精准用于贫困户发展生产或能有效带动贫困户致富脱贫的特色优势产业，不能用于建房、理财、购置家庭用品等非生产性支出等。上述修正显然有利于更精准、高效地使用有限的扶贫资金，同时又能在一定程度上防范金融风险。不仅如此，2019 年 7 月中国银保监会等部门出台了《关于进一步规范和完善扶贫小额信贷管理的通知》，明确扶贫小额信贷主要支持建档立卡贫困户（含已脱贫的贫困户）。并提出在脱贫攻坚期内，在符合有关条件的前提下，银行机构可为贫困户办理贷款续贷或展期；在已经还清扶贫小额贷款和符合再次贷款条件的前提下，银行机构可向贫困户多次发放扶贫小额信贷。通知同时明确要求扶贫小额信贷精准用于贫困户发展生产，不能用于结婚、建房、理财、购置家庭用品等非生产性支出，更不能集中用于政府融资平台、生产经营企业等。今后，福建省小额信贷的相关规定可能还会进一步修正。总之，由于当前适应我国国情和福建省情的可供借鉴的成功扶贫经验不多，许多做法需要在实践当中不断摸索，这就必然会导致相关政策变动较为频繁。

但是政策调适在推动基层贫困治理的同时，也因政策变动频繁使扶贫干部和贫困对象不适应，甚至给他们带来一些困扰。如对于扶贫干部来说，很多工作刚刚落实，但因为政策变动，需要重新整改。因此，政策调适也需要把握好度，需要处理好政策的灵活性和政策的连贯性之间的问题。

一些政策在调整的过程中还会引发一些矛盾。如造福工程的补助标准和补助对象变动较为频繁，导致在实际操作过程中容易出现偏差。如2016 年福建省易地扶贫搬迁工作，由于国家政策到 2016 年底才逐步明朗，而造福工程建设时间紧、任务重，福建省部分地方将居住在危旧房的建档立卡贫困户就地就近新建住房纳入易地扶贫搬迁补助范围。2016年底，国家发改委对福建省进行专项稽查后，提出不允许将就近就地新建的贫困户纳入易地扶贫搬迁补助对象。虽然之后福建省按照国家发改委要求进行全面整改，已经补助的贫困户资金不收回，由当地财政自筹资金解决，但这可能会造成之后政府“坐等政策”及其他束手束脚的行为。

持续性问题关注的是政策能否得到连续执行的问题。应该说，近年来福建省自上而下均十分注重扶贫长效机制的问题，关注政策的持续性。“脱贫不脱政策”也得到制度上的保障，如 2015 年 11 月国务院《关于打赢脱贫攻坚战的决定》规定：重点县退出后，“在攻坚期内国家原有扶贫政策保持不变”。这一规定是为了解决贫困户脱贫后不能继续享受扶贫政策而出现返贫的现象。同月，泉州市委办公室、市政府办公室《关于深化精准扶贫工作的通知》也提出在 2017 年全市全面脱贫后，相关政策继续延伸到 2020 年，用于巩固发展成效。其他政策而言，近年来由于政府成本意识和绩效意识有所提升，不断强调扶贫资金监管和扶贫绩效考核，因而持续性问题也得到一定程度的保障。

但实践中，一些政策的可持续性问题仍然存在，如一些政策重政治效益轻经济效益导致政策持续性问题。毫无疑问，扶贫工作既有其经济意义，也具有一定的政治意义。也因此，自上而下政府对财政扶贫资金关注的重点在资金的发放和使用上，考虑资金的成本效益倒在其次。例如根据2017年12月福建省财政厅、省扶贫办公布的《财政专项扶贫资金绩效评价指标评分表》，资金投入8分，资金拨付10分，资金监管20分，资金使用成效62分，这一分值设定表明政府是关注资金使用成效的。但在“资金使用成效”的子指标体系中，年度资金结转结余率12分，资金统筹整合使用成效20分，贫困人口减少15分，精准使用15分。由于贫困人口减少是一个长期的过程，非一年半载能彻底实现，因此这种安排有其合理性，但也表明目前关注的焦点仍在资金的发放和使用方面。

正因为关注扶贫的政治意义，一些扶贫政策在实践中容易出现难以推广问题。如农村金融扶贫除政府推动的外，市场主体参与积极性仍然不强。这是因为贫困主体抵押能力和还贷能力均不强，不是理想的放贷主体，农村信用贷款机构作为经济组织，遵循的是信用贷款发展的基本规律，追求的是经济利益和风险管理，倘若只注重其社会效益，一味强调扶贫性，就会加大放贷机构的经营风险甚至可能导致难以正常运转，同时可能助长贫困户的低还贷率，增加信用贷款的运转成本，最终影响到商业银行扶贫的热情。这在当前市场主体社会责任意识尚不强烈的情况下尤其如此。

类似的还有对贫困对象缺少责任上的制约。近年来，虽然自上而下开始探索激励性扶贫的运作方式，也制定了奖励先进和末位淘汰的办法，定期跟踪考核帮扶对象。这种竞争性的激励模式，增强了贫困对象的主体意识和竞争意识。但就全省层面而言，这种方式并不普遍，各地从实现扶贫目标出发，对贫困对象接受扶贫资源除“专款专用”“户借户还”外并无太多的制约，最终可能导致扶贫资源的低效使用，相关政策难以持续。对于贫困县也是如此，这包括近年来试验区三县地方公益性债务的处理问题等。

社会力量扶贫和市场扶贫的一些具体举措，尤其是一次性捐赠，就其性质而言，本就属于临时扶贫，谈不上持续性。对企业而言，理论上也存在着市场主体的短视与扶贫脱贫的持久性的矛盾。市场主体参与扶贫的主要动力是为了追求经济利益，而脱贫攻坚非一朝一夕所能完成，这可能造成市场主体因为各种主客观因素撤出贫困地区。如有些合作扶贫项目需要较长时间才能产生出较好的经济效益，但市场主体的短视性特征，决定了它可能在前期大量投入而短期内无法得到合理回报之时，选择终止合作或者撤离项目。当然，市场主体如发现其他地区有更好的发展机会也可能选择转移产业，中止扶贫合作。此外，企业自身经营状况也会影响到扶贫合作的稳定性。因此，健全扶贫开发的长效机制仍是一大难题。

还有一些是政策效果的持续性问题。应该说，近年来福建省教育扶贫、产业扶贫等扶贫举措专注于长效扶贫，甚至一些基础设施的建设也有此效果。但与此同时，也有一些地区重视完成扶贫攻坚目标，忽视贫困地区的可持续发展，在发展过程中忽视环境保护及贫困人口的人力资本投入，脱贫人口虽然拥有基本的生活条件，但抵御风险的能力较低，自主发展能力不强，加大了贫困户返贫的比例。

总之，扶贫是一场持久战，要求建立长效扶贫机制，相关政策既要满足扶贫开发形势的新变化和贫困群体的新需求，又要保证政策的相对稳定性和可持续性。

（四）操作性和创新性问题

政策的操作性问题容易导致选择性执行或执行效果不佳的结果，往往是由弹性指标引起，在实际操作过程中难以量化或标准化，可操作性差；或者是一些难以考核或者不被考核的政策，也就是说，即使基层执行者没有执行这些政策也不会被处分，这可能会导致政策执行效果不佳的现象。

应该说，福建省在出台相关政策时，比较关注政策的可操作性。一些政策对此还有所强调，如省民政厅 2018 年出台的《关于进一步做好支出型贫困家庭最低生活保障工作的通知》提出：在不违背政策精神的前提下，可结合当地实际，研究制定具体配套政策，进一步细化完善支出型贫困家庭入保条件及相关工作规程，提高政策实施的精准性和可操作性。一些政策一开始就以指导意见的形式出台，如 2011 年福建省委、省政府《关于加快推进“十二五”时期“造福工程”的指导意见》，在实施步骤方面提出要细化方案，市、县（区）、乡（镇）政府要根据搬迁规划，区分搬迁安置对象的不同类型，制订具体实施方案，明确补助标准、安置方式、过渡办法和组织实施措施等内容。此外，就政策本身发展规律而言，一般而言，考虑到各地的差异性，国家政策重统筹、重原则，基层政策重操作、重执行，也即自上而下政策操作性层层递增。

尽管如此，一些政策仍然缺乏足够的操作性。这首先是因为一些政策缺乏配套措施，操作性不够强。如《中国农村扶贫开发纲要（2011—2020）》提出加强引导，更新观念，充分发挥贫困地区，扶贫对象的主动性和创造性，尊重扶贫对象的主体地位，提高其自我管理水平和发展能力，立足自身实现脱贫致富等内容。但这一参与式扶贫的要求目前在各地并没有具体、严格的配套政策措施，因而至今福建省扶贫事业中，贫困户和贫困人口参与仍不够。一些扶贫干部认为，贫困农户的教育程度低，政治素养不高，参与的意义不大，因而先入为主地为贫困者做主，剥夺了贫困者的知情权、话语权、监督权，包揽了扶贫资源的分配和管理。一些地方虽然进行了一定形式和程度上的参与，但根据部分学者的考察，很多也流于形式，贫困户本该享有的知情权和选择权并未真正实现。总之，如何找到符合乡村特色的参与式扶贫手段，形成“自上而下”与“自下而上”相结合的政策决策机制，激发扶贫对象的主动性和主体性，仍是精准扶贫政策实施的重要挑战。

其次是由于各地经济发展情况和贫困情况差异较大，一些政策难以统一。如脱贫标准问题，多元体系下难以制定一个完全量化的标准体系，以至于实践中在统计贫困人口时存在难度。依照目前的标准，在实际统计过程中发现农民收入不固定，支出核定复杂，统计困难；在民主推荐过程中，也存在着打关系牌、人情牌的现象，评价难；在退出时，“两不愁，三保障”的扶贫考核需要定性和定量相结合，不好把握。

再次是对实际情况缺乏足够的估计，导致一些政策不好操作。如在造福搬迁工作中，相关政策对“二女结扎”户，老人与儿女分户等情况能否享受政策就缺乏明确解释；又如产业扶贫是当前长效扶贫的重要手段，但现实中产业扶贫也存在种种障碍：一是贫困地区资源挖掘不够。如一些贫困地区林业资源丰富，但生长周期长，对当地产业发展贡献不突出，扶贫效果也十分有限。二是即便有好的产业也很难找到合适的从业者。现在农村贫困地区青壮劳力大多外出务工，回乡创业的很少，留守人员多为老弱病残和妇女儿童，受教育程度偏低，观念陈旧，经营能力较低。因此产业扶贫项目多为当地农业企业承接，扶贫效果不佳。

而创新性强调的是政策的与时俱进，要求其与实际需要相匹配。福建省较早开始扶贫开发，实践中也积累了不少成功的扶贫经验。但形势在变，政策也需要与时俱进，否则就会因为缺乏创新而影响到政策效果。如近年来，福建省农村金融创新很多，包括林权抵押、海域权抵押、农户联保、村级担保基金等，但这些农村金融产品的创新重在规避风险，强调担保与抵押，难以大范围推广，导致现实中针对贫困户的金融扶贫产品较为单调，不能满足贫困户多样化需求。类似的还有产业扶贫，一些项目因缺乏创新导致产业竞争激烈。如 2017 年泉州市下达村集体经济创收项目补助资金 1000 万元，在受补助的 51 个村中，除泉港区南埔镇肖厝村自建店铺（6 间）补助 12 万元外，其余均是光伏发电项目。产业同质化现象严重。

一些政策因缺乏新的思维导致扶贫效果打了折扣。如目前扶贫政策对贫困者脱贫意愿的激励仍然不够，纯粹的政策或资金补贴可能使贫困人口习惯于接受政府补助，不思进取，导致惯性贫困。这就需要在制度设计上向有劳动能力的贫困人口传递一种信号：支持勤劳致富，兜底帮扶只保障最基本生活。同时要完善相关扶贫政策，通过对贫困者的义务设定及引入竞争性机制，形成一种“多干多支持，少干少支持”的政策安排，调动贫困人口的脱贫积极性和主动性。具体的扶贫政策，如由于易地搬迁成本较高，部分家庭经济特别困难的家庭仍然无法实现搬迁，而且随着大部分人的搬迁，原有的村庄住户减少，基础设施建设重心转移到新村，旧村的居住条件更差，留守村民生活将更加困难。这种现象需要在后期政策中加以关注。类似的如近年来受城市化成本上升或需要照顾家庭等因素影响，农民工更倾向于在本地就业，然而由于本地就业容纳量有限，转移就业政策难以完全实现。

（五）配套性和系统性问题

由于精准扶贫牵涉到不同层级的众多相关部门，而各层级各部门一般独立运作，且有其独立的政策和文件，这就可能产生政策衔接问题。如 2016 年中央一号文件提出要“加快培育新型职业农民”，文件还要求对培育过的职业农民再开展继续教育培训，以更新知识。但根据福建省 2016 年《福建省农村劳动力培训资金管理办法（试行）》，“同一培训对象三年内不得同专业重复培训”。2017 年修订之后，改为“同一培训对象两年内不得同专业重复培训”。此规定主要是为了扩大受益面，同时也考虑到知识更新换代需要一定的时间，因而这种规定也是合理的。但由于中央文件对间隔等并无具体规定，因而容易招致一些人的误解。总之，中央政策与地方政策的衔接与配套十分重要。

配套性问题还体现在执行机构和执行基础条件的不足上。如从金融扶贫来看，农村信用合作社是福建全省唯一一家实现全覆盖的银行机构，而且农信社已经为福建省数十万有劳动能力的贫困户建立了信用档案，其他金融机构则还不具备这种能量，因此参与也较为有限。从贫困农户来看，根据 2016 年《福建省扶贫小额信贷资金管理办法》，农户可以获得不超过 5 万元的无担保贴息贷款，超过 5 万元则需要提供抵押品。对于贫困户而言，可供抵押的主要就是房产和土地使用权了。为此，2015 年国务院发布《并于开展承包土地的经营权和农民住房财产权抵押贷款试点的指导意见》，要求各地做好农村承包土地的经营权和农民住房财产权抵押贷款试点工作。2015 年 12 月，福建省漳浦、建瓯等 10 个县（市）成为全国农村承包土地的经营权抵押贷款试点县（市），但这毕竟只是试点，实践中也存在着土地确权等问题。事实上，目前福建省大部分县域尚未建立针对农村“三权”的资产评估和流转的平台与机制，相关贷款业务推进缓慢。

扶贫举措的系统性也还存在一些问题，如《福建省扶贫开发领导小组办公室转发关于做好全国2016年扶贫对象动态调整和建档立卡信息采集录入工作的通知》（2016）将致贫原因分为主要致贫原因和其他致贫原因，主要致贫原因包括因病、因残、因学、因灾、缺土地、缺水、缺技术、缺劳动力、缺资金、交通条件落后、自身发展动力不足，该选项为单选；其他致贫原因除这些原因外，还包括因婚等，此选项最多选两项。选项的设定有利于集中资源解决当前最为关键的致贫问题，但由于贫困原因往往是多方面的，一些因素相互影响，且因果关系不好确定。因此这又势必影响扶贫举措的系统性。

（六）其他问题

政策不平衡问题。一些贫困县制定了专门的产业扶贫规划，如宁德屏南县根据每个村庄的自然条件和文化资源，有针对性地规划，保证每个村庄有其特色的文化创意产业；一些地区则没有县、镇的详细规划，实践中容易因为缺少统筹规划而出现盲目发展、产业雷同及产业链不完整等现象；一些地方虽然有扶贫规划，但缺少具体的制度设计，尤其是对各方权责利缺乏明确的规定，实践中容易发生扯皮现象，影响扶贫进程和实效。当然，由于各地财力不同，扶贫财政投入也不相同。

政策的权威性问题。如我国目前针对农村小额信贷的主要是管理办法和指导意见，福建省也是如此，主要是《关于践行普惠金融提升服务三农水平的指导意见》（2014）、《福建省扶贫小额信贷资金管理暂行办法》等。这些指导意见或暂行办法法律效力低，缺乏足够的强制性，而且变动频繁，权威性受到影响。

政策执行的滞后性问题。在精准扶贫领域，目前主要政策由顶层设计，而后自上而下具体化和贯彻执行。但这些顶层设计方案要真正落地，还需要各地相关政策的关联配合，堵塞制度漏洞，杜绝制度间的矛盾冲突。由于地区间发展差异和社会政策执行能力不一，导致政策的真正实施有先有后，参差不齐，一些精准扶贫政策未能在一些地方及时发挥作用。

此外，一些政策因缺乏对贫困者或贫困地区的全面关怀而显得不尽完美。如近年来，经过政府、社会和学校等方面的努力，各地对贫困学生基本建立了一套比较完善的资助机制。但在资助时，对贫困学生的人文关怀不够，如在一些助学座谈会上，让受助大学生一一介绍各自的家庭情况，还辅之拍照登报，这对他们而言可能是一种伤害。倘若能让贫困学生在保留自尊、自信且没有负担的环境下感受到来自政府和社会的关爱，更有利于他们的健康成长。但显然，这方面关注较少。又如现在少数民族地区易地扶贫搬迁，对如何保护和传承少数民族文化问题也考虑得不够。

二、政策传递机制有待进一步健全

政策能否有效落实，还与政策传递机制的健全与否密不可分。目前，福建省精准扶贫政策传递机制仍然存在不够完善的地方，影响到扶贫政策的精准传递和有效利用。

1. 个别政策传递不到位、不及时

应该说，自开始扶贫，福建省就一直通过各种渠道加强对扶贫工作重要性、必要性及扶贫政策和措施的宣传，使贫困者懂得利用现有政策脱贫，同时提高全社会扶贫意识。但实践中个别地方政策宣传工作仍然存在着针对性不强、宣传方式较为单一、宣传走过场等现象，致使一些贫困群体甚至部分扶贫干部对相关政策仍然不够了解，从而出现政策传递不到位的现象。

政策传递不到位首先是政策宣传不到位，如金融扶贫领域，根据学界对 2015 年南平 5 个贫困县 300 户贫困户的金融需求问卷抽样调查，30%以上贫困户认为扶贫贷款是政府救济、无偿援助，50%以上对扶贫贷款的用途选填“基本消费支出”或“不知道”。[1] 可见，贫困地区的一些农民对于金融扶贫政策和金融知识了解甚少。这种状况与金融扶贫较为专业，普通民众对之接触较少，而扶贫人员对金融扶贫相关政策入户宣传较少均有一定的关系。至今仍有部分农民将小额信贷视为国家无偿提供的扶贫基金，抱着“不拿白不拿”的心态贸然贷款，最终无力偿还；部分农民对该政策则抱有畏惧心理，宁愿选择民间借贷，以致扶贫政策享受不完全；部分农民随意将其转予他人，到还款时双方互相推诿，责任难分。对金融扶贫政策的一知半解，以及基本金融知识的缺乏，造成扶贫贷款未能完全发挥其扶贫功效。政策宣传不到位的现象也表现在生态扶贫领域。农村居民是生态扶贫的主体和受益者，但同时，他们也可能是生态环境的破坏者。当前，由于缺乏对环保政策和环保知识的充分了解，以及由于逐利心理，过度砍伐、生活污染等现象也在一些地方存在，并对生态环境造成了一定的破坏，进而影响到生态扶贫的实效。因此，相关部门要加大宣传力度，从农村居民切身利益出发进行宣传，杜绝破坏自然资源的“短视型”生活方式，引导他们自觉自愿参与到环境保护中去，形成与自然和谐相处的生产、生活方式。

甚至一些扶贫干部对扶贫政策也理解不透彻，这表明相关政策在扶贫干部中的宣传和理解仍然不到位。如福建省民政厅先后下发了《关于进一步加强重病重残困难居民最低生活保障工作的通知》（2016）和《关于进一步增强低保制度惠民实效六项措施的通知》（2017），规定符合条件的重病患者、重度残疾人（含精神、智力三级残疾）可单独申请低保，从而对“支出型”贫困家庭入保政策进行探索。但根据学界调研，部分基层干部对政策理解不一，审核审批时仍然存在着只看收入不看支出的现象。基于此，2018 年底省民政厅出台《关于进一步做好支出型贫困家庭最低生活保障工作的通知》，对支出型贫困家庭做出界定，并明确支出型贫困家庭的入保对象范围和保障标准。又如由于包括福建在内的一些

① 龚霖丹、刘相龙、骆劲颖：《银行精准扶贫效率评价及影响因素研究——以福建南平为例》，《金融监管研究》2017 年第 1 期，第 107 页。

省份对中央相关政策的理解不够到位，各地出现了扶贫成效“一票否决”以及纷纷要求下属县市签订脱贫责任书的做法。2019 年 11 月，国务院扶贫办专门发出《关于全面清理规范“一票否决”和签订责任状事项的公告》，强调：国务院扶贫办未设立“一票否决”事项；2020 年不再组织签订《脱贫责任书》；2020 年继续组织签订《扶贫协作协议》和《定点扶贫责任书》。

一些扶贫政策虽然宣传了，但宣传不及时也会影响到扶贫效果。如部分精准扶贫政策需要符合一定程序才能享受，如果事前未做好相关宣传指导工作，就会因贻误时机而最终无法享受相关政策。如建房补助政策须在实施前申请、实施后验收合格才给予补助，如果等贫困户建房后才知晓政策就无法享受，个别地方就存在这种问题。

此外，政策传递不及时也包括政策配套资源的不及时，如资金滞后性问题。目前福建省各级财政扶贫资金大都能按时划拨，一些甚至还提前下达，但也有一些资金发放不太及时。如一些地区前面一年的低保安居房装修补助资金是在次年下拨。在专项督查时，也发现一些地方山海协作对口帮扶资金尚未完全按时拨付的现象。另基层乡镇资金拨付较慢，部分乡镇在产业帮扶资金分配中，将本应用于项目事前事中扶持资金变成事后奖励性补助，没有真正发挥扶贫资金的杠杆作用。

2. 部门协同机制仍有待完善

2015 年《中共中央国务院关于打赢脱贫攻坚战的决定》要求市（地）党委和政府要做好上下衔接、域内协调、督促检查工作；并要求创新扶贫资源使用方式，由多头分散向统筹集中转变。但政府主导的扶贫模式本身有其固有局限性，由于从中央到基层都有专门的扶贫机构和人员，同时还有其他相关部门参与扶贫。这种部门多、层级多和人员多的状况决定了从政策制定到落实需要走很多环节和程序，不仅影响政策传递速度，而且容易造成政策落地出现偏差。此外，相对独立的部门有其自身的利益考虑，目标难以达成一致，行动迟缓。

就福建省而言，近年来各扶贫部门协同扶贫机制有了较大的改进，各部门联合出台扶贫政策，协同监督检查，甚至携手帮扶的现象愈益明显，近年来还进行扶贫资源整合的试点工作，进展明显。当然，实践中由于扶贫项目通常由不同的部门管理，这种以职能和部门为导向的分工体系使公共服务资源配置相对分散，整合起来有一定的难度。典型如扶贫部门和民政部门的扶贫协同问题，扶贫部门和民政部门均有各自的贫困信息系统，原则上是没有劳动能力的贫困户由民政扶持纳入低保，而有劳动能力的则通过发展生产扶贫，所以两部门扶贫应是相互衔接的，纳入低保的人数应和扶贫部门统计的无劳动能力人数一致。但实际上民政部门的低保户和扶贫部门贫困对象的识别是各自独立开展的，扶贫部门的贫困人口是规模控制，所以数量是既定的，而民政部门的低保人数取决于国家投入资金的多少，资金多，惠及的低保人数也多，所以理论上低保兜底和开发扶贫是各自独立运行的。近年来，全国上下都强调低保与扶贫开发政策的衔接问题，福建省也适时出台了《福建省农村居民最低生活保障制度与扶贫开发政策有效衔接实施方案》（2016），要求对符合扶贫条件的农村低保对象，按规定程序纳入建档立卡范围，并针对不同致贫原因予以精准帮扶。同时，福建省也将一些支出型贫困的家庭纳入低保，并强调低保线与扶贫线的“两线合一”问题。因此，扶贫系统与民政系统的信息互通、扶贫协同就十分关键。但受制于现有的扶贫体制，虽然福建省自上而下对部门协调、资金整合均十分强调，但整体效能没有充分发挥。

政社合作也是扶贫协同的题中之义。近年来，福建省在这方面有很大的进步。如为推进乡村旅游扶贫项目，福鼎市赤溪村推出乡村旅游产品的网络预订及在线销售服务，当地政府、旅游部门邀请省内外旅游相关企业，通过举办各种形式的旅游推介会、展览会，做好乡村旅游扶贫村的宣传和市场促销，同时在境内外新闻媒体大力宣传推介乡村旅游贫困村旅游产品和线路，与媒体联合举办“《好运旅行团》赤溪公益行”活动，不断提高乡村旅游品牌的知名度和吸引力。在这里，政府、企业、媒体、贫困村等多方主体实现了协作。但整体而言，福建省社会力量扶贫多为体制内对口帮扶，来自市场和第三部门的社会力量主体仍然较少。如不少地区旅游扶贫参与主体仍然较为单一，主要由村委会主导，一些旅游企业主持运营，其他社会力量作用有限。一些地方甚至存在着地方政府与民间扶贫力量的脱节现象，一方面政府未能有效培育民间扶贫力量的发展，未能有效引导和支持民营企业、金融机构和民间组织等优质资源加入精准扶贫的队伍中来；另一方面，一些民间力量虽然扶贫积极性很高，但却苦于无法获得有效的扶贫信息，导致靶向帮扶有限，扶贫效率不高。即便在有社会力量参与的扶贫项目中，仍然缺乏政社有效合作的平台和机制。

3. 沟通和反馈的高效性问题

有效的沟通反馈机制是确保集体行动奏效的重要手段。福建省近年来也强调部门之间、政社之间、扶贫主体与扶贫对象之间的沟通，并提供了民众反馈的专门热线电话和网上渠道。但在目前的扶农治理实践中，一些贫困县精准扶贫过程中存在村民之间、村民与村干部及驻村干部之间沟通不畅的现象。甚至在贫困信息收集时，也会出现贫困户与下派帮扶干部的沟通问题。有些贫困户对帮扶干部重复调查比较反感，不做认真回答；一些甚至故意将上户的帮扶干部拒之门外。农村是一个熟人社会，干部和贫困户是陌生的，彼此间沟通容易出现问题。相反，村干部一般是本村的村民，与贫困户是熟人。在面对面的亲密接触中，由帮扶干部陪同相对比较顺利。但如果是因村干部资源分配不公导致的“回头看”或核查环节，村干部在场则可能就会因熟人社会而丢失一些真实的信息。

在民意反馈方面，信息不对称是阻碍反馈的一个因素，当前农村基层特有的政治文化使得贫困者在信息获取等方面处于弱势地位。在贫困村，村干部和驻村干部负责政策传递、扶贫资源分配及与村民沟通协调等事务，为省去与村民反复沟通、交涉的麻烦，村干部倾向于关门决策，并尽可能少地向村民公布相关政策和信息，因而贫困户在扶贫信息的获取方面也处于弱势地位。近年来，国家要求在扶贫的某些环节吸纳村民参与，如让村民参与到贫困户的评定过程中，贫困户的建档需要遵循村民申请、民主评议的原则，以确保建档立卡的准确性。但在操作过程中，各个村民主评议程度有差别，一些只是走走形式，村干部不会鼓励村民参与。而基于对底层政治现状的默认，村民较少主动寻求参与。参与不足，信息获取渠道就十分有限，加以对政策本身并不十分了解，因此需要反馈的问题也不多。即便有困惑需要反馈，但向上的民意反馈渠道有限，尤其是一些贫困户的质疑得不到及时解决，还会进一步扼制贫困户反馈的欲望，最终导致供需出现偏差或错位，影响扶贫成效。

4. 监督考核机制有待进一步健全

监督考核是对扶贫过程的控制，有助于保证扶贫资源使用的精准性，确保扶贫政策有效执行。近些年，福建省也曝出不少扶贫资金管理问题。如2016年9—10月，莆田市审计局开展了全市精准扶贫情况专项审计调查，发现扶贫资金在使用过程中仍然存在着套取资金、资金闲置、截留、挪用扶贫资金、资金管理不规范、资金使用效率低等问题，共查处问题金额4294.82万元。[①] 这说明其时该市扶贫资金监管仍然不到位。2017年9月福建省纪委通报8起典型案例，包括报账员截留侵吞低保金、库区移民扶贫解困资金分配工作中优亲厚友、套取扶贫资金、挪用造福工程款、莆田市仙游县农业局违规滞留延压扶贫资金问题；南平邵武市相关职能部门履职不到位问题、致使该市2014年、2015年未开展“雨露计划”培训工作；向造福工程补助对象索要财物；侵占补助资金等问题。[②] 上述问题多与资金有关，涉及人员既有村干部，也有乡镇、站所甚至县级职能部门的干部，违纪领域涉及造福工程、危旧房改造、农村低保等方面。这些问题严重损害贫困群众切身利益，影响党和政府形象。当然，近年来，福建省在资金监管方面做出了不少努力，尤其是福建省率先在全国

① 陈小英：《“精准审计”助力精准扶贫政策落实——以莆田市为例》，《中国农业会计》2017年9月，第28页。

② 杨光：《福建省纪委通报八起扶贫领域不正之风和腐败问题典型案例》，2017-09-29，http：//www.cpad.gov.cn/art/2017/9/29/art_2082_71285.html

建立起扶贫（惠民）资金在线监管系统，将每一笔资金置于公众的监督之下，这是监督机制的一个大进步，相信今后扶贫资金使用将更加规范。在农户资金使用方面，由于相关人员未严格落实贷款“三查”制度，未对资金的使用进行及时跟踪，导致存在个别扶贫信贷资金未按照贷款申请用于经营生产性用途，而是被挪用做生活性支出，从而出现贷款无法按期偿还现象。

近年来，福建省自上而下对精准扶贫评估、考核均比较重视，并已初步形成一个集奖惩于一体的考核机制。但与此同时，精准扶贫评估考核机制仍然在某些环节、某些方面存在着一些有待改善的空间。如因为缺乏有效的挂钩帮扶考核机制，部分挂钩联系单位对挂钩帮扶工作重视不够，没有针对挂钩贫困村的实际情况制订专门的帮扶方案，只是给钱应付了事；未成立扶贫工作队，挂职驻村干部单兵作战，压力较大。部分挂职干部刚开始热情满满，成绩显著，之后也偃旗息鼓，未能善始善终。一些单位虽然有相应的考核机制，但在执行过程中避重就轻，或者从绩效考虑，重短期成效，轻长期发展；重物质帮扶，轻脱贫能力建设，精准帮扶缺乏针对性和可持续性。如 2018 年 9 月《泉州市扶贫开发领导小组办公室关于切实做好结对帮扶工作的通知》中就提及一些帮扶责任落实不到位的现象，这包括部分市直部门结对帮扶贫困户 2018 年来还未到所结对帮扶贫困户开展帮扶工作；有的帮扶措施单一，存在以简单慰问、走访代替实实在在的帮扶措施等。在造福工程中，由于地方政府完成阶段性任务的时间紧、任务重，一些地区在实施过程中盲目追求搬迁的规模和数量，关注硬件改善而忽视软件提升，加之配套补助资金和配套政策又难以落实，农户搬迁后因为借款过大导致新的贫困问题，影响到造福工程的扶贫效果。

此外，考核评估结果的运用问题也十分关键，典型如责任追究不够严密也导致违规违法现象的出现。如扶贫实践中出现的胡乱评定国家标准贫困户，挪用扶贫资金，扶贫机构相互推诿扯皮等。这些与缺乏对个人和组织的明确权责规定及严厉的责任追究机制有一定的关系。

5. 文化等因素影响到传递的精准性

文化因素也影响到传递的精准性。如“不患寡，而患不均”的平均主义思想在资金分配方面表现得较为明显。当前福建省级财政专项扶贫资金主要依据各地贫困状况、政策任务和脱贫成效等来进行分配，同时每年分配又根据当年扶贫开发工作重点进行适当调整。这种分配方式应该说是合情合理的。然而，在具体的分配中，由于较难协调，仍然可能存在一些平均主义式的做法。如福建全省 19 个民族乡在面积、人口、农民人均纯收入等方面存在较大差异，但根据第四批帮扶计划，在 2012—2015 年每个民族乡每年帮扶资金 400 万元。一些基层工作人员在分配扶贫资源时担心分配不均引发矛盾，干脆全村均分，没起到预期扶贫效果。此外，农村基层特有的文化和政治环境，包括农村民主、非正式制度、人际关系及习俗、观念等因素也在影响着贫困群体的甄别、项目落实和扶贫资金使用。如国家虽然明确了“建档立卡”的标准，这在某种程度上提高了瞄准精度，但在农村底层特有的文化和政治背景下，目标偏移很难完全避免。如由于乡村民主的非正规性和人际关系的干扰，仍然可能存在瞄准失误的现象。

其他因素如长期脱贫工作由政府负责，容易导致扶贫工作行政化，贫困者在扶贫政策制定、实施过程中参与度低，社会力量参与不足，带来扶贫工作专业性和评估客观性不足的问题；又如诚信问题会影响到精准识别和精准退出，进而影响到扶贫资源的精准使用。近年来，在贫困退出问题上，福建省先后公布了《关于建立贫困退出机制的实施意见》和《福建省省级扶贫开发工作重点县退出专项评估检查实施办法（试行）》等有关规定，要求坚持实事求是，高标准、严要求，对稳定达到脱贫标准的要及时退出。退出条件主要涉及综合贫困发生率、错退率、漏评率、群众认可度、农民人均可支配收入增长率、基本公共服务水平等指标。而且表示，重点县退出后，至 2020 年脱贫攻坚期内，原有扶贫政策将保持不变，支持力度不减。通过制度明确和正向激励双管齐下，贫困地区退出已比较规范。但贫困人口问题较难处理，由于贫困人口可以获得各种优待，如获得财政补助、税费减免和政策倾斜，一些人为了继续享受政策红利故意瞒报低报收入、隐匿财产，加之现有退出识别标准不好把握，导致识别偏差问题仍然一定程度上存在。

三、政策配套条件不完全成熟

好的政策需要好的执行环境，当前福建省精准扶贫政策在配套执行方面仍存在着一些问题。

1. 技术和信息配套问题

整体而言，目前我国扶贫技术服务体系仍比较薄弱，扶贫信息基础平台建设仍显滞后。近年来，全国上下广泛开展扶贫对象动态调整和建档立卡信息采录工作，并建立了全国扶贫开发信息系统。但这一系统目前主要针对扶贫系统人员开放，社会公众难以获得相关信息。而且由于载入系统的信息是有限的，相关扶贫机构也无法全面了解贫困户的真实情况与真实需求，这不利于扶贫的开展和研究。而且，扶贫基础数据信息也不完整。比如迄今为止，并没有国家权威部门制定城市贫困标准，并定期发布城市贫困人口的统计数据。已有的一些信息仍待进一步细致化，如目前建档立卡虽然有统一标准，但一些该纳入的内容未纳入，如贫困户是否享受了贷款政策等。对贫困原因的分析也仍然缺乏更加细致的分析。如在全国扶贫开发信息系统中还没有因懒致贫的相关统计。同时，由于信息的孤立性，以及各地识别技术、评估技术上的一些问题，对于农村贫困户的财产和收入情况很难做出精确的估算，这就导致贫困底数不清，致贫原因掌握不准，最终不利于政府决策及贫困问题的彻底解决。

立足于福建省，按照福建省扶贫工作部署，省农业厅积极组织推动福建省精准扶贫精准脱贫开发数据平台建设，数据平台包含六大功能模块：①扶贫对象管理系统；②扶贫统计与分析系统；③扶贫情况图示系统；④专项业务系统；⑤指标管理系统；⑥运维管理系统。数据平台将与国扶办信息系统衔接，形成国家、省、市、县、乡、村六级互联互通的扶贫网络，逐步实现省直有关部门扶贫相关信息共享共用。但这一平台的建成和完善均还有待时日。实践中，由于信息不完整以及信息的封闭运行曾经引发了一系列问题，如2015年福建某地贫困对象信息不完全，导致银行无法精确对接。一方面，基层相关部门间尚未建立起完整的扶贫信息系统，如样本各县贫困户建档立卡的比例平均不到50%；另一方面，贫困户建档立卡信息不够完整，“是否有劳动力”“是否有信贷需求”等关键要素未在档案之列，导致银行无法真实、全面地掌握贫困对象的需求。同时，部门间贫困信息多封闭运行，缺乏互通互联，导致各单位重复采集贫困信息，加大了扶贫成本，实践中也不利于协同扶贫。

福建省扶贫技术支撑问题还体现在其他方面，如一些贫困县大力发展旅游扶贫，但对旅游产品质量及价格尚缺乏指导性标准，导致一些地方漫天要价，影响了该地旅游扶贫的持续性发展。

2. 资金和人力配套问题

在资金方面，就全省层面而言，福建省一些项目资金耗资大，如造福工程无论是对异地搬迁移民的补助，还是新安置地的公共基础设施建设，都需要大量的资金，目前这方面的财政投入仍无法完全满足贫困户和安置地建设的需求。就各贫困县而言，也普遍存在着扶贫资金不够的问题。近年来福建省对贫困县配套资金不似以前那样强制要求，并加大了对贫困县相关扶贫项目的转移支付力度。但贫困县的财力本就薄弱，普遍贫困问题又十分突出，资金缺口问题仍然比较突出。如2012年扶贫开发工作重点县实现地方财政收入75.30亿元，仅占全省的4.2%，人均地方财政收入仅为全省的28.1%；而同期地方财政支出245.22亿元，差额达169.92亿元，资金缺口很大。① 重点扶贫项目、基础设施建设、社会事业、产业开发、文化教育、人才培养等方面都需要地方政府投入大量资金，在上级财政无足够支持的情况下，一些扶贫项目因成本过高，就难以很好地完成。一些扶贫项目虽由上级部门出资建设，但需由地方

① 张琳琅：《福建扶贫开发工作重点县发展成效、问题及对策》，《中国国情国力》2014年第5期，第45页。

负责运行和维护，倘若在后续运行中缺少相应配套资金，那么项目的可持续性也会成为问题。又如贫困县财力有限，必然影响到其基础设施投入，因此贫困县的旅游扶贫普遍面临着交通不便、吃住条件差、相应的配套设施不健全的问题。甚至于一些地方受财力限制，对于因病因残、丧失劳动能力、无法通过开发性扶贫实现脱贫的贫困户，在低保方面还未能做到应保尽保。农村金融扶贫能弥补扶贫资金短缺的问题，但金融机构是商业化运作，而金融机构普遍认为农业生产自然风险、市场风险很大，同时农村个人信任体系不健全，担心产生不良贷款，因而放贷极为谨慎。同时，贫困地区的金融体系较薄弱，在规模上难以满足扶贫需求。

在人力方面，精准扶贫的人员和组织配套仍不充分。目前相对于繁杂的扶贫任务而言，基层扶贫人员是不足的。如福建省督导组要求，各乡镇至少需要配备一名专职扶贫干部。然而从现状看，仍有不少乡镇的扶贫干部是兼职的，他们平时疲于应付扶贫督查、档案建设、动态管理等工作，进村入户的时间较少，不能及时掌握各村贫困户的真实情况，及时发现问题并加以解决。具体的扶贫项目，如扶贫小额信贷点多面广，涉及群体分散，需要点对点、人对人实施，任务重，人员又不多，相关人员在开展工作时难以细致，如采集贫困人口信用数据时对资料核实不够、相关数据更新不及时，这就给后续工作的开展造成困扰。而且，尽管县级帮扶干部的增加使扶贫队伍整体素质有所提升，但目前包括帮扶干部在内的帮扶主体在政策了解、业务水平、思想素质等方面仍然存在一定的问题，尤其是在专业帮扶方面仍存在“心有余而力不足”的现象，这些问题的存在势必影响到扶贫资源的分配和使用效果。

同时，贫困地区人才资源缺乏严重。虽然近年来福建省加大了干部选派力度，但贫困地区本土人才仍显不足。由于贫困地区多地处高、偏、边、远地区，经济落后，难以吸引人才和留住人才。外出的大学生、务工人员不愿返乡创业，党支部多数成员长期外出工作或创业，造成区域经济不活，难以承接相关扶贫项目。比如近年来，福建省大力发展旅游扶贫，但旅游人员培训不足，缺乏高素质的专业旅游人才，影响到游客的观感和旅游扶贫的可持续发展。如福建龙岩市新罗区洋畲村近年来大力发展旅游扶贫，但旅游工作人员几乎没有接受过旅游培训，游客对饮食文化介绍、礼仪接待等方面的评价较低。电商扶贫方面，虽然近几年福建省着力于培养一批电商业务骨干人才，但这些短期培训出来的电商人才整体素质不高，从业经验不足，还难以适应目前农村电商快速发展的需要。相关社会组织也不充分，如为使贫困群体进入劳务市场，须有大量提供信息、培训的公益性社会化服务组织，但目前这方面的相关部门除政府组织的外，社会力量参与不多。

3. 其他配套问题

如与贷款问题相关的还有农村信用体系不健全的问题。我国农村小额信贷的服务对象为农村贫困群体，虽然现在农信社等扶贫金融机构开始对其信任状况进行征集，但他们中的一部分人外出务工，人员流动较为频繁，加上农村人情关系复杂，导致针对贫困群体的真实信用体系一时难以健全。

又如易地扶贫搬迁后的产业或就业支撑问题。如果缺少产业或就业支持，易地扶贫难以持续。一直以来，福建省政府都很关注与搬迁有关的一系列问题，包括资金、安置区建设、搬迁后就业及生活保障等问题，并对之进行了整体性规划和布置。但实践中一些地方显然更关注贫困群众的搬迁完成率，忽视安置后的产业或就业发展问题。如果安置地的第二、第三产业发展不足，就难以完全吸纳搬迁群众就业，直接影响搬迁群众的积极性，以及搬迁后能否稳定生活的问题。

扶贫供给要与扶贫需求相匹配。从需求侧的角度来看，上述问题是扶贫供给的主要问题。这些问题不仅包括扶贫资金、扶贫人才等供给的短缺，也包括在资源有限的情况下是优先提供资金还是重点培育人才、是优先提供基础设施等有形产品还是重点提供扶贫咨询等无形服务的供给结构上的选择，还包括精准识别、及时传递、合理分配、科学管理等供给过程中的种种问题。事实上，近年来贫困群体对于包括信贷资金在内的扶贫资金、扶贫人才、政策持续、资金分配等方面的需求反映较多，如根据学者对寿宁县凤阳镇贫困人口的考察，当前扶贫资金存在着筹集渠道单一，商业信贷资金不愿进入；由于缺乏合适的经营人，精准帮扶的措施缺乏可持续性，后续管理跟不上等问题。[①] 当然，扶贫需求首先是贫困者的需求，但有时候由于贫困者对脱贫的实际需求缺乏完全透彻的了解，因此有时候也是脱贫的实际需求，而且这部分需求需要政府或他人帮贫困者识别和提供。但无论如何，上述问题的存在说明扶贫供给以及供给结构方面仍然有待改进。

从整个扶贫体系上看，扶贫必须有权威的、明确的政策法规确定扶贫开发的主体、对象及其相互的权利和义务，确保扶贫资源的科学、有效配置，并规范扶贫工作运作程序等，如此才能使扶贫效率得到保障。而上述福建省精准扶贫政策、政策传递机制和配套机制等方面存在的问题，虽然并不是福建省所特有的，有些还是整个大环境所造成的，但终究会对精准扶贫工作造成不利影响。因此，有必要进一步优化精准扶贫整体设计和具体安排。

不仅如此，当前福建省面临的扶贫现状和扶贫目标也需要继续优化精准扶贫政策。应该说，党的十八大以来，在习近平总书记精准扶贫重要战略思想和全党全国扶贫工作整体部署的指导下，福建省扶贫开发事业取得了重大进展。但与此同时，也仍然存在着一些扶贫难题，2018 年福建省《关于打赢脱贫攻坚战三年行动的实施意见》中对此有所提及：23 个重点县经济总量较小；2201 个建档立卡贫困村集体经济普遍较弱，基础设施建设和基本公共服务相对滞后；尚未脱贫的贫困人口都是贫中之贫、困中之困，实现因病因残致贫贫困户稳定脱贫难度较大；工作中仍然存在不深不实不细等问题，影响了脱贫攻坚工作有效推进。可见，福建省还存在一定比例的绝对贫困问题以及较为突出的相对贫困问题。因此，根据党中央的战略部署，福建省委、省政府 2016 年出台了《福建

① 叶小丽：《福建省寿宁县凤阳镇精准扶贫现状与对策》，《安徽农业科学》2016 年第 23 期，第 205 页。

省“十三五”扶贫开发专项规划》，提出近期脱贫目标：到 2018 年，现行国定扶贫标准的农村贫困人口全部脱贫；到 2020 年，省定扶贫标准的农村贫困人口全部脱贫，同时实现农村低保标准与国定扶贫标准相衔接；2200 个贫困村居民人均可支配收入达到所在县平均水平 80% 以上，村级收入达到 10 万元以上；23 个扶贫开发重点县农民人均可支配收入增长幅度高于全省平均水平，实现重点县全部摘帽，与全省同步进入小康。

此外，2020 年后我国扶贫重点将由绝对贫困转向相对贫困，由以收入贫困为主的贫困形态转向多维贫困。到那时，扶贫工作不仅要巩固脱贫成果、降低返贫率，还要提升贫困群体的自身发展能力、解决其致富问题，并在致富的同时缩小与其他群体的富裕差距。因此，福建省仍有必要在发扬现有扶贫经验的基础上，进一步优化扶贫政策供给。

第二节　当前福建省精准扶贫政策优化的可行性

在全国上下重视扶贫工作的大环境下，福建省继续完善精准扶贫政策也有一些有利条件和机遇。

一、顶层高度重视

近年来，党和政府把扶贫脱贫摆在治国理政的显著位置。党的十九大报告指出：坚决打赢脱贫攻坚战，“让贫困人口和贫困地区同全国一道进入全面小康社会是我们党的庄严承诺”。要动员全党全国全社会力量，坚持精准扶贫、精准脱贫，“确保到二〇二〇年我国现行标准下农村贫困人口实现脱贫，贫困县全部摘帽，解决区域性整体贫困，做到脱真贫、真脱贫。”与此同时，国家确定了一系列统筹城乡发展，实施乡村振兴的发展战略以及一系列支农惠农重大政策，对革命老区、民族地区、贫困地区发展和扶贫开发给予了更大的支持。同时，国务院扶贫机构每年也对当年扶贫开发重点工作予以规划，如 2017 年提出减贫任务三大重点：

瞄准贫困问题最突出的区域、群体和环节；破解脱贫攻坚旧难点与新问题；严格考核确保“真脱贫”。[①] 2018 年，国务院扶贫开发领导小组确定将重点推进“制定三年行动指导意见”“开展作风专项治理”等 13 项工作，同时确定 2018 年为扶贫领域作风建设年，用 1 年左右时间集中力量解决扶贫领域存在的一些问题。2019 年 10 月，党的十九届四中全会对坚决打赢脱贫攻坚战，建立解决相对贫困的长效机制提出要求。同时，党中央和国务院也十分强调精准扶贫政策的完善，如上述 2018 年十三项工作之中，就强调要“制定三年行动指导意见”，在保持政策连续性、稳定性的基础上，深化脱贫攻坚政策举措，做好脱贫攻坚与实施乡村振兴战略的衔接，巩固脱贫成果，重视非贫困县、非贫困村的脱贫攻坚，确保不留“死角”，实即对各地扶贫政策优化提出了要求。

在顶层高度重视并已将建立相对贫困的长效机制提上议事日程的大环境下，福建省精准扶贫工作的推进和精准扶贫政策的完善就有了坚实的后盾。

二、福建省多年扶贫经验和政策创新传统

经过多年扶贫，福建省已形成较为成熟的扶贫理论和实践体系，积累了一些成功经验，在此基础上进行政策优化较为容易。

扶贫政策的完善离不开扶贫实践的开展和反思。如在政社协同帮扶方面，多年来福建省社会帮扶活动的开展为之积累了一些较为成熟的经验，也留下了一些有待改善的空间，这些为完善政社协同帮扶机制提供了素材。近年来，全省各级各有关部门广泛动员社会力量参与扶贫济困，政社合作在一些项目中已常态化，并积极了一些合作经验。如 2016 年以来，省农业厅与省委统战部、省工商联共同开展“百企帮百村”精准扶贫行动，动员广大民营企业参与脱贫攻坚，通过多种方式提升贫困地区“造血”功能，增强贫困群众内生动力。至 2018 年初已动员民营企业（商会）510 家，精准帮扶 348 个建档立卡贫困村、帮扶 16904 人。开展

① 王仁贵：《2017 全国减贫任务聚焦三大重点》，《瞭望》2017 年第 1 期。

“百会帮百村 万贤扶千户”活动，动员港澳台侨胞和社会各界捐资3000多万元，组织100多家商协会与100多个贫困村开展结对帮扶活动。[①] 这些活动为政府如何引导和激励社会力量扶贫提供了示范，为政社协同帮扶中如何分工、沟通和协调等积累了经验，当然合作中出现的一些问题也值得各方反思，而这些对丰富和完善相关政策是有所帮助的。

另外，由于国家重视横向交流和学习，因此全国层面的扶贫经验和教训也给福建省优化政策提供了启发，如小额信用贷款的发展就是如此。我国的扶贫小额信用贷款始于20世纪80年代，当时主要由非政府组织向贫困人群提供小额贷款。从20世纪90年代开始，政府介入小额信用贷款。随着“三农”问题的突显，农业银行、农信社及其他农村金融机构开始进入小额信用贷款市场。经过多年的发展，政府对小额信用贷款的必要性、运作方式等有了更为成熟的经验，小额信用贷款也逐渐向商业性质过渡，在扩大小额信用贷款覆盖面的同时，开始探索实现可持续发展的各种方式。这些对于福建省是有所启迪的。

而且，福建省扶贫政策一直强调创新和优化。从政策发展视角看，一方面，福建省扶贫政策是在国家扶贫政策的指导下制定和完善的；另一方面，福建省扶贫政策又是在实践摸索中逐渐形成的。由于福建省扶贫工作开展较早，加上福建敢拼敢闯的民风传统，因而在政策出台方面，不少政策均走在全国前列，创造了不少全国典型，山海合作、造福工程、小额信贷等方面均是如此。如今，福建省扶贫工作虽然取得了突出成绩，但并不满足于此，而是一直强调政策优化。如2018年《关于打赢脱贫攻坚战三年行动的实施意见》中就提出了“突出问题导向，优化政策供给”的要求，这也预示着将来福建省仍然会进一步优化扶贫政策。

三、社会扶贫力量的日益成熟

社会力量的发展增强了扶贫脱贫的力量，同时也是扶贫政策优化的

① 《关于省政协十二届一次会议20181089号提案的答复》，2018-04-16，http：//nyt.fujian.gov.cn/ztzl/jyta/201807/t20180731_ 3605229.htm

推动力量。目前，福建省社会组织已发展到一定程度。至2019年初，全省经民政部门登记的社会组织达29700个，其中社会团体17591个、民办非企业单位11754个、基金会355个，全省每万人拥有社会组织7.8个，位居全国前列，已基本形成遍布城乡、门类齐全、覆盖经济社会生活各领域的社会组织体系。2018年，全省社会组织投入扶贫资金超3.3亿元，60多万贫困人口从中受益。[①] 其中一些还属于专门的扶贫组织。如2017年12月福州市扶贫发展基金会正式成立，该基金会是扶贫慈善性质的社会组织，由福州市一些热心公益的企业家发起成立，成立伊始就已筹集到曹德旺、黄其森、陈建龙、陈法官、林国镜、薛行远、施文义等企业家捐出的爱心善款7000万元。2018年又募得善款4548万元。[②] 该协会还建立了专门的网站，及时将年度报告、审计报告等向公众开放。一些企业也参与到精准扶贫事业中来，如福建申远新材料有限公司自2015年起已连续5年开展慰问当地贫困户的“暖冬”行动。多年来，申远公司在助学、助医、扶贫以及慈善工程建设等领域积极履行企业的社会责任，累计投入慈善资金近千万元。

全省农民合作社也发展到一定规模，这使扶贫发展有了一定的基层组织基础。截至2017年6月，福建全省农民合作社达3.4万家、合作社联合社92个，合作社成员数98.6万人。全省已认定国家级合作社示范社167家，省级合作社示范社852家。[③] 其中，到2015年底，23个扶贫开发工作重点县有省级示范社190家，占省级示范社总数的29.2%。

此外，在福建，华侨华人也是精准扶贫的重要力量。他们对精准扶贫认同度高，精准扶贫意识强。2018年9月，在厦门市侨商联合会举办的庆祝改革开放40周年暨2018中秋联欢晚会上，侨商们发出“百侨帮

① 《去年福建全省社会组织投入扶贫资金超3.3亿元》，2019-05-19，https：//fj. qq. com/a/20190519/001880. htm

② 《福州市扶贫发展基金会2018年年度报告》，http：//www. fzsfpfzjjh. com/case. php？classid = 326

③ 《福建省农业厅关于〈福建省农民专业合作社条例〉实施情况的报告》，2018-05-22，http：//www. fjrd. gov. cn/ct/68-140359

百村——联村助户”精准帮扶倡议书，得到50多位企业家的积极响应。同月，平潭综合实验区侨联举行“百侨帮百村·扶贫助学”活动，并召开区侨商会常务理事会，理事会表决通过精准扶贫资助项目并发出精准扶贫倡议。一些侨界社会组织对扶贫事业也比较关心，如前述林文镜慈善基金会、李新炎慈善基金会、福建省石竹慈善基金会等一直致力践行各类公益慈善活动。

一批热心人士也在实践中不断探索精准帮扶扶贫的新路子。如安溪县关工委副秘书长胡云豹是一名退休教师，也是菲律宾归侨，长年来为贫困生牵线搭桥筹集爱心助学款。1995年至2017年，每年他都留下一本厚重的助学名录，里面记载着贫困生的姓名、地址、就读学校、家庭情况等详细信息，以及爱心人士、企业的信息。每个学生都有独立的档案表，胡云豹还及时跟踪反馈，给资助者一个交代。其助学行为取得了爱心人士的信任和支持，20多年来，共筹资1639.6万元，资助5638名贫困生。①

多方力量的热心参与，一是将扩大贫困群体的受益面。如在侨界和社会力量的热心支持下，厦门市侨联2015年“温暖送百爱·真情暖侨心”活动的帮扶对象包括该市鳏寡独居、年老多病的老归侨，无固定收入、无子女赡养的农村散居贫困归侨，因病致贫、下岗待业、家庭负担重的归侨，家庭成员长期患病的困难归侨，低保归侨户等。帮扶对象超出了政府界定的范围。二将产生新的帮扶方式。如南安市2016年12月成立了“南安市医疗卫生志愿者服务队”，成员近千人，组建一年多（至2018年4月）已开展500多场专业义诊，惠及近3万名群众。② 又如河仁慈善基金会筹集3000万元慈善资金，在长汀、屏南、永泰三个扶贫重点县中选择10个产业特色明显、有一定产业基础的贫困村实施产业扶贫项目，每个村每年帮扶资金100万元，2016—2018年连续帮扶三年，帮扶

① 陈鸿鹏、陈克振：《归侨胡云豹：闪光的助学路》，《福建侨报》2018年10月19日第5版。

② 苏明明：《南安市医疗卫生志愿者服务队：组建一年多开展500多场专业义诊》，《海丝商报》2018年4月28日第A04版。

资金主要用于发展贫困村特色产业和贫困农户精准帮扶，通过实施产业扶贫帮助贫困户增收脱贫。无论是志愿服务还是产业扶贫，对政府扶贫均有一定的补充作用。三将助推扶贫政策优化。新的扶贫主体、新的扶贫方式以及在扶贫过程中涌现的种种问题必将成为政府扶贫政策优化的助推力量，近年来自上而下出台的大量关于社会力量扶贫的政策文件即是明证。

四、扶贫新事务的涌现

新扶贫模式的涌现为扶贫政策优化提供了思路。如各地突破了以往的惯有做法，出现了网络扶贫等新的精准扶贫平台，这些新的平台为新时期如何整合和监管扶贫资源提供了思路和新的要求。如由莆田城厢区华亭镇扶贫开发公司牵头于 2016 年 6 月建立的“华亭镇扶贫爱心帮帮团”微信群，有近 500 人加入，涉及企业家、镇村干部、老师、普通群众等各个群体。微信群成员通过“一日一善”发送红包的方式进行捐资，募集的资金进入专门账户，既可以由镇扶贫办统筹使用，也可以由捐赠者指定帮扶特定对象。为确保资金使用公开透明，华亭镇扶贫办安排专人负责统计微信群捐款数额，每天上下午各一次在微信群一笔笔公布前日捐款详情，每月在微信群、镇党务政务公开栏等平台公布支出详情，接受群众监督。同时，资金由专人监管，纪委、审计等部门定期监督检查。目前，华亭镇爱心帮帮团的创新做法，已在相邻村庄得到仿效。类似的又如上述安溪县关工委副秘书长胡云豹先生，他创建了“爱心助学济困育才”等十余个微信群，最多的群有 300 多人，接力助学，聚集效应越来越大。借助微信平台，很多人进行“一帮一”结对助学，而且通过微信还能跟踪反馈、联络互动，加深资助者和受助者之间的感情，巩固和扩大助学成果。

一些新扶贫组织的诞生为破解一些扶贫难题提供了思路。如 2017 年批准登记的成立的屏南县小额信贷促进会，该促进会作为社会化公益性组织，主要开展农户信息采集、信用评价，向银行推介农户小额信贷，并利用当地财政出资建立的担保基金为农户提供担保，协理农户申请小额贷款、合作贷后管理等配套服务。在该模式下，农户通过电话或短信向促进会提出小额贷款申请，促进会根据农户信用档案，对其资信情况进行评估，审查相应的生产项目，最后推介给金融机构。金融机构审核同意后，由促进会提供担保，并协助农户与合作银行办理贷款。由这样的机构充当中介，不仅可以有效减小金融机构的放贷风险，也可以解决贫困户专业不足的问题。

当然，精准扶贫政策优化的有利因素还包括其他方面，如近年来，福建省乃至整个中国经济持续稳定增长使福建省和国家层面初步具备了加大力度扶持农村发展的能力和条件。同时，国家整体上进入工业反哺农业、城市支持农村的“以工补农、以城带乡”发展阶段，并据此制定了一系列统筹城乡发展的宏观战略，这些都为扶贫发展提供了后盾。

第三节　当前福建省精准扶贫政策优化的难点

尽管福建省优化精准扶贫政策既存在一定的必要性，也存在一定的可行性，但与此同时，由于国内扶贫体制及福建省的实际情况所限，目前福建省扶贫政策优化仍然面临着如下难点。

一、贫困问题的复杂性

贫困问题的复杂性不仅影响到贫困标准的确定，也使政策优化在各种方案中难以抉择。

从世界贫困的基本类型看，绝对贫困可分为区域性贫困、制度性贫困、政策性贫困和能力性贫困。其中，区域性贫困是发展中国家贫困的主要类型，主要因不利的地理位置、脆弱的生态环境、贫瘠的土地和其他自然资源等造成；制度性贫困和政策性贫困，它们各自源于制度不完善和政策性失误；能力性贫困因个人智力和体力的不足造成。目前来看，福建省的贫困问题兼而有之，以区域性贫困和能力性贫困为首。福建省山多地少，贫困地区大多地处偏远山区，自然条件艰苦，交通等基础设施建设落后，有的民族乡村至今还没有通路，信息闭塞。这些地区经济基础薄弱，多数以农业生产或林业生产为主，第二、三产业发展滞后。这种产业结构使得农（林）户受自然、气候等因素影响大，收入少且不稳定，因病因灾致贫返贫现象随时可能发生，稳定脱贫难度大。而且，福建贫困地区分布较为分散，即使是经济相对发达的泉州市至 2019 年初也还有 255 个经济薄弱村（集体经营性收入低于 5 万元）。有些贫困地区还面临环境保护与经济发展的矛盾，原有产业发展受到限制，农民生产生活面临较大困难。

从贫困人口的状况来看，经过几十年来的脱贫帮扶，福建省剩下的贫困人口大多是难啃的“硬骨头”，致贫原因复杂。一些贫困村老、弱、病、残人员偏多，受教育程度低，劳动技能不高，自我发展能力较差。而且，现在农村贫困地区留守人口多为老人与儿童，这种劳动力现状将大大牵制农村经济的发展，这在其他省份其他地区也是如此。加之老龄人口思想相对保守，对新技术、新事物接受能力较差，这就使得他们转变生产方式困难，脱贫难度大。

贫困问题的复杂性对政策优化是一大挑战，典型如精准识别存在难度，识别标准难以统一。首先，农村贫困人口数量大、分布广，各家贫困均表现在多个方面且各有差异，贫困群体之间的贫困程度无横向可比性。其次，当前仍缺乏统一的信息系统和统一、多维的贫困测量标准，加上贫困测量专业性强，致使对贫困群体的认定在实际操作中困难重重。如外出务工人员收入缺乏直接的、有效的统计，这也影响了对扶贫对象的精确定位。再次，在致贫原因认定上，由于贫困人口多非单一因素致贫，而是众多因素相互影响，因而较难认定主导因素致使后续扶贫措施不好确定。最后，贫困户脱贫状况不稳定，返贫现象时常发生。由于相当一部分贫困人口属于老、弱、病、残，大多从事农业生产，受自然、气候等因素影响大，抗风险能力较差，目前即便脱贫也是低水平脱贫，自身“造血”能力不强，因病因灾致贫返贫随时可能发生。

此外，福建贫困问题既集中于偏远山区，又分散于各地县市，这也使扶贫策略难以抉择。如区域扶贫开发战略对于解决贫困地区的普遍贫困问题、缓解区域之间的相对贫困问题功不可没，但因为以区域为政策和工作单元，因此也注定受益面不只是贫困人口，甚至可能贫困人口不是最大获益人群，而且非贫困区域的贫困人口难以关照；瞄准贫困个体的扶贫开发战略虽然直接使贫困人口受益，但因为外在区域环境未有大的改变，扶贫成本高且难以从根本上改变普遍贫困问题。我国现行扶贫战略是将瞄准贫困县、贫困村与瞄准贫困人口结合，从而综合考虑了区域扶贫和贫困个体因素，福建省也不例外。但由于许多政策向贫困县、贫困村倾斜，因此扶贫工作的主要受益对象将是贫困县、贫困村以及贫困县、贫困村中的贫困人口，非重点县和重点村的贫困人口仍将处于政策关照的相对弱势地位。

二、执行环境短期内难有根本改观

执行环境的好坏对精准扶贫政策的贯彻落实影响较大，但从目前情况来看，一些影响精准扶贫政策有效落实的因素短期内难有根本性的改变。

如各扶贫主体的协同问题，由于各扶贫部门利益、扶贫目标不完全一致，扶贫步调也难以完全同步。如在金融扶贫中，政府部门希望用好扶贫小额贴息资金，扩大贫困户受益面，金融机构希望规避风险、获取最大利润，这就使得最终受益的可能就是当地相对富裕的农户。事实上，目标、利益冲突也可能存在于其他扶贫主体，如基层政府扶贫目标与省、中央扶贫目标的冲突。在我国，为维护社会稳定和社会公平，中央政府有着强烈的扶贫脱贫意愿，并将这一意愿传递至各省，但扶贫脱贫并不一定是县市级政府最重要的工作目标，相反一些地方政府更关注经济发展，把县级财政收入最大化作为追求目标。在这种理念的引导下，在扶贫领域，地方政府作为扶贫资金的管理者，倾向于把资金投入能尽快缓解政府财政困难的项目，如工业企业，并希望以此带动贫困的减少，或者热衷于村庄基础设施建设等政绩明显的项目，对核清贫困底子、加强宣传教育等扶贫基础任务重视不够，甚至出现挪用扶贫专项资金的情况，扶贫政策难以达到预期成效。此外，由于主体的差异性，一直以来，专项扶贫、行业扶贫和社会扶贫这三类扶贫方式也未能做到完全的衔接和互补。

又如目前我国行政体制现状，也使得扶贫政策部门间统筹和制度衔接短期内难以完全实现。长期以来，在扶贫政策制定方面，一些重大的规划由省级层面统一部署，各部门也各自制定本部门的扶贫政策。这些部门政策在政策目标、政策对象、资源供给方式等方面都有各自的规定，加之部门之间缺乏有效的沟通协作，这也使得制度衔接问题一直是扶贫政策的难点所在，扶贫政策和扶贫资源经常出现叠加或冲突，造成政策执行的低效和扶贫资源浪费。虽然近年来福建省加强了部门协调，许多政策是各部门联合出台，这使得政策的协调性和执行的一致性得以加强。但与此同时，各部门仍有其单独的扶贫要求和独自掌管的扶贫资源，大多也有其扶贫之外的专有职能，因此仍然可能存在着难以协同的时候。典型如 2008 年国务院扶贫开发领导小组就提出要“推进农村最低生活保障制度和扶贫开发政策的有效衔接”，然而至今为止，各地在扶贫数据上二者尚未实现完全衔接。

此外，农村基层民主和治理环境对于农村贫困瞄准和基层扶贫资源分配影响较大，但目前我国农村治理范式短期内也难有根本性的改观。

三、配套保障一时难以完全到位

扶贫政策优化不仅是扶贫政策本身的完善，还需要考虑政策的可操作性，这就需要一系列配套资源的筹集和配套制度的同步发展。而当前一些扶贫配套保障问题一时难以完全解决，这就增加了扶贫政策优化的难度。

典型如资金不足问题。扶贫资金的充足与否直接影响到贫困人口的关照范围和关照程度，扶贫资金大致包括扶贫财政经费、地方自筹经费、市场资金和社会捐赠。市场资金和社会捐赠因是自愿、临时性质，时多时少，难以持久依赖。因此比较经常性的扶贫资金还是财政扶贫资金。虽然前期福建省在基础设施建设、造福工程等方面投入较大，从而一定程度上减少了今后的扶贫负担，但由于福建省大多数贫困地区地形复杂，交通、水利等配套设施建设非一朝一夕所能完成，而且教育、医疗、社保等长期硬性支出负担较重，如 2016 年省级财政下达的低保（含五保）补助资金就达 12.61 亿元。因此福建省扶贫资金需求和财政投入资金有限的矛盾仍然是扶贫开发中的主要矛盾。虽然自 2016 年开始，福建每年按上年度地方一般公共预算收入的 2‰筹集资金专项用于精准扶贫精准脱贫，这使扶贫经费有所保障。但由于一般公共预算收入很难每年稳定增长，因此这种支出结构也难以保证扶贫资金的年年增长。如 2019 年 5 月，全省一般公共预算总收入完成 477.95 亿元，地方一般公共预算收入完成 259.40 亿元，同比分别下降 3.8%和 8%，是继 3 月两项收入减收后的再次下降。[①] 而贫困地区普遍经济发展滞后，地区财政配套能力差，难以筹措足够的资金用于扶贫，这就增加了脱贫攻坚的难度。

不仅扶贫资金不充分，其使用还存在各种问题。一是资金整合问题。长期以来，各部门财政扶贫资金名目繁多，但投入渠道分散，难以形成合力。大体上，财政扶贫支出主要包括用于生产性项目的贴息贷款，用于改善生产条件的项目如修建基础设施（含以工代赈），投入教育、卫生等社会化服务项目的资金，低保等兜底支出。这些财政扶贫资金常常被分散到财政、发改、农业、林业、民政、扶贫等部门，从项目立项、计划下达到资金拨付等通常各自为政，缺乏整合统筹，造成了扶贫资金分散使用和反复投入现象，有限的扶贫资金未能形成合力。为了解决涉农资金多头管理、交叉重复、使用分散等问题，2018 年 7 月《福建省推进涉农资金统筹整合实施方案（试行）》出台，方案指出按照涉农专项转

① 《1 至 5 月福建省一般公共预算总收入完成 2526 亿元》，2019-06-07，http：//www.sohu.com/a/319095652_ 100253941

移支付和涉农基建投资两大类，对行业内交叉重复的涉农资金予以清理整合。方案要求改革完善涉农资金管理体制机制，加强涉农资金项目库建设，归并重复设置的涉农项目。但目前涉农资金的统筹整合效果仍有待进一步观察。二是资金闲置。一些地区因资金统筹盘活不到位、项目推进缓慢，致使资金闲置。三是资金投向问题，即一些资金没有真正用于解决贫困人口迫切需要解决的重点问题。如由于扶贫决策不够民主，一些扶贫项目与贫困群体和贫困地区的需求相去甚远。在个别地区，扶贫资金主要用于基础设施建设，对贫困者个人扶贫投入有限。此外，由于缺乏全面扶贫观念和相关的行动安排，以及受客观条件所限，以往扶贫偏重于缓解和消除经济贫困，由此形成了贫困地区教育、医疗和社会保障等扶贫服务发展相对滞后，并进一步成为导致收入贫困的重要原因。四是存在“精英捕获”现象。如产业发展方面，部分贫困人口因不具备项目实施条件而被排除在外。如前所述，即便像小额贷款、扶贫贴息这样的金融政策，在贷款对象的选择上，出于金融风险方面的考虑，金融机构也偏好有一定财产或担保的群体，而非最贫困群体。五是资金监管机制不够严密，致使扶贫资源被挪用或贪占。这些问题均由来已久，一时之间难以完全消除。

又如产业扶贫的配套问题。产业扶贫是精准扶贫的主要“造血”手段，但目前贫困地区大力发展产业扶贫的配套条件仍相对不足。一是扶贫配套主体偏少。由于重点贫困县能带动建档立卡贫困户脱贫的龙头企业偏少，对接项目缺乏，部分产业扶贫的优惠政策难以完全落实到位。二是产业扶贫所需基础设施建设较为滞后。贫困地区不仅道路交通不发达，而且农产品加工、储存、销售等配套条件也颇为不便，这对于产业发展是极为不利的。如要发展农村电商产业，需要从业人员有合适的经营场所、必要的交通工具和完善的信息设施，这不仅需要不少的启动资金，而且需要农村网络等新型基础设施的配套建设，但这些目前在贫困地区仍是不齐全的。又如农产品想要通过网络渠道进行销售，需要策划、包装、质量认证、推广、品牌打造等系统性工作，前期投入成本较高，周期较长，而且部分农产品生产季节性强，如生鲜类的农产品如果储藏、保鲜、专业化物流等配套技术或基础设施跟不上，就无法实现。三是产业扶贫所需人力资本缺乏。当前福建有些贫困村呈“空心”状态，劳动力大量外流，导致扶贫项目落实缺乏人力支撑。不仅如此，这种人口空心化现象还会衍生出许多问题，如留守老人赡养困难、基础教育规模萎缩、公共设施利用率低下、村级组织选举参与度低等，当这些问题与贫困交织在一起时，就会给基层精准扶贫带来巨大的阻碍。

即便是单项产业扶贫也存在多类配套问题，如福建省寿宁县农村电商扶贫实践中就存在如下困境：一是网店无规划，销售成难题；二是品牌知名度低；三是产品供应不适合市场需求；四是产品质量参差不齐；五是农村电商运营人才缺乏，专业性问题难以解决。[①] 而这中间，无论是电商人才的培养，还是网店的规划，都难在一朝一夕间完成。这就对精准扶贫政策的优化和执行造成了阻碍。

再如制度配套问题。如尽管福建省针对贫困人口构筑了多重医疗保障体系，但现今医疗保险制度仍一定程度上存在门诊报销难、非特殊病种报销比例偏低、大病医保有限额等问题。受此影响，贫困人口通常小病不看，最终拖成大病，加大了医疗成本。总之，当前各种配套性问题较为广泛地存在。

四、扶贫主客体动力问题

有政策需求才会有政策供给，有政策创新需求才会有政策供给优化。目前从需求方看，福建省相当部分贫困人口为边远山区留守人口，他们思想较为保守，对扶贫政策谈不上太多建设性建议。如根据学者对南平贫困县贫困户的金融需求问卷抽样，有 63.7%的贫困户提不出有效的金

---

① 胡佩萱、王海燕、杨雨晨：《我国农村电子商务现状分析及策略探讨——基于福建省寿宁县的调研分析》，《现代商贸工业》2019 年第 12 期，第 63 页。

融需求[①]；一部分人还存在较为严重的“等靠要”思想，政策依赖思想严重；部分贫困户贫困时间长，对贫富观念存在认识偏差，相信“宿命论”，安于现状，脱贫意愿不强。一些虽然在政府帮扶下就近就业，但也存在不好管理的现象。不仅如此，一些贫困地区干部的自主脱贫意识不强，其脱贫思路多是坐等国家资金或项目落户。什么样的思想观念决定了有什么样的发展思路。消极的人生态度，会失去很多脱贫和发展的机会，对于不太熟悉的先进技术和管理办法也不容易接受和采纳。因此，物质贫困并不可怕，可怕的是精神贫困，它会消磨甚至摧毁一个人的意志，并因此陷入无法自拔的贫困陷阱。总之，对当前福建省相当一部分贫困人口而言，他们除期盼得到更多的扶贫资源并进行合理分配外，没有太多其他政策创新的动力或能力，这种情况对于政策创新显然是不利的。

再从扶贫政策供给方来看，同样存在着一些怠于推动扶贫政策创新的力量，甚至还存在扶贫动力不足的问题。如一些帮扶干部在当地绝对贫困问题解决后盲目乐观，思想松懈；一些地方政府害怕承担责任，虽与银行签订了小额信贷扶贫担保协议，但在实际运作过程中因不愿承担兜底风险，故额外增设条件，如要求全额或信贷额度 20 万元以上需由公职人员提供反担保等。还有些乡镇政府害怕承担连带还款责任，不敢在扶贫贷款表上签字，导致一些有信贷需求的贫困户未能获得贷款；体制内社会帮扶方面，根据福建省委、省政府的要求，各帮扶单位承担了对贫困地区挂钩帮扶的任务，但各帮扶单位积极性存在差异。个别单位把帮扶工作简化成“掏钱”工作，把帮扶工作任务简化成“一掏了之”。没有认真谋划和实施智力支持、产业帮扶，个别单位因为各种原因帮扶资金也未能及时拨付，影响了帮扶项目的进度。一些参与帮扶的国有企业和集体企业也将扶贫视为一项政治任务，捐赠式扶贫较为普遍，重点关注医疗、教育等公共领域，较少根据自身发展优势对贫困地区进行产业

---

① 郭梦恬：《金融精准扶贫有效性的调查与思考———以福建南平为例》，《知识经济》2019 年第 1 期，第 75 页。

帮扶，表现出明显的被动扶贫特征。

市场主体同样存在扶贫动力不足的问题。客观说来，撇开市场主体的扶贫、公益意愿不谈，贫困地区也存在着一些有待开发的重要资源，加上贫困地区劳动力价格期望值相对较低，这使企业有一定的盈利空间。因而扶贫与市场主体的结合在市场经济环境下也有可能。虽然如此，但目前整体而言，福建省市场主体的扶贫动力仍然不足，这是因为：

①经济利益和社会效益的矛盾。脱贫攻坚于我国而言有其明确的政治意义，这就要求市场主体在扶贫过程中承担起一定的社会责任，让渡一部分的经济利益。但当前情况下，大多数市场主体社会责任意识不浓，仍将追求经济利润视为其主要甚至是唯一的目标，这就无法充分调动市场主体扶贫的积极性和主动性。如在金融扶贫中，农业领域固有的高风险、低收益、高成本、长周期的特点，与商业性金融追求利润、规避风险的属性相矛盾，商业性金融对金融扶贫热情不高，存在“恐贷”“惜贷”心理。②贫困地区的投资环境欠佳。大部分贫困地区基础设施落后，生产方式单一，人口受教育程度不高，专业技术人才缺乏。个别地区自然环境恶劣，生态环境脆弱，扶贫风险和成本较大，不利于企业的长远发展。对于金融机构来说，合格的贷款主体较少，金融信贷风险大。③政策保障不到位。虽然国家高度重视市场力量扶贫的重要性，也出台相关文件推进和保障市场主体扶贫，但各地的配套保障政策仍不到位，如针对贫困地区的信贷倾斜政策、税收扶持政策配套不够，导致市场主体积极性不足。④地方政府服务能力有待提升。长期以来政府主导的扶贫开发模式使地方政府对扶贫行政手段更为依赖，近年来虽然开始重视企业、社会组织扶贫，但与企业、社会组织协同帮扶的经验不多，平时重发动，但在发动之后的管理和服务却不够积极，加之涉及市场主体扶贫的政府部门多，工作协调难，服务效率不高。正因为如此，当前个别扶贫企业的功利性强，有的是为了获取政府潜在的政策支持，有的将其视为企业公关宣传甚至商业促销，还有的属于跟风做秀。即使企业真心扶贫，企业追求利润的原始动机在扶贫过程中可能与扶贫目标背离，即

市场主体得到了经济利益，但贫困人口贫困现状难有改观。具体而言，市场主体进入贫困地区时，资本的逐利本性使得其在产业扶贫、金融信贷时更愿意与贫困地区的“能人”“大户”合作，这样有利于规避风险，获得可观收益。而地方政府和扶贫干部为了完成扶贫任务或为了增加税收，也热衷于“撮合”市场主体与贫困地区“能人”“大户”和企业的合作，导致“扶富不扶穷”“扶贫不脱贫”的现象存在。

社会组织参与扶贫也面临一些困境。社会组织在脱贫攻坚中有着更为专业的技术和服务优势，可以弥补政府和市场在扶贫中的不足，实现精准扶贫。中共中央办公厅、国务院办公厅发布的《关于创新机制扎实推进农村扶贫开发工作的意见》（2013）明确要求：鼓励引导各类企业、社会组织和个人以多种形式参与扶贫开发。国务院《关于促进慈善事业健康发展的指导意见》（2014）还提出要优先发展具有扶贫济困功能的慈善组织。但当前福建省社会组织起步较晚，受限于自身的条件和各种外部因素，在参与扶贫脱贫中也面临着多重困境。一是社会组织扶贫经验不多，公信力还不够。近年来虽然福建省社会组织发展迅速，但其中专门的扶贫组织成立时间不长，独立性较差，积累扶贫经验和社会信任还需要时间。二是筹集资金能力有限，扶贫能力受限。早先社会组织与政府联系紧密，行政色彩浓，其优点是能响应政府扶贫号召，同时因为能获得政府资金支持发展无虞，缺点是重心主要在于配合政府的扶贫行动，缺乏创新性和主动性。近年来，全国上下加强了对社会组织的“去行政化”管理，社会组织独立性增强，但与此同时也因为失去政府支持而面临着资金不足、人才缺乏等问题，组织发展和扶贫能力受限。尤其是在当前我国普通公民慈善理念、社会责任意识尚不强烈的情况下，资金困难的非营利组织就极有可能面临人员流动性大、专业人才不足等问题。三是社会组织扶贫偏好与单打独斗。参与扶贫的社会组织有其专业所长和扶贫偏好，在扶贫项目、扶贫对象、扶贫方式等方面有自身的选择，如目前社会组织扶贫以支教助学、慰问扶贫等形式居多，这种扶贫偏好显然难以顾及扶贫全局。同时，社会组织近年来除与政府进行了一定的合作外，社会组织之间协同帮扶的现象较少，这也增加了扶贫的局限性。这些困境在实践中必然影响到社会组织的扶贫实效，进而影响到其扶贫成就感及扶贫动力。

五、政策形成方式的局限性

一般而言，扶贫政策要有前瞻性、统筹性，加强长远规划和全局统管，不能局限于应急性对策和局部性规划。由于我国扶贫实践是在摸索中前进的，因而目前扶贫政策在进行前瞻性设计的同时，不少是应实践的需要而产生的，尤其是一些操作性政策不少是在扶贫实践中发现问题后又不断加以修订，从而使政策呈现出一定的滞后性。

当然，问题导向式扶贫政策有其明显的优势。坚持问题导向，针对发现问题认真进行整改，通过问题整改推进工作进展。这种“问题导向”式扶贫战略有利于增强扶贫工作的针对性，集中资源解决最迫切需要解决的问题。但另一方面，这种政策产生模式容易出现下列问题：缺什么、补什么，“打补丁”式的政策设计容易导致政策“碎片化”现象，并进而导致政策之间的相互衔接与配套问题；边实践边摸索，一出现问题加以修正，影响到政策的稳定性和权威性；一些“亡羊补牢”式的政策形成模式，无法体现政策的前瞻性，实践之中因新的破解方式出现仍然无法适用。如为破解贫困户的收入问题，政府提供产业扶贫，让企业携手贫困户一起发展。在这种模式中，贫困主体与市场的对接主要通过企业，由于农户对市场信息的了解有限，参与竞争及利益分配的能力有限，在与企业的交易谈判中处于劣势地位，在市场变动的情况下，农户面临的风险可能会更大，因此脱贫效果有限。而且，当前产业扶贫多以扶持项目的形式投入，而各地又存在一定的跟风现象，导致产业同质化问题，产业结构单一，这更加大了贫困者的经营风险。

而且，我国贫困现象普遍，贫困地区和贫困者情况千差万别，无法全国一盘棋照搬照抄，各地、各部门扶贫政策自主权也较大，因而形成了扶贫政策出台的条条分割、条块分割，这在加强扶贫政策的专业性、针对性的同时，也可能形成一定程度上的政策衔接与配套问题。

无论如何，由于当前我国贫困问题尤其是相对贫困问题的普遍性和复杂性，再加上无现成经验可供照搬，我们仍然需要在实践中不断摸索和完善。但同时，我们也要立足于现实，在扎实掌握现有贫困现状和贫困需求的基础上，强化国内外扶贫理论、经验的学习和研究，力争产生更多的前瞻性政策和系统性政策。

总之，优化政策是为了提升扶贫效果，有效利用扶贫资源。然而现今不仅扶贫政策形成方式影响了政策本身优化或上升的空间，福建省贫困问题的复杂性使扶贫战略选择更加艰难，扶贫工作环境和配套问题难以保障扶贫政策的有效贯彻落实，而且扶贫主客体的政策创新动力不足，这无疑更增添了扶贫政策供给优化的难度。

第五章

供给侧改革视角下福建省精准扶贫政策优化建议

在分析福建省精准扶贫政策供给优化的必要性、可行性及难点的基础上，本章通过借鉴他山之石，提出福建省精准扶贫政策优化的具体思路和建议。

第一节　扶贫理论与国外成功经验借鉴

一、扶贫理论

（一）可行能力理论

与传统的把“收入低下”作为判断贫困的标准不同，印度著名经济学家、1998 年诺贝尔经济学奖获得者阿玛蒂亚·森（Amartya Sen）提出可行能力理论，认为贫困的原因在于贫困群体可行能力的缺失。

阿玛蒂亚·森认为一个人的“可行能力”是指这个人有可能实现的、各种可能的功能性活动。可行能力因此是一种自由，是实现各种可能的功能性活动组合的实质自由。[①] 这里的自由包括免受困苦诸如饥饿、营养不良、可避免的疾病、过早死亡之类基本的可行能力，以及能够识字算数、享受政治参与等等的自由。

20 世纪 80 年代初，阿玛蒂亚·森就用可行能力来测量个人福利和生活质量。之后，他又不断完善这一理论，提出把扩展实质性自由（可行能力）作为发展的首要目标和主要手段，并主张从能力分析视角来理解和定义贫困。他认为，贫困群体之所以贫困是因为缺乏“可行能力”，即缺乏获得某种物质生产机会的“可行能力”，他认为贫困必须被视为基本可行能力的剥夺，这是识别贫困的通行标准。他的这个观念提示我们收入低下只是贫困的表象，而更深层次的原因在于贫困群体可行能力的缺失，缺乏能力是他们低收入的决定性因素。

阿玛蒂亚·森的可行能力理论给我们反贫困提供了一种新的思路。目前贫困群众不仅因身体条件欠佳导致生产能力受限，受教育程度较低致使技能、信息获取能力低下，还因社会排斥导致政治参与不够，最终致使反贫困进展缓慢。要拔“贫”根，我们需要提升贫困群众的健康水平、受教育程度及社会参与能力。

（二）多维贫困理论

长期以来，由于受数据采集以及人类对贫困概念认识的限制，人们习惯于用收入、消费或其他货币尺度来测度贫困。事实上，贫困是一个多维的概念，除收入外，还包括许多非货币的维度，如教育、健康、住房以及公共物品的获得等。世界银行（2003）认为，贫困是人们想逃避的一种生存状态，贫困意味着饥饿、缺医少药、失业、无上学机会以及权利和自由的丧失。可见，贫困意味着福利的丢失。

福利经济学家 Cannan（1914）、Pigou（1920）等早已认识到贫困和福利问题远非以货币形式所能轻松描述并解决，但较早明确提出从多维角度来认识贫困与发展问题的学者则是 Sen（1976），其“可行能力”理

---

① ［美］阿马蒂亚·森：《以自由看待发展》，任赜、于真译，中国人民大学出版社，2002 年，第 62 页。

论被公认为是多维贫困的理论基础。之后，众多学者继续对之进行研究，Chakravarty 等（2005）概括了多维贫困测度的 12 条公理：聚焦性公理、标准化定理、单调性公理、复制不变性公理、对称性定理、连续性公理、子群可分性公理、基本需求非下降性公理、非贫困增长性公理、转移性公理、规模不变性公理、贫困维度间关联增强性转换非下降公理。①

既然贫困是一个多维概念，那么仅从收入维度测量贫困，可能导致那些教育、健康或其他相关维度处于贫困（短缺）状态的人群得不到及时救助，并且从长期和动态的角度看，货币贫困具有可逆性，而非货币贫困通常表现出更多不可逆的特征。例如，一个身患疾病的少年如果不能得到及时的医疗救助，可能终身丧失劳动能力；同样，一个处于辍学边缘的儿童，如果没有得到及时的教育救助，也可能会失去其未来创造更多收入的能力，从而陷入长期贫困之中。因此，采用多维方法测度贫困，不仅可以加深人们对贫困的认识，还可以为贫困人口提供瞄准率更高、效果更好的分类救助措施。这对于当前福建省乃至我国反贫困工作具有指引性意义。

（三）参与式扶贫理论

“参与式扶贫”源于西方的参与式发展理论，由美国康奈尔大学诺曼·乌赫弗（Norman Uphoff）教授最早提出。其核心思想是发展对象不但要执行发展，而且要作为受益方参与监测和评价。这种理念运用到扶贫实践，就形成了参与式扶贫。其核心是“赋权于民”，强调扶贫对象对扶贫过程的参与，这包括参与扶贫决策以及扶贫资金和资源投放的领域、项目和产业选择，参与扶贫项目的决定、管理、监督和评估，分享扶贫项目的利益。②

在我国，学者李小云最早引入参与式扶贫理念，并指出参与式扶贫模式是当前我国农村扶贫的必然选择。③ 他认为参与的核心是在决策和行

① 丁建军：《多维贫困的理论基础、测度方法及实践进展》，《西部论坛》2014 年第 1 期。

② 许源源：《中国农村扶贫：对象、过程与变革》，中南大学出版社，2007 年。

③ 李小云：《参与式发展概论》，中国农业大学出版社，2001 年，第 57-60 页。

动过程中的参与，特别是在政策制定和项目实施等过程中的参与。发展至今，参与式扶贫已为众多学者所接受，并认为应让扶贫对象参与到扶贫项目的设计、规划、实施、监管和验收过程，扶贫应为贫困群体提供参与渠道，表达其意见与需求，从而摆脱贫困。

传统救济式扶贫模式下，扶贫主要依靠政府自上而下划拨扶贫资源、项目等来实现。这种依靠外部施予忽视扶贫对象需求的扶贫模式难以实现扶贫需求与扶贫供给的有效匹配，而且也因忽视扶贫主体的内生发展能力建设，导致扶贫资源不断投入和扶贫成效不显著的矛盾，贫困农民的脆弱性未得到根本改变，反而产生路径依赖，返贫现象频发。相较传统模式而言，参与式扶贫要求转变扶贫思维，强调贫困农民在扶贫全过程的参与，强调扶贫对象自身参与能力的建设，因而能够使扶贫举措更加契合贫困农民的实际需求，提升扶贫效率。可以说，参与式扶贫理论强调的“赋权于民”，以及扶贫对象对扶贫过程的全程参与，对于我国扶贫过程中激发扶贫对象的主体意识，解决扶贫供给与扶贫需求的错位问题有明显的借鉴意义。

（四）合作型反贫困理论

合作型反贫困理论是在参与式扶贫理论基础上发展起来的。合作型反贫困理论的内涵是指反贫困工作不是由单一主体的投入即可完成的，需要多方之间有效合作完成。合作型反贫困作为一种减贫理念，强调的是通过贫困地区各相关利益主体（政府、社会、贫困群体）之间的有效合作，且这种合作通过一个有效的合作平台来实现，从而要求在制度层面上构建可持续的反贫困机制。

合作型扶贫与参与式扶贫在理念上的区别是：参与式扶贫的实际主体还是政府及外部力量，贫困群体只是一个“参与者”，虽然贫困群体被赋予了参与发展的权利，但扶贫活动本质上仍然属于自上而下的“给予”和“接受”关系，贫困群体仍处于“下端”位置。而“合作型反贫困”中，反贫困活动中的政府与贫困群体不再是“给予”与“接受”的关系，而是一种协作关系，贫困群体与政府是一种平等对话、平等合作的地位。

在此基础上，我国一些学者主张构建四大合作机制：官民合作机制、贫困户经济合作机制、社区与农户间合作机制、政府部门间合作机制。①

由于政府扶贫资源有限，因而扶贫需要全社会力量的通力协作。尤其是扶贫脱贫不仅是政府的责任，更是贫困群体的义务，贫困群体要自立自强，配合政策，敢于担当。合作型扶贫理论强调调动各方扶贫积极性，整合扶贫资源，帮助贫困地区和贫困人口摆脱贫困，这对于解决当前我国扶贫资源有限且缺乏有效整合、扶贫协作不力、贫困群众主体意识不强的扶贫局限性有重要的现实意义。

（五）人力资本理论

人为资本理论最早源于经济学。20 世纪 60 年代，美国经济学家西奥多·舒尔茨（Thodore W. Schults）和加里·斯坦利·贝克尔（Gary Stanley Becker）创立了人力资本理论。尤其是 1979 年诺贝尔奖获得者舒尔茨更是公认的人力资本理论的构建者。1960 年，他在美国经济协会年会上做了题为《人力资本投资》的演说，明确提出人力资本是当今时代促进国民经济增长的主要原因，认为人口质量和知识投资在很大程度上决定了人类未来的前景。而人力资本表现为蕴含于人身上的各种生产知识、劳动与管理技能以及健康素质的存量总和，这些是通过对生产者进行教育、职业培训等获得的。因此，舒尔茨认为，对人力资本进行投资非常关键，这包括营养及医疗保健费用、学校教育费用、在职人员培训费用、个人和家庭为适应就业机会的变化而进行的迁移活动等。这些投资一经使用，就会产生长期的影响，对经济增长做出发期贡献。各项投资中，舒尔茨特别强调教育投资，认为教育是使个人收入的社会分配趋于平等的因素。

运用到扶贫领域，该理论认为一个国家或个人的贫困，从根本上来看是人力资本的缺乏，而不是物质资源的短缺。也因此，该理论强调对贫困者进行人力资本投资，认为贫困对象作为贫困的主要承受者和脱贫

① 林万龙、钟玲、陆汉文：《合作型反贫困理论与仪陇的实践》，《农业经济问题》2008 年第 11 期，第 59-65 页。

的主要承任人，其脱贫能力建设状况关系到是否能从根本上摆脱贫困。我国当前反贫困困难重重与贫困者自身脱贫意愿不强、脱贫能力不高有着直接的关系，因此，人力资本理论对于解决我国贫困问题有着重要的借鉴意义，我们必须加强对贫困群体的人力资本投资，通过宣传教育和职业培训等帮助其树立脱贫意愿和信心，提升其脱贫能力。

上述国内外学者对贫困表现、缘由及如何破解等方面的解读，为我国精准扶贫政策优化提供了思路。

二、国外成功的扶贫经验

（一）美国政府的扶贫经验

美国政府很重视扶贫，其扶贫减困主要由联邦、州、地方政府安排专项资金，此外还有社会捐赠和贷款。早期美国政府主要采用政府救济扶贫，2000 年以后因财政不堪重负决定调整扶贫办法，扶贫方式趋于多元，并主要借助各种专门的扶贫项目帮助贫困人口彻底脱贫。2009 年初美国通过了《复苏和再投资法案》（ARRA），这既是应对金融危机的法案，也因提出完善社会保障制度、援助经济衰退影响严重群体、投资基础设施、创造工作机会等举措，而成为重要的扶贫法案，旨在从根本上改善贫困人口的生活。

实践中，美国一些扶贫的理念和做法值得我们借鉴。

第一，多元主体参与，且各自职权明确。首先是各级政府扶贫职责明确，分工清晰。如联邦政府的职责是确定每年的贫困线标准，制定救助穷人的预算草案和地区分配草案，并下拨扶贫款项，对全国贫困地区开发进行规划等；州政府的职责是确定每年州贫困线的标准，筹措配套资金，确定联邦拨款和配套资金分配方案，制定本州对贫困地区的优惠政策，帮助县市、企业、社区和民间机构申请联邦各部门拨款等；县政府职责是将扶贫款下拨到市、社区，制定贫困地区开发规划和就业机计划，组织相关机构申请专项拨款，制定优惠政策；市政府的职责是将扶贫拨款落到实处，申请联邦专项拨款，申请州的扶贫资助款，报告拨款使用情况和效果评估等。[①] 其次是 NGO（非政府组织）的广泛参与。许多扶贫项目由政府制定标准并提供资金，NGO 按照政府规定的要求具体负责实施，最后由政府考核验收。

第二，关注相对贫困问题，贫困线动态调整。美国是一个发达国家，但近半个多世纪以来，美国贫困率一直保持在 15%左右。这表明，美国并没有满足于绝对贫困问题的解决，主要关注的是相对贫困问题，15%的比率也使得受益面极广。而且美国贫困线每年动态调整，并区分了近贫、贫困和赤贫群体，其中“近贫”是指年收入高于联邦贫困线 1~2 倍的个人或者家庭；“贫困”是指年收入低于联邦贫困线的个人或者家庭；“赤贫”则特指年收入低于联邦贫困线 50%以下的个人或者家庭。

第三，贫困救助体系较为完善。美国政府对不同的贫困群体及各类特殊人群，制定了各自不同且有针对性的救助政策，在住房、医疗、教育、养老等方面能满足低收入群体的基本生存需求。如美国政府早在 1939 年就通过“补助营养援助计划”给贫困人口发放食物券，此举既可刺激经济，又可保障贫困人口的基本生活。2010 年，美国四口贫困之家每月可获得 668 美元的食品券，这足够一家人的食品开支。美国政府还强制收取失业保险基金，雇主或雇员按工资总额一定比例缴纳失业保险税。

第四，重视调动贫困人口就业积极性，强调贫困人口权利与义务的统一。美国针对贫困人口的救济政策较为完善，依靠这些救济，贫困人口可以过上衣食无忧的生活，但美国不惯着懒人，对有劳动能力的贫困者享受社会救济有所要求。如 1996 年克林顿政府颁布了《个人责任和工作机会协调法案》，这是美国福利政策的一个转折点。这项改革的核心内容是用“贫困家庭临时救助计划”（TANF）代替原来的美国社会保障法案，新政策旨在通过促进就业，鼓励公民个人承担责任。“贫困家庭临时救助”强调救助的临时性，且明确规定贫困家庭每周必须达到的工作时间，使救济从原来的无限制终身福利转变为一种有限制的临时福利，并

① 于长存、韩越:《美国政府扶贫的主要特点及 NGO 参与扶贫的主要模式》，《读天下》2016 年第 16 期，第 130 页。

将重点放在督促和帮助失业者再就业方面，使他们树立“以工作求自立”的理念。又如规定短期非自愿失业者可以在一定期限内领取失业保险金，实即对救济时限做出限制。类似的还有美国政府给予低收入家庭的退税福利，只有参加工作的贫困家庭才能申请，以此来激励贫困人口积极就业。

第五，重视贫困人口能力建设。政府不只是救济，还制定了对失业人员进行职业教育和技能培训的政策，给贫困者提供学习的机会。在得克萨斯州和佐治亚州，州政府给失业人员的失业救济金就是按照参加职业培训的名单来发放的，这就使职业培训具有一定的强制性。

（二）英国政府的扶贫经验

在贫困线划定上，英国采取中位数算法，以全国居民收入中位数（高于此收入的家庭数量与低于此收入的家庭数量相等）的60%划定贫困线，如果低于60%，那么该家庭就会被认为是处于贫困之中。而且英国政府贫困标准也有着很细致的划分，如以收入水平划分为绝对贫困、相对贫困以及社会排除性贫困①，并针对不同的贫困人群，采取不同的扶贫措施。

英国较早重视贫困问题，早在1601年，英国政府就颁布了《济贫法》，开启了反贫困之路。英国也是典型的福利国家，其扶贫最突出之处就是形成了较为完善的福利体系。1946年、1948年英国先后通过了《国民保险法》和《国民救助法》，由此逐步建成“从摇篮到坟墓”的社会福利体系。到21世纪初，英国福利体系覆盖了社会保障、医疗保健、国民保险等各个方面。据2016年8月英国约瑟夫·朗特里基金会（Joseph Rowntree Foundation）发布的最新报告《英国贫困成本计算》，英国为抵消贫困造成的影响，每年需要支出780亿英镑，其中690亿英镑用于公共服务，消除贫穷对英国人生活造成的影响；90亿英镑用于因贫穷导致的

① 因失业、缺失工作技能、收入低、住房问题、生活地区犯罪率高、健康问题和家庭破碎等综合性因素，造成的个人及地区性贫困。

税收流失和额外福利支出。[①] 同时，英国社会组织扶贫的作用也比较明显，为引导和规范社会组织扶贫，2006 年英国女王颁布《慈善法》，对慈善委员会、慈善组织的运作予以明确规定，同时建立了一系列关于慈善组织自治、慈善资金募集、慈善组织税收优惠等方面的法律制度，使慈善组织能够更高效地在反贫困事业中发挥作用。

整体上，英国政府比较关注区域扶贫。在工业化进程中，由于地理条件、传统产业结构等原因，英国部分地区发展相对缓慢，贫困人口集中。第二次世界大战后，英国的区域扶贫政策经历了三个阶段：①20 世纪 40—60 年代，主要以拆除贫民窟、在周边地域新建公共住房的方式，缓解贫困地区人口压力，改善贫困人口住房条件；②20 世纪 60 年代末，英国政府与 NGO 合作在多个落后地区引导并鼓励弱势群体积极就业，以较低成本缓解贫困聚集；③20 世纪 70 年代始，英国政府高度关注失业率，并将失业率作为某一地区是否纳入扶持范围的评价标准。[②] 若某地区失业率高于全国平均水平则被列入重点援助区域，并采取措施促进这些地区的开发和发展。如英国政府颁布了《工业法案》，对贫困地域的中小企业进行补贴，促进地区就业。政府还将服务业纳入区域发展补贴范围，以扩大就业岗位等。

同样，英国也实施分类济贫制度，有针对性地帮助贫困人口脱贫。如针对工人阶层贫困，2003 年英国政府进行一系列直接税的改革；针对老年人贫困，在养老金改革中规定了“最低收入保障”；在未成年人贫困方面，实施税收抵免，增加工作收入等。

三、发展中国家的小额信贷

小额信贷是指基于生产目的，向低收入阶层和弱势群体提供金融服

---

① 王俊美：《英智库发布最新报告：英国反贫困成本高达 780 亿英镑》，《中国社会科学报》2016 年 8 月 8 日。

② 王志章、黄明珠：《英国反贫困的实践路径及经验启示》，《广西社会科学》2017 年第 9 期，第 188-193 页。

务的方式。小额信贷在扶贫和经济发展中的重大作用得到国际社会广泛认可，联合国并把2005年定为“国际小额信贷年”。

小额信贷于20世纪70年代发端于孟加拉国，贷款对象仅限于贫困人口，额度很小，无须抵押。自创立以来，小额信贷受到了贫困人口的拥护，并迅速推广到亚、非、拉许多发展中国家，成为一种行之有效的扶贫方式。发展至今，小额信贷共经历了四个发展阶段：70年代的农户小额贷款，80年代微型企业的小额贷款，90年代追求商业可持续发展和贷款覆盖率为目标的小额贷款，以及目前多元化模式的小额信贷。如今，越来越多的发展中国家或不发达国家已将小额信贷视为扶贫的重要手段。

小额信贷的产生改变了原来由政府发给贫困户补贴信贷的模式，引入市场机制，由金融机构按市场运作。目前，在世界各地实行的小额信贷模式有多种，其中比较典型的有孟加拉的格莱明乡村银行（GRAMEEN BANK）、印度尼西亚的人民银行小额信贷部（BRI-UD），及玻利维亚的阳光银行（BANCOSOL）、印度的“自助小组+银行”等模式。从事小额信贷业务的机构包括正式的金融机构、非政府组织、社区组织以及政府机构和国际组织。

以印度为例，印度拥有12亿人口，其中只有不到1/4的人可以享受到正式金融部门的基本金融服务。20世纪80年代，印度出现了“自助小组+银行”模式，由此商业银行开始放贷给10~20名妇女组成的自助小组。自助小组由面临相似问题的贫困人口组成，通过相互帮助来解决她们面临的问题。所有的自助小组成员定期存储小额储蓄，然后把她们的储蓄以小组的名义存到附近商业银行或合作银行的储蓄账户上，这笔资金称为小组基金。自助小组运营一段时间后，如果满足了银行贷款要求，银行可以向自助小组发放贷款，贷款通常以小组的名义而不是个人的名义批准和发放，贷款最终由自助小组偿还。自助小组利用道德压力以确保借款成员偿还贷款，通过自助小组的自我约束，银行获得了较高的偿还率。由于银行与自助小组信贷联结的小额信贷模式具有降低交易成本、增加存款基数、高还贷率等优点，因而在90年代后获得了国家政策的支持，并得到较大的发展。

在传统观念中，低收入阶层由于还款能力差、缺乏抵押物而为传统金融机构所排斥，但事实上，如果能找到合适的降低经营成本、减少金融风险的方法，小额信贷机构可以把金融服务推广到贫困人口中，并能维持信贷机构的正常经营及利润。而从扶贫的角度来看，类似印度自助小组的存款服务可以帮助穷人增加储蓄，应付生活中的突发事件。贷款服务则可以帮助那些传统金融关照不到的低收入群体获得小额信贷，帮助他们发展生产，从而最终摆脱贫困。因而小额信贷被视为一种有效的扶贫手段。当然，小额信贷也可能面临一些问题，如因贷款容易、经营不善导致的坏账问题，又如小额信贷集中度太高、贷款利率偏高等问题，后者甚至引发了 2010 年印度安德拉邦的小额贷款危机。

由于国情不同，国外的扶贫经验很难直接应用于我国的扶贫事业。但无论如何，国外一些成功的扶贫经验值得我们借鉴，如覆盖面较广的扶贫标准，关注相对贫困，细分贫困类型；与 NGO 的扶贫合作，优势互补；构筑较为完善的福利制度；分类救助，促进就业；注重贫困户的能力建设和自我管理等。

第二节　福建省精准扶贫政策优化思路

立足于福建省扶贫实践，在借鉴国外先进扶贫理论和成功扶贫经验的基础上，福建省扶贫政策优化可有如下基本思路。

一、以供给侧改革思维推动扶贫政策创新

在扶贫资源有限且供需有所失调的情况下，要从供给侧着手优化扶贫资源配置结构，最大限度地提升扶贫资源利用效益。

福建省当前部分贫困地区仍然存在基础设施落后、扶贫资源难以完全配套的扶贫供给不足问题，存在着贫困群体瞄准偏差、贫困对象内生

动力不足的扶贫供需失衡问题，存在着扶贫产业抗风险能力弱、发展持续性不强的扶贫供给落后问题，亟须转变思路，明确精准扶贫供给薄弱环节，全面深化精准扶贫供给侧结构性改革，为提高精准扶贫成效奠定坚实基础。

首先，要转变思维方式。以往政府对扶贫工作不可谓不重视，也投入了许多扶贫资源，采取了多种扶贫举措，但扶贫效果不尽如人意。如政府以往组织了不少针对贫困人口的培训工作，但贫困人口参与意愿不高、效果不理想，其中部分原因就是培训内容、时间、方式不完全符合贫困人口的需求，培训缺乏针对性。说到底，仍是供给存在偏差、有效供给不足的问题。又如由于扶贫资源供给数量与脱贫需求存在着一定的差距，一些基层扶贫部门不得不将争取扶贫资源作为头等大事，却忽视了争取来的扶贫项目是否符合扶贫需求的问题。即便明知不太符合，相关部门也不愿意放弃来之不易的资源，所以便存在着贫困户的“需求”反过来去“适应”帮扶资源的情况。这种情况一方面导致扶贫资源难以发挥最大效应，另一方面也抑制了贫困主体主观能动性的发挥。因此，今后扶贫供给应切实以“需求”为导向，在充分掌握地情和贫困对象需求的基础上，革新扶贫供给，让扶贫供给更好地与扶贫需求相匹配。

其次，要把扶贫供给结构性改革作为精准扶贫供给侧改革重点。如前所述，扶贫供给包括政策供给（狭义），资源供给、保障体系供给等多个方面。而扶贫供给结构既包括三者内部的结构关系，也包括三者之间的相互关系。如对于后者而言，政策供给属于纲领性供给，资源供给是根据政策供给的安排提供的，保障体系供给是确保政策执行效果的供给，三者相互作用、相互影响，总起来属于广义的扶贫政策供给（扶贫总安排）的具体内容。对于当前福建省精准扶贫供给侧而言，政策供给、资源供给、保障体系供给方面仍存在一些不足：一是需要补足贫困地区发展短板。如要加强贫困地区基础设施建设，因地制宜解决好通路、通水、通电、通网络等问题。同时要补齐农村人才短板，以往比较重视干部下派，现在还得更注意本地化干部的培育问题，同时还要创造好的条件留住人才。二是扶贫精准到户。一切扶贫措施要取得成效，先要从扶贫瞄准开始，要防止两类误差：一类是弃真型误差，符合条件的贫困群体没有受益；另一类是存伪型误差，不符合条件的人享受了政策，浪费了扶贫资源。这就要求要精准识别，既没有遗漏，也没有浪费。另一方面，精准到户还包括扶贫举措的因户施策。这就要求对贫困人口的脱贫意愿进行充分调研，并结合贫困人口的实际情况为其“量身定制”扶贫举措，避免供需错位。三是实现全面扶贫。由于贫困原因通常是综合性的，因此扶贫也应该是全面的，要克服以往那种头痛医头、脚痛医脚的片面做法，全面扶贫。其中特别要加强就业扶贫。一人稳定就业，全家脱贫，要加大转移就业培训力度，完善输出与输入地劳务对接机制，同时并对贫困地区农民工返乡创业给予政策支持。此外，要大力开展医教扶贫，解决贫困户的贫困根子。上述问题中，全面扶贫属于政策安排，即政策供给；补足短板属于资源供给；精准到户在精准扶贫政策安排中有此要求，但实践中却难保证，因而主要属于保障供给的问题。从供给侧结构来看，当前保障体系供给不能很好地保障政策执行和资源效益；而且资源供给内部结构也存在厚此薄彼或搭配不够完美的地方，需要优化扶贫资源供给结构，尤其要根据贫困地区和贫困农户的实际需求，做到投“资”和投“智”相结合，为贫困地区或贫困人口出谋划策，对他们进行培训，为他们搭建销售平台和网络等，增强其脱贫动力和能力。

再次，要创新扶贫供给侧管理机制，让有限的扶贫资源发挥最大作用。如前所述，保障体系供给之所以未能有效保障政策的贯彻落实和资源效益的充分发挥，与保障供给的管理不健全有很大的关系，尤其是与扶贫资源和扶贫过程的监管、扶贫成效的评估考核、扶贫责任的追究和补救等有很大的关系。如由于扶贫过程监管不完全到位导致扶贫资源的“精英捕获”现象，甚至出现扶贫资源被私吞、挪用等恶劣现象，与扶贫资源的扶贫宗旨相背离，也未能实现预期的扶贫目标。

最后，要关注供给与需求的动态平衡。很多时候，扶贫供需匹配难以一次性完成，这一方面是因为供方不一定能一次性识别需方的全部需求，或虽然识别却碍于人力、物力难以一次性提供；另一方面也因为在扶贫的不同阶段，需方的需求会有所变化。这就要求要根据贫困群众需求的动态变化及时转变供给方式和内容，如及时调整扶贫效果不显著的扶贫项目，改变资源投向等，以实现扶贫供需的动态平衡。值得注意的是，供需匹配并非一味强调供给服务于需求，对于扶贫事业而言，一些贫困群体对最适合自身的脱贫方式不一定很了解或虽然了解但出于懈怠等原因转而求其次，在这种情况下，需要用供给引导群众的需求，激发贫困群众的首创精神，最终使供需真正匹配。

二、坚持以贫困者为本的扶贫理念

要使供给侧与需求侧匹配，就必须树立以贫困者为本的扶贫理念，了解并引导贫困者的需求，最终实现供需平衡。因此，要广泛开展贫困者脱贫欲望、脱贫需求的调研，广泛开展精准扶贫政策及其执行满意度的调查，从中了解贫困人口对扶贫政策的了解情况、满意状况，了解贫困人口脱贫需求与扶贫供给的差距，包括对政策需求与供给的差距。同时，还要广泛开展宣传教育，引导贫困人口的扶贫需求。在此基础上，优化扶贫供给，不断提高扶贫需求与扶贫供给的匹配度。

以贫困者为本的扶贫理念还要求各项扶贫政策制定和扶贫项目设计一定要瞄准和围绕贫困人口开展，政策执行结果和项目实施效果评估要以贫困人口是否是最大受益者为最终评价尺度。而这需要制度上的保障和细化，如要在考核制度上确定以贫困人口就业率及生活水平的提升，贫困人口减少，贫困人口扶贫过程参与度等作为扶贫绩效的主要衡量标准等。

以贫困者为本的扶贫理念还要求我们充分发挥贫困者的主体作用，强调扶贫行动中贫困群体的主动、能动参与，而非将他们置于被动乃至被同情或恩惠的地位。贫困者参与有着广泛的内涵，如决策及选择过程的介入，对资源的利用与管理、能力建设、利益分享等方面。要将扶贫工作从“为贫困群众工作”转变为“和贫困群众一起工作”，尊重并充分调动他们的主观能动性，注意发挥他们在减贫中的主体作用。

此外，以贫困者为本并不只是一味强调贫困者的受助权利，同时也要求权利与义务相统一。西方积极福利主义的核心观点之一是强调贫困者权利与义务的统一性，既将享受政府的扶贫福利视为贫困者的一种公民权利，同时又认为贫困者应该对自身脱贫承担一定的责任。20 世纪 90 年代后，英、美等发达国家不再实行政府单方面的救济扶助，而是实行政府与贫困人群的契约合作，即要求他们在享有扶贫福利的同时，承担寻找工作、提高自我发展能力的责任，如参加就业培训等，并对就业时间等做出详细规定。如早在 20 世纪 70 年代美国密西西比州就规定，福利对象须接受政府所提供的任何工作，否则就取消所有救助。而且美国政府还规定救助福利金的领取期限，如 1996 年美国福利改革法案《个人责任与就业机会协调法》，其中的“贫困家庭补助”计划规定大部分救助对象一生只能获得 5 年的救助金援助。一些州在此基础上做出更严格的规定，爱达荷州规定期限只有两年。上述规定意在明确就业福利不是一项单纯的权利，对于有一定劳动能力的贫困群体而言也有相应义务。借鉴国外经验，我国可将有一定劳动能力的贫困群体参与就业及相关就业项目作为获得就业福利的基本条件，并对消极依赖政府救助的人给予一定的惩戒，以增加其脱贫的压力。事实上，近年来我国扶贫政策也有此倾向。如 2014 年 5 月我国《社会救助暂行办法》第 45 条规定贫困者就业参与义务，即最低生活保障家庭中有劳动能力但未就业的成员，应当接受人力资源和社会保障等有关部门介绍的工作；无正当理由，连续三次拒绝接受介绍与其健康状况、劳动能力等相适应的工作的，县级人民政府民政部门应当决定减发或者停发其本人的最低生活保障金。可见，我国社会救助制度也并非一味纵容懒人，而是要求被助者配合政策，做一些力所能及的事情。当然，里面“无正当理由”“连续”等表述也表明仍留有较大余地。参照西方国家做法，对于有一定劳动能力的贫困者而言，可以通过社区组织他们参加社区公益劳动，或用以工代赈中的“社会工资”取代“最低生活保障金”。为了获得就业机会，贫困者还应该配合政府安排，积极参加技能培训，提升自身素养或能力。鉴于一些贫困者虽然就业但收入低，以及一些贫困者担心就业收入增加会被退出低保的现象，可以采取正激励的方式，如通过提高最低工资水平，健全工伤保险制度，增加就业家庭补贴等方式鼓励贫困者积极就业创业。当然，除就业义务外，贫困者的义务还包括诚信守法义务，即遵守法律政策，不欺瞒事实，不弄虚作假；契约性义务，承诺将获得的产业扶贫补助资金或小额信贷用于脱贫发展，并承担违约责任；预防性义务，如养成良好的生活习惯，参与社会保险等。

权利与义务相对应也体现在贫困县。贫困县作为扶贫资源重点投入地区，也有其义务。2019 年 7 月国务院扶贫办印发通知，明确在脱贫攻坚期内，所有贫困县（含已脱贫摘帽县）必须保持目标不变、靶心不散、频道不换。通知强调，贫困县各类扶贫资金使用方向必须聚焦脱贫攻坚，财政资金必须严格落实“负面清单”制度；贫困县重大项目必须进行脱贫效益和社会影响评估，坚决反对搞“面子工程”“形象工程”和“政绩工程”；贫困县必须厉行勤俭节约，坚决反对铺张浪费；贫困县摘帽后必须坚持不摘责任、不摘政策、不摘帮扶、不摘监管。实即对接受援助的贫困县提出了更多的要求。

以贫困者为本的理念，还要求不断提升贫困群体的自我发展能力，坚持精准扶贫与扶志、扶智相结合。现阶段，贫困户在思想意识上的贫困已成为重要的致贫原因，扶贫先扶志，对于由惰性或固有思维造就的贫困，要加强对贫苦户的思想引导，以及在扶贫政策中辅以适当的责任要求，铲除贫困户“安于现状”的思想痼疾，激发贫困户的责任意识和脱贫意愿，真正使贫困户从思想意识上“摆脱贫困”；同时要加强贫困户保守思想的改造，逐渐改变贫困者对扶贫项目和资金使用过于谨慎、一味求稳不敢求新的固有思想，同时要时刻关注和帮助其产业发展，避免思维固化；要加强对贫困户子女的教育扶持和对贫困者的职业培训，加强就业帮扶，加强扶贫政策的宣传和引导，切实帮助贫困人口利用现有政策脱贫。当然，对于一些由于社会转型和制度缺陷造成的贫困，仅仅靠贫困者的个人努力是无法摆脱的，应该为他们提供一种透明的社会环境、公正的财富分配制度和从底层奋斗到主流社会的动力机制，使他们能够以一种积极乐观的心态面对贫困，并发挥自己的主观能动性摆脱困境。

三、政府主导和市场引导相结合

在当前背景下，我们仍应坚持政府主导和市场引导相结合，改革供给体制。供给侧结构性改革目标是要发挥市场资源配置的作用，但内中制度创新与制度供给是改革的重要内容和方式，而政府又是制度的唯一供给者，从这个意义上讲，扶贫领域供给侧改革必须处理好政府与市场的关系。不仅如此，扶贫领域是一个特殊的领域，实践证明，以往那种在经济发展过程中减少政府对贫困人口的优先照顾，主要依靠市场机制的“涓滴效应”来扶贫的做法不能有效解决贫困问题，尤其不能有效解决相对贫困问题。作为民生保障工程，政府应主动承担起精准扶贫主体功能，通过政策供给、资源供给和一系列配套体系的完善来保障扶贫质量。当然，在市场经济大背景下，精准扶贫仍然应该遵循市场规律，无论是扶贫企业的经营、贫困对象的生计维持，还是扶贫资源的使用和运营等均要遵循市场规律。即具体的生产经营活动，以及提升扶贫资源的配给质量方面仍然要靠市场。因此在精准扶贫过程中应处理好政府与市场的关系。

整体而言，在精准扶贫工作中，政府与市场应形成一种分工合作的协作关系。如在资金使用上，政府财政资金更多投向基础设施和社保事业，市场则在贷款、保险等行业予以辅助。两者相互补充，共同服务于扶贫事业。资金互补的关系在具体领域也有体现，如在产业扶贫领域，小额信贷主要是市场化与商业化运作，由金融机构对贫困群体放贷，但同时又充分利用财政资金的杠杆作用，对扶贫小额信贷进行担保、贴息等，二者协同发挥作用。

目前，福建省精准扶贫工作中，政府在某些领域或环节对市场的功能运用得还不够，典型如企业等市场主体参与到扶贫事业中还不够。又如贫困地区经济落后除了自然环境和资源因素外，重要原因是市场化程度低，因此除了政府加大资源投入力度外，还应充分利用市场力量，因势利导，培育贫困地区的市场主体和市场因素。再如再就业政策中对贫困者培训强调较多，对市场衔接则强调不够。事实上，许多贫困者无法摆脱贫困，是因为缺乏改变自己命运的渠道，因此政府应该扮演好引导、扶助角色，在做好相关的职业培训工作后，通过搭建平台，牵线搭桥，并辅以制度规范和保障，使贫困者顺利进入劳动力市场，而不是一味“大包大揽”，那样可能适得其反，加重其依赖心理。此外，诸如扶贫补助中的市场物价因素，农民土地使用权的市场流转等也还运用得不够。

因此，福建省精准扶贫工作应该充分利用市场机制，利用市场引导，让市场主体主动参与扶贫事业中，让贫困者主动利用市场因素脱贫。尤其是企业扶贫，在市场经济条件下，单靠政府动员难以使更多的企业真心诚意投入到扶贫事业中来，毕竟盈利是企业生存的动力，也是企业生存的基础。因此，在强调企业社会责任的同时，要构建一种贫困地区与企业经营“双赢”的扶贫机制，使企业在贫困地区建厂兴业，开发资源，能给企业和贫困者双方带来收益。当然，这需要一些引导条件，包括贫困地区基础设施的改善，也包括政策优待和支持。如由于贫困地区交通等基础设施落后，招商引资困难，政府可将到贫困开发资源、建厂兴业的企业行为视为扶贫行为，给予更多的优惠政策，让企业有利可图，安心经营，并引导更多的企业资源投入贫困地区；同时，要提高市场主体和贫困群体的竞争能力，完善市场机制，实现资源的合理流动，使扶贫资源产生最大的效益；还要适度和合理发挥政府对市场的规制作用，规范市场秩序，防止市场的逐利性、盲目性等弊端，并健全企业与贫困群体之间的利益分配机制，既要保证贫困人口在帮扶过程中得到合理的收益和回报，又要兼顾市场主体的利益，保护他们帮扶的积极性。要以制度化的方式明确双方利润分成模式和比例，约束双方的责任义务，实现双方利益共赢。

四、构建长效帮扶机制

大部分的贫困状态是长期形成的，任何“毕其功于一役”的急功近利想法和战略，都难以收到预期成效。而且，当前福建贫困问题的复杂性，尤其考虑到2020年后缓解相对贫困将成为全国范围内的一项长期任务，有必要把反贫困作为长期工作，建立长效帮扶机制，实现常态化和制度化运行。

目前，福建省十分重视扶贫长效机制建设，在制度、工作机制上均有所尝试，并积累了不少持续扶贫的做法和经验。当然，和全国其他省（市）相似，在扶贫攻坚的压力下也有一些运动式的扶贫模式。这种扶贫模式主要体现在短时期内集中大量扶贫资源，在贫困地区上马众多扶贫项目、投入各种扶贫资金。这种运动式的扶贫方式能在短时间内集中攻克某些扶贫难题，取得较为明显的成果，但缺乏连续性和长效机制，遗留问题也比较多。如可能使各级政府和扶贫干部更加注重数字脱贫，而不是贫困群众生活水平的切实提高；又如由于缺乏事前对扶贫需求的充分调研，或者缺少其他配套条件的建设，使供需不完全匹配，虽然政府完成了扶贫任务，但贫困群体却没有得到太多实惠，返贫现象严重等。总之，贫困问题的形成非一日之寒，其解决也并非一朝一夕可以实现，因此需要建立长效扶贫机制。

要建立长效帮扶机制，首先要有扶贫长远规划。同时，由于致贫原因有短期和长期之分，铲除贫根也有难易之分，因此要有分期分批、阶梯性脱贫的充分打算。也就是说，长效帮扶机制还要做好阶段性脱贫的规划，要处理好长远规划和阶段性目标的关系。

要建立长效帮扶机制，还要完善相关制度和政策。如要完善社保制度，健全各种制度化和常态化的帮扶措施。对有劳动能力的贫困者，要着眼于其脱贫能力的建设，因为只有消除“能力贫困”才能“拔贫根”。

要建立长效帮扶机制，还要落实相关机构和人员。在机构设置上，为稳定相关工作人员的思想，加强他们对扶贫工作的重视，应改变以往那种界于常设与临时之间的扶贫机构设置，设立常设扶贫机构，而且机构规格、人员编制等要与扶贫任务相匹配，避免“小马拉大车”的现象。长效帮扶机制还要克服以往那种形式主义的作风，做实扶贫帮困工作。

要建立长效帮扶机制，还要整合扶贫资源，健全协同工作机制。这种协同既包括政府、市场和社会力量三方在内的协同帮扶机制，也包括政府、社会力量、企业和扶贫对象之间的协同工作机制。

五、依法扶贫

2014 年中共十八届四中全会通过了《中共中央关于全面推进依法治国若干重大问题的决定》，开启了中国法治建设的新时代。精准扶贫也应依法治贫。

当前在扶贫领域中，存在一些不按照法治思维办事的现象，如扶贫资金使用的随意性和贪污腐败，扶贫领域的不作为、扶贫信息的选择性公开等，这些行为在福建省部分地区仍然一定程度地存在，严重制约了扶贫成效。要完成脱贫攻坚的伟大历史使命，必须发挥法治在扶贫工作中的保障、引领和制约作用，做到扶贫有法可依、有法必依、执法必严、违法必究。

要依法治贫，首先要完善扶贫法律法规，保障扶贫各个环节和过程有法可依、有章可循。在我国，扶贫尚未正式立法，涉及扶贫开发工作的法律主要有《农业法》《公益事业捐赠法》《个人所得税法》《老年人权益保障法》《义务教育法》《社会救助暂行办法》等，规定过于分散，缺乏一个系统的扶贫法律。而且这些法律并非专门为扶贫而设，因而难以完全照顾到贫困者的需求。如《农业法》规定，国家鼓励社会资金投向农业，鼓励企业事业单位、社会团体和个人捐资设立各种农业建设和农业科技、教育基金，但缺乏具体的鼓励措施。因此，有学者建议从立法入手确保贫困人口获得更多的公共服务，同时使政府和社会机构对贫困人口更负责任，使贫困人口更多地参与政治进程和地方决策，特别是与他们自身发展相关的决策。① 结合前述问题，立法的核心是明确扶贫主客体及其权责关系，尤其因为扶贫涉及众多主体，而众多主体在扶贫中又有着不同的利益和目标，如政府追求扶贫成效，市场主体追求利润，贫困人口关注收入增加等，目标的不一致还可以导致各扶贫主体之间的矛盾和利益摩擦问题，因此需要用法治手段规范和调节扶贫各主体的权、责、利关系，使各主体之间能够权责明确、利益共享，走出一条相互合作、多方双赢的扶贫脱贫之路。此外，法律制度也应解决扶贫资源的统一管理问题。

地方性法规建设中，目前福建省及其下辖市区取得一定的成效，如2017年《福建省农村扶贫开发办法》等的出台，众多扶贫政策也起到了补充性的作用。但政出多门，相互间难以完全配套衔接。因此，要加强扶贫法制建设，提升扶贫制度的统一性和权威性，注重扶贫制度的前瞻性、统筹性，如消除贫困不能仅限于农村和农业发展的框架下展开，更多的是要融入城乡一体化的统筹中；不能仅仅限于解决当下的绝对贫困，还要顾及相对贫困、多维贫困等内容等。对于相关扶贫部门的扶贫政策，也要在构建部门协同帮扶机制的基础上，注重政策的配套衔接，充分发挥政策组合的效果。当然，相关制度或政策更要结合贫困户的致贫原因和当地的实际情况，将贫困人口的脱贫需求同帮扶政策匹配起来。完善扶贫法制还要创新扶贫制度。如目前《企业所得税法》规定企业发生的公益性捐赠支出在年度利润总额12%以内的部分，准予在计算应纳税所得额时扣除捐赠数额，如果超出了法律规定的抵扣比例必须正常缴税，造成了捐赠主体税负的增加，不利于企业的扶贫参与。今后可考虑适当调整相关政策，进一步加大扶贫企业税收优惠力度，调动企业扶贫的积极性。

依法治贫，还体现在有法必依、执法必严、违法必究等方面。如扶贫对象的认定须符合法定要求和程序，扶贫资源的分配须公开、公正并做到依法管理、使用和监督等，坚持按法定程序和标准考核评估扶贫绩

① 张岩松：《发展与中国农村反贫困》，中国财政经济出版社，2004年，第52页。

效，对于违反扶贫法律法规者，须违法必究，严惩不贷。

此外，由于贫困地区往往也伴随着缺乏教育水平低下、法制信息闭塞等问题，相应的，贫困人口对扶贫法律制度往往较为陌生，再加上一部分贫困人口觉得扶贫对他们而言是一种施舍，因而尽管对诸多事务有意见，但没有足够的维权意识和法律意识，使得扶贫工作中权益侵害现象时有发生。不仅如此，一部分扶贫工作人员法律意识较为淡薄，认为收取“辛苦费”与“感谢费”只是正常的人情往来，不算违规。因此，精准扶贫工作的法治化，还需要进行扶贫法制的宣传和法律意识的培育。

总之，基于福建省扶贫工作现状，也为了应对即将提上议事日程的相对贫困问题，我们需要转变扶贫观念，调整扶贫思路，从供给侧改革入手，不仅要加入扶贫供给，更要改善供给结构。具体而言，需要合理制订扶贫规划，优化政策供给；改变扶贫资源内部的比例搭配，调整和优化资源供给结构，实现扶贫供需的动态平衡；完善扶贫制度设计，由运动式扶贫转向持久性扶贫，由单一主体为主的扶贫转向多元主体协同帮扶；坚持依法扶贫，加大惩处威慑效果，提升贫困人口的法制意识，使他们能够利用现有扶贫政策脱贫。

第三节　福建省精准扶贫政策优化的具体对策

近年来，福建省精准扶贫政策取得了显著的成效，政策的供需匹配程度明显提高。但与此同时，由于贫困问题的复杂性、涉及利益主体的多元性和公众期望期的日益提升，福建省精准扶贫政策在某些方面仍有待进一步完善。

一、进一步完善扶贫政策

（一）做好扶贫规划，坚持差异化扶贫

从福建省贫困现状出发，扶贫规划既要立足于当前，又要立足于长

远。从理论上讲，世界范围内的贫困有三种类型：一是生存型贫困，二是温饱型贫困，三是发展型贫困，后者指在稳定解决温饱问题之后的发展资源、机会与能力的不足，是发展过程中的相对贫困状态。我国是人口最多的发展中国家，在2020年我国温饱型贫困问题基本解决之后，发展型贫困将成为我国扶贫工作的重点问题。

现在福建省仍然存在个别绝对贫困现象，今后随着经济的发展和社会的进步，个别贫困人口的温饱问题必将得到彻底解决。但由于各种主客观原因，总有一部分人的收入或消费低于平均水平。因此，相对贫困问题将长期存在。也因此，福建省的扶贫规划有短期规划和长远规划之分。从当前情况来看，短期规划意在解决省内尚存的绝对贫困问题，这部分问题在2020年后将成为小量问题但并非绝对不存在，事实上，返贫现象本身难以绝对解决，倘若调高扶贫标准，表现将更加明显；长期规划则从长远着眼，注重相对贫困问题，把发展和消除不平等作为解决贫困问题的根本途径，不断缩小因贫困群体发展能力，以及城乡差异、区位差异所导致的不平等。总之，短期规划与长期规划并不矛盾，长期规划的实现离不开短期规划目标的攻克，而且短期规划也有利于树立脱贫信心，且短期规划服务和服从于长期规划。

在长远规划中，要更多地从多维贫困的视角来看待贫困问题，不仅要以收入或支出作为测量贫困的主要标准，还应结合机会、健康以及权利等非物质因素进行多维贫困测量。同时并从多维贫困的角度来规划相应的扶贫政策，这就包含了物质或非物质性支持，如包括生活帮扶、心理疏导、精神慰藉、资源链接、能力提升、就业发展、社会融入等扶贫内容，还要结合贫困户的具体情况选择合适的内容组合及其内部比例搭配。此外，因为相对贫困是一个动态的概念，其标准会随着经济发展、收入水平和消费习惯的改变而不断变化，因此长期规划中的相关标准和扶贫政策应对此有所考虑。

扶贫规划也有层次之分，随着层次的递减，其内容逐渐具体，反之则逐渐抽象和重原则。在制定基层扶贫规划时，应由帮扶主体和帮扶对象共同完成。帮扶主体要通过深入调研，结合贫困地区和贫困人群实际，会同贫困地区党政部门和贫困人群研究制订扶贫发展规划。包括具体的帮扶项目也要做好前期规划，在立项前要与贫困家庭充分沟通交流，了解困难群众的意愿和能力，提高扶贫项目选取的科学性和可行性。

扶贫规划要注重全面扶贫和重点扶贫的问题。这里的全面扶贫包括帮扶区域、帮扶人口和帮扶措施的全面，重点扶贫包括重点区域、重点人口及重点措施，也包括扶贫重点环节和领域的控制，如对扶贫资金的管控等。从关照范围来看，全面扶贫是必然的，但由于一定时空范围内扶贫资源是有限的，因而全面扶贫有可能是渐次实现的，在同一时期仍然是有重点地执行。当前在扶贫政策供给方面，以解决深度贫困地区突出制约问题为重点，以重大扶贫工程和到村到户帮扶措施为抓手，强化科技扶贫和产业扶贫。可见，当前精准扶贫是以深度贫困地区及深度贫困地区的贫困人口为重点，以科技扶贫和产业扶贫为重点举措来展开的。今后应增加对深度贫困地区以外的深度贫困人口的关注，在扶贫举措上更加注意贫困人口脱贫能力的提升，及重点扶贫举措的配套要求，打好扶贫举措的组合拳，有效推进深度贫困地区和重点贫困人口的脱贫攻坚。

扶贫规划中应区分贫困类别，坚持差异化扶贫。如前所述，贫困分类可以有多种标准，如可以分为区域贫困与群体贫困。区域减贫与群体减贫两者相互联系、相互制约，一般情况下，区域增长对群体减贫有帮助，如产业发展、公共服务的改善都有助于贫困群体发展。在区域内贫困群体较多时，区域脱贫对群体脱贫的影响较大，而当区域内贫困群体减少，区域脱贫对群体脱贫影响减小。也正是因为区域经济增长带动贫困人口的边际效应递减，国家才将扶贫开发的重点逐渐下沉至重点贫困县、贫困村。如今，在福建，贫困人口与贫困地区有着一定的重合性，而地区贫困又是制约贫困人口脱贫的重要障碍，地区贫困更是相对贫困的重大表现。因此，一方面，可以继续考虑将区域贫困和群体贫困两手抓，既整合各类扶贫资金，进一步加大对贫困地区农田水利、饮水安全、电网改造、公路交通、危房改造等基础设施建设，支持高速铁路、高速公路、水利发电等重大产业项目向贫困地区布局，加强贫困地区造血能力，缓减区域相对贫困问题，并实现其向贫困人口的“涓滴”效果，又优先考虑贫困群体的需求，通过以工代赈、提供公益岗位等方式使贫困群体直接受益。内中，由于不同贫困村的发展基础、资源状况不同，村里适宜发展的特色产业也不同，需要因地制宜根据不同的发展措施，避免产业趋同和恶性竞争。对于贫困人口而言，也需要对其致贫原因适当分类，然后结合该贫困户的具体需求制定不同的帮扶措施。另一方面，由于相当多贫困人口不在贫困地区，地区开发对反贫困的贡献显著下降，因此可考虑将贫困人口扶贫与落后地区开发适度分离，对于贫困人口不够集中的贫困地区而言尤其如此。又如贫困可以分为长期贫困和暂时性贫困，对于暂时性贫困可以根据其致贫原因通过短期救助实施脱贫，长期贫困多源于能力缺失，对于长期贫困者则应通过思想教育、就业帮扶等多种手段长期扶持。再如可以根据有无劳动能力采取不同的救助方式，对于丧失劳动能力的贫困人口，应通过完善社保制度予以兜底，并尽可能保证其基本生活质量和尊严；对于有一定劳动能力的贫困人口，重在通过就业、创业帮扶等多种方式鼓励其获得较为稳定的收入。

在扶贫规划中还应端口前移，加强贫困预防。目前，我国扶贫政策大致可分为三类：一是预防性政策，是指防止贫困发生或降低贫困发生概率的各项政策，主要包括社会保险、社会福利等社会保障制度；二是救济型扶贫政策，指当贫困发生时，减少其负面影响和损害的各项政策，如低保、送温暖等临时性社会救济、棚户区改造工程等；三是开发性扶贫政策，是指消除贫困者的脱贫障碍，拓展其脱贫能力的各项政策，主要是再就业和创业政策。当前应加强预防性政策建设，如完善社保制度，扩大社保覆盖面和受益度；完善农村卫生基础设施，加强医疗卫生知识和健康生活知识的普及，推介商业保险等；对于贫困家庭，应注重人力资本的积累，加快发展教育扶贫，防止贫困的代际传递。

此外，扶贫规划要有系统性、统筹性。这既体现在单一扶贫项目，如电商扶贫要避免就电商谈电商的片面思想，将人才培育、品质保障、品牌塑造、市场宣传、网点建设等纳入其中，系统、协调推进；又体现在统筹全省扶贫事业方面，做好扶贫资源整合和统筹安排，做好干部互派及山海合作等；还体现在要将扶贫事业和其他发展事业统筹，如要将扶贫规划融入城乡一体化、新农村建设、小城镇建设的整体规划中，在多方面事业推进中解决贫困问题。

（二）完善具体扶贫制度

制度化对于精准扶贫具有重要的意义。一方面，制度可能造就贫困，因此有所谓“制度性贫困”的类型。如由于户籍制度形成城乡差别的劳动就业制度与福利制度，是造成进城务工农民福利权利不公正的重要原因，而这也直接影响到农民工的收入。另一方面，扶贫政策或制度的完善与否也直接影响着扶贫的实效。

1. 社会保障制度

社会保险、社会福利、社会救济等社会保障制度属于扶贫的预防性政策，对于已经陷入贫困的群体而言也能起到保障其基本生活的作用。因此，我们要充分运用现行社会保障体系，积极引导和帮助贫困人口参加各类社会养老保险和医疗保险，加大大病医疗补助力度。与此同时，还可进一步完善相关制度。如新农保可适当放宽新农保条件，相关补贴向贫困老人倾斜。2009 年《国务院关于开展新型农村社会养老保险试点的指导意见》指出，凡年满 60 周岁，未享受城镇职工基本养老保险待遇的农村有户籍老人，不用缴费，就可以按月领取基础养老金，但其符合参保条件的子女缴费参保。新农保中关于老人基础养老金领取与子女参保“挂钩”的做法使得一些农村老人被排除在基础养老金领取范围之外。对此，可以考虑“脱钩”执行，让老人养老有所保障。另为响应民政部推出的“高龄津贴制度”，2015 年福建省民政厅、省财政厅发布了《关于做好全省 80 周岁以上低保老年人高龄补贴发放工作的通知》，给予满 80 周岁及以上的最低生活保障对象本人每人每月 100 元。将来条件成熟后，可以考虑适当提高补助标准。

在新农合方面，也可完善医疗报销制度，加大统筹力度。近年来，福建省新型农村合作医疗制度在报销比例、报销程序等方面有较大的改善，针对贫困群体也出台了不少便民惠民举措，但跨境报销仍是一大难题。一般情况下，参保人员在省内异地就医时，需先垫付大病保险赔付金额，之后再回到当地报销。某些地市尝试改革，如泉州市从 2019 年 7 月 1 日起实行大病保险全省联网即时结算，参保人员在全省联网定点医疗机构异地就医时，个人只需支付医疗费用的自付部分，基本医疗保险统筹基金和商业保险基金支付的医疗费用由所属医保经办机构通过医保全省联网结算平台与医疗机构结算。但这只是针对大病的统筹尝试，也只是省内统筹。今后仍应加大统筹的区域和范围。另外将来财力许可的话，报销的比例和上限还可进一步提高。另外，保障制度预防为先，加强农村医疗卫生预防制度建设十分重要。2014 年福建省老龄办颁布了《关于进一步加强老年人优待工作的意见》，要求医疗卫生机构优先为辖区内 65 周岁以上常住老年人免费建立健康档案，每年至少提供 1 次免费体格检查和健康指导，开展健康管理服务。但《意见》的精神在农村还未普遍落实。今后，随着医生签约制度的推广，应该会有较大的改观。

低保制度直接针对贫困对象而设。今后，各地低保标准及低保补助标准，也应切实根据当地各年最低工资标准、经济社会发展水平、财政承受能力、基本生活必需品价格变动情况等因素予以适时调整，建立弹性补贴机制，扩大低保覆盖面和惠及程度。对于在贫困线以上，但生活仍然相对困难的贫困边缘户，2019 年中央一号文件中提出要“研究解决收入水平略高于建档立卡贫困户的群众缺乏政策支持等新问题”，相信以后福建省对这部分群体的照顾将有所增加。

2. 产业帮扶

产业扶贫是扶贫开发工作从“输血”向“造血”转变的重要举措，战略地位非常重要。近年来，福建省也将产业扶贫视为扶贫的重点工作，并取得了一定的成效。

今后，福建省产业扶贫仍应继续做好长远规划，要注重项目的前瞻性、持续性、特色性。要聘请策划专家、社会工作者、大专院校的专家学者及熟悉当地情况的群众代表按照生态至上、优势互补、合理布局、科学开发的原则进行规划设计，要结合当地资源状况、文化背景及贫困人口的实际情况，选择一些具有较好市场前景的产业项目进行帮扶，要突显特色，避免千篇一律。同时，产业帮扶要关注产业发展全过程，不仅关注其生产，帮助其获得启动资金，还要关心其技术胜任及产品销售等问题，形成一个闭环。可能的话，还要注重扶持整条产业链。这就要求我们做好产业帮扶的配套设计，如积极引入市场主体，探索“企业+基地+农户”的新样板，解决贫困人口产品销售的后顾之忧；加强与企业或社会培训机构的合作，加大贫困人口的职业技能培训力度，提高培训的针对性和实效性；鼓励青年大学生和外出务工人员回乡创业，带动贫困人口发展等。为提高扶贫资金使用效率，还有必要将分散的贫困者集中起来帮扶，最大限度地实现规模生产。

实践中，福建23个扶贫开发重点县虽然经济实力较弱，基础设施和基本公共服务投入不足，境内普遍缺乏较具竞争力的产业资本和社会资本，民众自我发展能力不强。但生态环境优美，名胜古迹众多，特色农产品丰富，一些县城还是革命老区或中央苏区县，只要合理开发生态资源，引入生态产业，用市场机制拉动就业，就可能扬长避短，走出贫困陷阱。同时，针对当前生态扶贫中暴露出来的种种问题，要把握以下几个主要环节：一要科学规划，因地制宜。要秉承可持续发展理念，将扶贫项目融入生态文明创建活动中，开发具有当地特色的林业经济、绿色经济、生态旅游等，同时加强市场调研，制订市场规划。二要吸引生态环保型开发商入驻，并培育壮大龙头企业，吸收当地居民就业或以资产参与，如组织和引导贫困户盘活宅基地使用权、集体林权、土地承包经营权等自有资产，取得资产收益；三要加强特色产业开发和配套设施建设。要按照重点突破、全域推进的步骤，集中力量建设核心产业和旅游景观群，并建立扶贫与生态保护协调机制，防止以扶贫的名义侵蚀生态。旅游产业要按照“吃、住、行、游、购、娱”旅游六要素需求，整合资源，加大配套设施的建设力度；四要针对生态产业经营管理人员和服务人员开展培训，提升经营管理人员和服务人员的综合素质；五要开展线上线下营销，广开销路；六要加强公众环保意识培育，通过举办环境保护座谈会等各种方式广泛宣传，同时完善环保信息交流平台建设，及时发布政府相关政策和环保信息，鼓励公民参与监督等。

电商扶贫是当前较为有效的产业扶贫方式。为进一步做好农村电商扶贫工作，应积极帮助扶贫开发工作重点县因地制宜，确定产业发展项目，引导入驻企业或新兴经营主体在当地大力发展特色产品加工业，并采用“公司（合作社）+基地+贫困户”等多种模式，吸引贫困户就业或以劳动力、土地使用权等入股，带动贫困户增收脱贫。在此基础上，鼓励贫困村与电商企业合作，整合当地农特产品资源，通过产业化运作网上销售农特产品，带动贫困户从事网货生产加工。为了扩大电商扶贫效果，还应加强与知名电商平台对接，加强贫困地区电商服务站点建设。如鼓励具备条件的村级信息服务站点、供销、邮政等机构与京东、苏宁等电商企业整合建设服务网点，完善贫困地区农村电子商务服务网点功能和配套设施，可引导农村电子商务服务网点增加信息发布、代收代缴、代买代卖、生活服务、物流快递等服务功能，为贫困户提供“一站式”综合服务；要依托福建省商务厅的电商培训计划，整合各类培训资源，在贫困地区积极开展电子商务管理人员和从业人员的培训，并以大学生村官、返乡高校毕业生、返乡创业农民工为重点，培育一批贫困地区电商创业带头人；电商扶贫还需提升贫困地区物流配送水平。应鼓励和扶持物流企业在贫困乡、村建立适合电商发展的物流配送网点，搭建城乡仓储物流配送平台，推进县、乡、村三级农村物流配送网络建设。针对贫困地区主要生产生鲜农特产品的特点，各地物流园区建设还应合理规划产地预冷、低温运输、生鲜仓储、定制配送等全程冷链物流基础设施，为电商销售提供便捷、高效的配套物流服务。

3. 就业创业扶贫

在就业帮扶方面，首先要通过宣传教育或正向引导，激励贫困者就业（包括稳定就业和非稳定就业）的积极性。在此基础上，继续将贫困劳动力纳入就业困难人员对象范围加以扶持，免费为有劳动能力和转移就业意愿的贫困劳动力提供求职登记、办理《就业创业证》等服务，并积极推荐贫困人口就业。

要实现就业帮扶，还必须为贫困者创造工作机会。这包括将更多的工作机会带到落后地区，如鼓励资本下乡在贫困地区开厂设点创造就业机会；将贫困劳动力转移到有更多工作机会的地区，如加强大城市与贫困地区的帮扶对接，为贫困人口提供就业就会。相比较而言，第二种更快捷，但对于一部分贫困户而言，第一种显然更便利，尤其对于那些需要照顾老人、小孩或家中还有季节性农活的贫困者而言更是如此。创造工作机会的另外一种手段是就近提供公益性岗位，近年来林业部门、环卫部门均为此做出了贡献。农村基础设施建设中的“以工代赈”也是一种比较好的方式，一些基础设施建设或者其中的某些环节可由当地贫困村民完成或由村民协助完成。此外，对于一些贫困人口而言，还可以通过参加社区公益劳动增加其收入。在社区公益劳动中，日本和我国个别城市推行的时间储蓄制度很值得借鉴。这些社区实行参与会员制，将会员照顾老年病患者或为老年人干家务的时间记录下来，作为以后会员或其家属要求服务的时间储蓄。其目的是让年轻人多为老年人服务，以换取自己年老后要求照顾和服务的权利。这种方式不仅可以运用到年轻人身上，也可以运用到贫困者身上，尤其是贫困低龄老年人身上。近年来，联合国倡导“积极老龄化”理念，强调创造再就业和教育培训条件，发挥老年人的社会参与作用。2016 年国务院《国家人口发展规划(2016—2030 年)》也鼓励老年人积极参与家庭发展、互助养老、社区治理、社会公益等活动，继续发挥余热并实现个人价值。因此，鼓励健康低龄贫困老年人在适当培训后参与社区公益服务，如去社区养老院照料无生活自理能力的老人，累积其服务时数，达到一定标准时，将来即可减免其自身入住养老院的相关费用，缓解贫困人口的养老压力。另外针对贫困户的实际情况，可以更多地发展加工制作等居家就业。此外，还要鼓励企业雇佣贫困者。目前私营企业有着较为丰富的就业资源，但从市场规则出发，私营企业一般更愿意雇用素质较高的劳动者而不是贫困人口，借鉴国外做法，可考虑给予稳定雇用一定数量贫困人口的企业一定的资金补贴或税收减免。

为获得就业机会，政府应加大对贫困劳动力的培训力度。如为鼓励贫困户依托电子商务就业创业，对贫困户进行电商知识普及和技能操作培训就必不可少。又如政府可以动员企业面向贫困人口开展定向培训，或者通过项目合作等方式帮助他们实现就业和再就业。实即围绕产业发展和市场需求，采取“企业订单、培训机构列单、培训对象选单、政府买单”的方式，对贫困劳动力分期分批实施到人、到业的“订单式”精准培训。

在创业方面，应在充分结合地情、贫困情况尤其是贫困者意愿和能力的基础上，鼓励、引导和支持贫困人口自主创业。对于城市贫困人口，可以适当放宽其创办个体或家庭自救型企业的市场准入门槛，协助落实场地安排、小额担保贷款等。对于农村贫困人口比较集中的地区，可依托当地特色资源，组织起来发展绿色旅游文化产业、生态农业或特色手工业。

4. 健康扶贫

根据国务院扶贫办建档立卡数据，截至 2015 年，因病致贫、因病返贫贫困户共有 838.5 万户，占建档立卡贫困户总数的 44.1%。因此，健康扶贫是精准扶贫基本方略的重要内容，也是扶贫攻坚的难点所在。

为缓解因病致贫返贫问题，当前福建省健康扶贫的重点任务是逐渐提高农村贫困人口医疗保障水平，不断完善基本医疗保险、大病保险、医疗救助及精准扶贫医疗叠加保险等政策，围绕建档立卡贫困户构建多层次的医疗保障体系。尤其是通过创新医疗叠加保险机制，使贫困患者的医疗总费用个人报销比例大幅提高，这项工作走在了全国前列。今后还须进一步提高贫困地区的医疗服务水平，与基层医疗机构或医生签约，切实加强基层健康服务。鉴于近年来福建省家庭医生签约某些地区存在着“签而不约”或“服务不到位”的情况，一要加强家庭医生培训，提高家庭医生的专业知识和服务水平，缓解农村基层看病难、看病贵问题。二是除建立健康档案和进行健康管理与咨询的基础上，可进一步拓展家庭医生签约服务内容。可借鉴广东省卫生健康委员会2019年4月发布的《关于进一步推进家庭医生签约服务政策措施落实的通知》，通过建立家庭医生预约诊疗模式、提供中医药服务、建立家庭药师队伍等方式加强签约激励机制建设。三要建立家庭医生签约服务的考核评价机制，定期组织对签约对象数量与构成、服务质量、健康管理效果、居民满意度、医药费用控制、签约居民基层就诊比例等的考核，增强家庭医生的责任感。四要加强经费保障。如何加大资金投入、拓宽资金来源渠道等，仍需我们进一步探索。此外，还要加大贫困地区公共卫生和疾病防控力度，加大医疗知识和健康生活的宣传等。

健康扶贫需要社会力量参与。尤其是一些具有医疗专业优势的民营医院、医学协会，以及具有慈善精神的企业和个人等，他们不仅可以为贫困地区医疗卫生建设提供大量的物质援助，还可以提供专业的医护指导，积极宣传健康的生活理念，甚至一些优秀的专业技术人才还愿意投身于农村贫困地区健康建设。此外，健康扶贫还要增强贫困地区的自我帮扶能力，培育老年人互助组织，成立老年人协会，充分发挥老年人群体的自我发展、自我服务能力。

健康扶贫还应充分发挥贫困人群的主观能动性，鼓励他们提升健康素养和自我管理能力。20世纪70年代以来，研究者们区分了四类促进健康因素：20%为遗传因素，20%为环境因素，10%为医疗照顾，50%为生活方式。① 也就是说，生活方式对健康影响至为关键，而目前缺乏健康的生活方式和疾病预防意识是不少健康贫困的主要原因之一。传统的健康扶贫方式主要是帮助贫困者缓解医疗支出压力，较少关注他们摆脱健康贫困的能力建设，因此难以真正消除健康贫困。而且这种事后控制的扶贫方式仍将不可避免地带来较高的医疗成本和政府财政压力。因此，一方面要加强贫困地区健康生活方式及疾病预防方面的宣传教育，激发贫

① 陈社英：《积极老龄化与中国：观点与问题透视》，《南方人口》2010年第4期。

困人口自我健康管理的责任感，积极参与健康体检、慢性病防治等医疗卫生活动，使贫困人口真正成为自身健康的主导者；另一方面，要加强农村卫生设施、运动设施的投入，促进老年人锻炼身体，养成健康的生活方式。

5. 造福工程

应该说，经过前期努力，福建省造福工程的主体工程已经完成，今后主要是要解决局部搬迁及先期搬迁的善后问题。

局部搬迁的压力相对较小也不至于太仓促，今后要进一步完善搬迁前的规划。要把造福工程放在县域经济发展整体布局中考虑，与村镇建设总体规划、县域城镇体系规划和土地利用总体规划相衔接，与新农村建设、工业园区规划、小城镇建设相结合，在认真调查摸底的基础上，精心编制搬迁规划，明确实施对象的总体数量、分年度实施方案、搬迁安置选址、基础设施建设、资金筹措、政策保障等内容，充分体现规划的科学性和可操作性。同时，搬迁过程中，要做到三个坚持：一是坚持贫困群众自愿的原则，因地制宜，量力而行。二是坚持发展优先。扶贫搬迁不是简单地搬家建房、改善居住条件，而是通过搬迁实行易地开发，拓展贫困人口生存与发展的空间，因此要考虑到安置地产业结构、就业容纳力等情况。三是坚持模式创新。长期以来，福建省奉行整村搬迁、集中安置为主的迁移方式，这有利于整体改善搬迁群众生产生活条件，也有利于对旧宅基地进行整体复垦，使土地资源得到较好的利用。在此基础上，近年来福建各地又探索出外迁安置、梯次安置、基地安置等行之有效的扶贫搬迁模式，今后仍可进一步探索适合贫困群众的安置方式。

善后问题主要是搬迁群众的发展问题、适应问题和管理问题等。实践中，部分贫困者搬迁后面临着劳动方式、消费方式的改变和文化差异，在安置地很难适应。因此，要妥善解决好搬迁后的适应性问题，尤其是就业问题。必要时可以尝试先迁一部分，即劳动力先出山，两头有家，在移民点有了稳定的收入和生活条件之后，再全家搬迁。同时，要综合采取培训、推荐就业等各种帮扶措施，帮助搬迁农户在安置地安营扎寨并彻底脱贫致富。此外，安置地的基础设施建设和户籍管理、教育接纳等附带问题也要同步跟上。2019 年 7 月，国家发展改革委联合国务院扶贫办、教育部等部门专门印发《关于进一步加大易地扶贫搬迁后续扶持工作力度的指导意见》，从解决搬迁群众“两不愁三保障”突出问题、就业帮扶、产业培育、社区管理、社会融入、权益保障等方面，明确了后续扶持工作目标任务和支持政策。相信这对推进福建省相关问题的解决会有所帮助。

专项扶贫还涉及其他方面，如进一步推进教育扶贫，这包括公共教育支出要继续向贫困地区倾斜，要大力改善贫困地区学校办学条件与教学设备，提高其基础教育质量；扩大建设适应市场需求的中等职业学校，继续落实免除贫困家庭学生普通高中、中等职业教育的学杂费，发动社会力量支持贫困家庭子女大学求学费用；提高贫困地区教师待遇，缓解师资短缺问题，提升贫困地区教师整体素质等。

二、加强扶贫政策传递机制建设

（一）完善贫困标准，找准帮扶对象

1. 完善贫困标准

只有精准识别，才能精准发力。过低的贫困标准以及不适当的配置结构，从大的方面看，不能全面、客观地反映我国贫困的真实情况，并影响扶贫战略的制定；从小的方面看，不仅难以满足贫困人口的基本需求，而且随着绝对贫困人口的不断减少，会对扶贫人员产生误导，以为消除贫困工作已经结束，进而使其产生惰怠和自满情绪。

如前所述，目前福建省贫困标准不算太高，多维测量指标的可操作性不强问题也仍然存在。为了解决贫困识别中的上述偏差，需要设定合理的贫困规模并建立科学的贫困标准。在贫困规模上，从长期来看，建议建立健全常态化认定机制，只设基本要求，不设名额限制，符合则进不符合则退。另外，国际上通常把占总人口 10%的最低收入人口作为扶贫对象，不管物价和经济走势如何，都将这一批最低收入人群视为贫困

人口。这是一种相对贫困的判断标准。受经济发展水平和政府财力的制约，目前我们还不具备将10%的低收入人口都定为扶贫对象的条件，但可以参照这一做法划定一定比例的城乡贫困人口作为扶贫对象，这在相对贫困即将成为主要矛盾的时候尤其如此。值得关注的是，福建贫困人口多在农村，这是长期实行城乡二元结构的产物。这些年，反贫困工作重点在农村，对城市贫困人口关注不够。农村贫困人口主要靠扶贫开发，城市贫困人口主要靠低保等社会救助。但近年来，伴随着农业转移人口市民化进程的加快，贫困现象也正从乡村向城镇转移，今后生活在城镇的贫困人口会逐步增加。因此，今后福建省精准扶贫也要加强统筹城乡，逐步实现城乡反贫困政策一体化。

在认定规则方面，无论是从测量便利还是从国情出发，目前情况下用收入并适当考虑支出等其他因素的衡量标准是合适的，但支出权重不够且现有标准仍然偏低及较为单一，不利于扶贫工作的开展。事实上，消除贫困是一场持久战，到2020年我国绝对贫困问题得到解决之后，相对贫困问题还将长期存在。到那时，扶贫工作不仅要巩固脱贫成果、降低返贫率，还要提升贫困群体的自身发展能力、解决其致富问题，并在致富的同时缩小与其他群体的富裕差距。因此，建议根据福建地情适度调高省定及市定最低贫困线。当然，适度调高不是越高越好，正如2018年福建省委、省政府《关于打赢脱贫攻坚战三年行动的实施意见》中所提出的，要量力而行，不能提不切实际的目标，避免陷入“福利陷阱”，防止产生贫困村和非贫困村、贫困户和非贫困户待遇的“悬崖效应”，留下后遗症。此外，从各地消费价格来看，城市贫困标准较农村贫困标准稍高有一定的道理，毕竟城市在房屋管理、水、食品等方面较农村有更高的刚性支出。

在指标选择上，建议通过广泛调研，在以往指标的基础上，细化多维贫困指标，建立收入、消费、资产、健康和教育等多维贫困识别体系。尤其是在2020年绝对贫困问题解决之后，应更多地将旨在衡量贫困者的生存和发展能力方面的指标纳入进来。这有利于更准确地掌握贫困户的家庭总体情况，全面客观地分析致贫原因，进而提出更具针对性的帮扶对策。当然，可以考虑将农民人均纯收入调整为可支配收入，这样不仅更符合实际情况，而且国家统计部门2014年也开始使用农民人均可支配收入的统计指标。在评议方法上，需要统一各项指标的统计方法和口径，进一步细化各测量维度的民主评分指标。事实证明，精准识别指标越粗放，工作人员的自由裁量权越大，识别偏差的概率也越大，因此需要细化指标使精准测量更具可操作性。参照各地实践做法，可以加入严格的否决性指标。

2. 精准识别扶贫对象

贫困标准确定之后，如何精准识别也是一个关键的环节，它涉及供需是否匹配的问题。

要创新识别方法，贫困人口的识别既要科学，又要便于基层操作，在遵循上述标准和各项指标的前提下，可以借鉴目前各地的一些经验做法。同时，也要充分利用信息技术平台进行筛选、识别，节省识别成本。虽然识别工作的细致化势必在一定程度上增多了识别技术、人员等成本，但识别的精准性可以为后期的精准帮扶和管理工作打下坚实基础，因此是值得的。而且，信息化识别也将有效降低识别的成本，当然其前提是先做好扶贫户基本资料的收集、整理工作，加强扶贫信息的统筹、共享和衔接，夯实扶贫的技术信息服务体系。目前，我国扶贫技术服务体系仍比较薄弱，不仅扶贫基本数据信息不完整，一些信息仍待进一步标准化和细致化，而且扶贫信息基础平台建设仍显滞后。此外，各部门信息相互封闭运行导致各单位重复采集贫困信息，加大了扶贫成本，实践中也不利于协同扶贫。因此，需要完善贫困户相关信息，实现信息的完整性和可查询性。这就要求我们在对贫困户建档立卡过程中，不仅要详细记录贫困人口的家庭收入等基本信息，而且要对贫困原因、脱贫方式、脱贫意愿、信用情况及信贷需求等一并载入，另外要定期开展贫困户逐户走访和信用评定，摸清贫困户基本信息和信用状况，并将之录入系统。在此基础上，统筹扶贫、民政、人社、教育、民政、国土、卫计、农业、统计、金融等数据信息，尽快建立全国统一、互通共享的扶贫开发贫困户信息系统，从而为贫困户精准识别和精准帮扶提供信息依据，并进一步降低识别成本。

为了保证识别效果，还需要严格的识别程序。要遵照 2014 年《扶贫开发建档立卡工作方案》的要求，做实做细政策宣传、农户申请、入户调查、民主评议、公示公告、建档立卡等环节，发挥好各个环节在扶贫对象资质审核中的作用。要充分利用广播、电视、宣传栏等老百姓喜闻乐见的方传进行贫困识别及相关政策的宣传，使广大群众对精准识别工作充分知情；要严格按照程序和相关要求做好民主评议，防止个人申报造假、防止乡村干部权力寻租等现象。还可以参照学者们所建议的，将现行的“四议两公开”工作法拓展为包含贫困户评议在内的“五议两公开”工作法，提高参与决策的贫困户比例，同时设置专门供贫困户表达诉求的民主评议阶段，促进村级公共物品提供与贫困户需求之间的匹配程度；要将建档立卡“农户自愿申请”和“自上而下识别”相结合，由于一些贫困户在思想观念、能力素质和获取外部信息等方面均属于弱势群体，在实际工作中，可能存在着羞于启齿、不愿提出申请，因外出务工等原因未能在有效时限内提出申请，或由于村组干部信息垄断及宣传不到位导致贫困户无法及时获得相关信息等情况，若因贫困户未及时提出申请而被拒之于扶贫帮扶门外，既不符合精准扶贫的要求，也有失公平。

精准识别并非一劳永逸，要切实落实贫困户的动态管理。贫困户是一个动态的概念，要完善贫困户建档立卡信息，包括贫困对象（贫困村、贫困户）基本情况、帮扶措施、脱贫进展等信息，并积极推进建档立卡信息与不动产登记、低保、工商、城建、金融、公安系统等信息的衔接，对贫困数据进行及时更新。在此基础上，动态监测贫困户的实际状况，定期对贫困人口信息进行核查评估，加强数据分析和比对，将符合退出条件者及时退出，实现动态化管理；还要通过进户核查和邻家走访，了解贫困户的真实情况，及时将已脱贫的贫困户清退，将因灾，因病返贫的贫困户及时增补，做到进出有序，贫困信息真实可靠。

精准识别还包括对贫困户致贫原因的甄别和分析，提出最佳脱贫方式组合。对贫困户的分类便于进一步因类施策，提升扶贫效果。建议在现有一般贫困户、低保贫困户、特困供养贫困户的分类基础上，将边缘贫困户纳入进来；并进一步细化分类，如可根据有无生活能力、劳动能力、创业能力等进一步分类，这有利于进一步因类施策，使扶贫措施更为精准；也可根据贫困时间长短，将贫困分为长期性贫困和暂时性贫困，这种分类有利于识别扶贫的难易程度，后者最明显的是因灾、因病、因学致贫的家庭，这些家庭等到致贫原因消失后可能脱贫；还可根据致贫原因可以分为主观致贫和客观致贫两个方面，在此基础上再按长期和短期等进行细分，而后再得出最佳扶贫方案，这包括具体的脱贫方式及其先后、权重等。

精准识别的重要性向精准识别人员的识别能力提出了更高的要求，可以说，精准识别需要一群规模适度且正直、专业的扶贫人员。鉴于帮扶主体的知识结构、识别技巧、敬业精神、仔细程度、语言文化等要素，较大程度上影响着精准识别效果，为保证识别的精准性，在识别前，须通过集中培训、观摩学习、试调查等多样化的方式对识别人员进行训练，内容可包括精准识别的原则、内容、标准、程序、填表规范、沟通技巧等方面，以增强识别人员综合判定的能力，保证精准识别效果。鉴于当前识别任务繁重且专业识别不足的现状，可以引入社会组织进行识别。此外，扶贫对象识别涉及主体众多，包括村民代表、村委会成员、驻村工作队员（乡镇工作人员）等，而扶贫主体又可能存在职业过失和道德风险，因此有必要健全扶贫识别监督机制。这将在之后的监管机制建设中具体阐述。

（二）健全扶贫资源分配机制

在扶贫资源分配方面，要切实推进审批权限下放，推动地方政府在精准扶贫中财权、事权的统一，充分赋予地方自主统筹涉农资金的权利。根据 2014 年中共中央办公厅、国务院办公厅印发的《关于创新机制扎实推进农村扶贫开发工作的意见》文件精神，各地已将扶贫资金的分配权限下放到各县，不再由省级部门层层下划，以解决资金配置不符合各县实际需求的问题。但在实际执行中，部分地方仍存在资源配置权力未实际下放的问题。为此，2016 年国务院办公厅《关于支持贫困县开展统筹整合使用财政涉农资金试点的意见》强调：有关部门和地方不得限定资金在贫困县的具体用途。当然，在权力下放的同时，也应及时完善县级财政涉农资金的监管制度，防止出现扶贫资金的截留、配置不公等现象。

要借助现代信息技术提升资源配置效率。如构建扶贫信息服务平台，为扶贫“供”“需”对接提供信息和技术服务，促进扶贫资源的快速、有效配置；借助大数据平台，运用信息化手段，开放公众监督，并引入第三方监督评估机构，建立健全以数据分析为基础的识别机制和评估机制，不断提高扶贫供给效率。

扶贫资金使用须厉行节约、高效原则。这就要求我们提升成本意识，少一些形式主义做法，少一些面子工程，多解决实际问题。如在脱贫攻坚期内，要求贫困县各类扶贫资金使用方向必须聚焦脱贫攻坚，重大项目必须进行脱贫效益和社会影响评估；扶贫决策尤其是项目选择奉行民主决策和贫困对象参与式决策，避免主观臆断，盲目照搬，增加扶贫项目的适用性、高效性；改贫困地区和贫困户扶贫资源的无偿使用到有条件使用、有偿使用。近年来，中央财政支农资金改革的重点就是变扶持资金的无偿使用为有偿、有限期地使用。今后，福建省产业扶贫资金也应继续强化正向激励导向，其使用以有偿、循环使用为主，防止贫困户滋生依赖思想，或者产生实质上的“奖懒不奖勤”现象；减少重复评估，增加制度性设防，减少监控成本等。

在具体安排时，也有一些需要注意的问题，如应根据各贫困县、贫困乡、贫困村经济状况和扶贫任务，实施差异化的帮扶资金派放政策；统筹安排还要注意多种均衡，包括城乡之间、区域之间、不同类型贫困人群之间等的均衡，实现扶贫公平与效率的有机结合，尤其是注重不同的贫困者都能获得相应的扶持以降低其贫困加剧的风险；要完善信贷政策如小额信贷，针对农户不同的生产类型提供不同的贷款额度和还款期限，减少不良贷款等；优化审批流程，健全征信系统，减少证明材料，缩短等待时间等。

（三）完善扶贫监管机制

扶贫监管机制之重在于资金监管和项目监控。无论是财政扶贫资金还是社会扶贫资金，均要加强资金监管，使扶贫资金发挥最大效益。对于扶贫资金尤其是财政扶贫资金，一要加强账户管理，确保扶贫资金专款专用、专账核算、专项管理，要完善扶贫业务流程监控，实行扶贫项目公开、扶贫资金公开、扶贫效果公开，强化扶贫资金借、用、管、还全过程的风险监督管理，切实防止扶贫资金被闲置、挤占挪用、虚报冒领、集体私分等违规违纪违法行为的发生。二要做实细节。如财政部门要加强对项目报账的监管，严格审查报销凭证的合法合规性。对于财政扶贫资金形成的资产要明晰产权，明确具体的管护主体、责任以及后续维护经费的来源途径，让扶贫项目真正成为能够带动贫困人口致富的好项目。三要加强审计。审计部门要充分认识到扶贫资金绩效审计的重要意义，充分发挥其专业优势，必要时可以委托社会中介力量进行审计以弥补审计力量之不足，坚决识别并解决精准扶贫中存在的资金使用乱象，并与纪检监察机关积极配合，形成监管合力，确保扶贫资金使用高效。四要建立风险预警机制。要关注地方政府投融资主体资产负债情况，把好项目准入关，守住风险底线，防止地方政府因过度建设导致过度负债问题；要定期分析和排查融资风险，确保早预警、早识别、早处置，提高风险防控的前瞻性、主动性和针对性，一旦发现风险隐患，及时采取措施，把风险消除在萌芽状态；要协调地方政府整合各类扶贫及涉农资金，建立风险补偿基金，健全风险分散和补偿机制，有效降低重点县域金融信贷风险，形成金融支持合力。

对于扶贫项目，则需强化全程监控理念，强调扶贫项目的全程监控，亟须建立前期立项评审、中期实施评价、后期成效评估“三期三评”机制，以评促改，及时调整。①在前期立项评审阶段，注重项目的针对性、可行性，保证扶贫项目供给规模、结构及其组合适合当地贫困特征、符合区域发展特点和市场竞争规律，具有可操作性。②在中期实施评价阶段，注重评价目标执行进展与各项资源供给到位情况，及时发现扶贫产品和服务供给不足和错位问题，以评促改，保证项目供给的质量和效率。③在后期成效评估阶段，注重评估扶贫项目的脱贫成效及投入产出效益，评估项目供给的切合度和有效性。此外，要关注扶贫项目后续管理的问题，特别是那些公共设施与公共服务项目，如果后续管理、维护措施不跟上，建成项目很有可能成为“猴子掰苞谷，掰一个丢一个”。

完善监管机制还要完善监管主体建设。当下扶贫监督主要通过行政监督与社会监督两种方式进行，然而由于信息不对称，行政监督流于形式，社会监督机制又极不完善，无法满足精准扶贫工作的需要。因此，要设立由政府主导、扶贫机构监督、人民群众参与的监督体系，形成政府与人民群众精诚合作的监督识别格局，降低监管成本。具体而言，目前情形下，既要通过完善考核机制和问责机制实现强有力的行政监督，通过巡查、专项督查等对扶贫过程、扶贫效果等进行调查和纠偏，又要健全社会监督机制，调动和保障社会成员监督的积极性。值得一提的是，第三方专业组织在监管中的作用不可或缺。事实上，在精准扶贫过程中，各地都可能出现一些政策执行偏差，及时纠正这些偏差需要第三方机构的积极参与。如前所述，基层工作人员在分配扶贫资源时，存在着“自利”或“均沾化”的倾向，有必要引入第三方监督力量，确保扶贫资源能够在乡村公平转递，使真正的穷人受益。另在对各地精准扶贫工作进行评估包括在贫困退出环节中，福建省也要求第三方介入，以确保评估的精准性。此外，提高扶贫效率离不开群众的积极监督，要邀请专业人士给贫困户宣解扶贫资金、扶贫项目的民众监管方式和途径，以及民众合法维权的方式和途径。同时打造更加便民、利民的互动式监督平台，让群众意愿能及时表达和反馈，给民众提供更多安全、便利的权利侵害救济渠道。

（四）完善考核机制，加强考核结果运用

考核是对扶贫主体及其扶贫效果的考察，考核结果也将运用到下一步扶贫政策及其执行的优化当中。目前，福建省考核机制仍然有待进一步完善，考核结果的运用也需要进一步严格化和制度化。

评判某一制度是否完善的重要标准是看这一制度设计得是否具体、细致，可操作性是否强，有无系统的相关制度的衔接配套，能否保障执行效果。因此，完善考核机制首先要细化考核指标。近年来，福建省不断完善扶贫成效考核体系，将扶贫考核分为贫困对象脱贫成效考核和扶贫资源使用效率考核等多个方面，前者如贫困县考核，福建省全面创新扶贫考评体系，由侧重考核贫困地区生产总值向主要考核脱贫成效转变。在扶贫资金考核方面，相关部门也能建立有针对性的绩效考核机制，通过评价指标的设置以及权重的分配为扶贫资金使用打分评级，综合考虑扶贫资金使用的经济、社会效益，从而使考核管理工作更加科学。今后，仍应强化这种以扶贫工作成效为导向的考核机制，既要关注贫困县在客观层面所取得的实际效果，也要将是否惠及贫困人口及其程度作为考核的重要衡量指标。同时，还可考虑进一步细化考核指标，如贫困人口受益方面，要把提高贫困人口生活水平、就业水平、减少贫困人口数量作为考核扶贫成效的主要指标，要看有无保障贫困人口扶贫参与和经济受益的相关制度规范及其实践成效，并注重与扶贫工作紧密相关的民生和社会事业改善情况的考核，如基础设施建设、教育、卫生医疗、生态环境保护等，要注重发展的质量。健康扶贫考核指标还可包括健康扶贫组织培育指标、贫困户健康情况建档立卡指标、疾病预防宣传指标、义诊开展指标等，并确立定量与定性相结合的具体考核体系，以增加考核的全面性和科学性。在扶贫资源使用效率考核方面，除关注资金到位时间等指标外，也要关注资源的配置效率，即是否与贫困群众的需求相符合的问题。

其次要改进扶贫考核办法，如要切实做好自评、上级部门考评、第三方抽评等环节，增加抽评率，注重现场核实；实行分类考核，既要考核全面的扶贫业绩，也要考核单一的项目、资金、扶贫主体等，如对驻村干部考核、对培训项目的考核等；要将功能定位、资源和发展基础相近的一些县放在一起考核，增加考核的可比性。还要注意贫困县与非贫困县的横向比较，关注贫困县与非贫困县的差距问题，也要注意贫困县与自身历史情况的纵向比较，关注贫困县在原有基础上的进步与发展。在具体考核时还应注意经济发展的周期性，如在政策前期主要是打基础，后期成效才比较突出。

再次要加强考核结果的应用。扶贫工作在一些地方被边缘化，扶贫干部积极性不高，其原因在于具体责任制度缺乏，或者是追责制度不健全，考核结果运用流于形式。今后要加强考核结果的运用，使相关责任制度落到实处。如在统筹分配财政专项扶贫资金和社会扶贫资金的基础上，给予考核优秀的贫困县更多的项目和资金支持；将贫困县的考核结果与领导干部的年度考核、综合考评挂钩，作为领导干部综合评价和选拔任用的重要依据。对于踏实工作、扶贫成绩突出的干部，要优先提拔和重用；扶贫考核的结果也应作为领导问责的重要依据，对于那些造成国家财政资金严重流失，群众利益严重受损或生态环境恶化的领导干部，要一追到底，严厉惩罚。目前在追责方面，我国相关制度还需进一步细化和明确。如《社会救助暂行办法》第68条规定：采取虚报、隐瞒、伪造等手段，骗取社会救助资金、物资或者服务的，由有关部门决定停止社会救助，责令退回非法获取的救助资金、物资，可以处非法获取的救助款额或者物资价值1倍以上3倍以下的罚款；构成违反治安管理行为的，依法给予治安管理处罚。第69条规定：违反本办法规定，构成犯罪的，依法追究刑事责任。那么依法给予处分与刑事责任的界限如何划分？承担行政责任与刑事责任的具体条件等也需要进一步明确。整体来看，仍然有必要细分责任事实，加大罚处力度。如在精准识别领域，对失职人员尤其是“恶意排斥”人员和争夺扶贫资源的非贫困户，要加大惩处力度。很多学者认为，扶富不扶穷，并不是识别方法、技术层面的问题，而是思想认识、政绩观念方面的问题。由于我国扶贫资源有限，少数扶贫干部存在工具主义的价值取向，政府福利被作为增进人情关系或提升个人绩效的工具，进而导致识别偏差。从这个方面讲，要加大对识别错误扶贫人员的惩处力度。对于争夺扶贫资源的非贫困户，由于被评为扶贫对象就可以享受到政府提供的各种扶贫资源，当被发现时，只需清退，而无其他惩罚措施。为了降低非贫困人口的申请意愿，必须加大其惩罚力度，不仅要退还已享受的扶贫资源，还要承担给扶贫工作带来的损失。

另外，实践中一些县域扶贫办或扶贫人员为了“少担责”，在扶贫优惠政策审批方面提出较基准条款更加苛刻的要求，使部分有扶贫或脱贫意愿的机构和个体难以获得政策支持，致使扶贫陷入越重视、越不敢为和无作为的怪圈。鉴于此，在相关管理办法中，要明确免责情形的适应条款，解决扶贫干部的后顾之忧，鼓励扶贫干部勇于作为。

三、夯实政策配套条件

如前所述，政策配套条件包括多方面内容，如信息技术的提升，扶贫资金、人才的配备，基础设施的完善等，这里仅从扶贫资源、扶贫主体和对象自身能力建设方面来分析。

（一）整合扶贫资源构建大扶贫格局

在精准扶贫工作中，供给与需求最根本的矛盾是扶贫资源有限和贫困主体多样需求之间的矛盾。因此，扶贫事业需要构建大扶贫格局，扩大资源供给主体。

大扶贫格局应是一种以政府为主导、以贫困群体为中心，企业、社会多元参与的“大扶贫”格局。消除贫困，首先是政府的责任，应实行政府主导，这是毫无疑问的。问题在于，政府的扶贫资源、能力和精力是有限的，难以胜任扶贫工程复杂性、长期性的要求。况且，一个良好的减贫治理结构，仅靠政府的力量也是远远不够的，还必须充分发挥企业和社会的力量，利用其扶贫资源及其在扶贫过程中的监管等多样功能，共同攻克贫困难题。

为了创新大扶贫格局，首先需要明确和规范政府在精准扶贫中的角色和职能。从角色来看，政府应承担引导者、组织者、协调者和托底者角色。从职能来看，政府作为义不容辞的扶贫主体，应核定贫困地区和人口规模；主导设计扶贫方案，完善扶贫相关政策；依法筹集并配置某些扶贫资源，尤其是投入资金进行社保及基础设施建设；引导社会力量扶贫，协调多方利益；规范扶贫秩序，监督扶贫活动并处罚其中的违法违规行为等。至于扶贫对象识别和需求评估、扶贫项目的具体实施、扶贫对象的具体服务和结果评估等，则视当地实际情况可以由政府组织各方协同开展，或通过政府购买扶贫服务交给市场或社会力量来完成。这有利于弥补政府扶贫资源有限和扶贫灵活性、专业性方面的缺陷，提高扶贫效率，又能使基层政府专心做好扶贫之外的其他事项。总之，在精准扶贫事业中，责任主体始终是政府，公共财政支持始终是扶贫资源的主要来源和保障方式，建设主体则可以是政府、市场、社会力量和贫困者，社会扶贫资源可以成为政府扶贫资源的有效补充。

其次需要健全政府部门的协同扶贫机制，既做到制度、政策、信息的相互衔接，又做到扶贫具体事务中的相互配合。中国政府体系中涉及扶贫管理的职能部门很多，有扶贫办、财政部门、卫计委、民委系统以及与扶贫项目实施相关的交通、教育、农业、林业、水利、医疗卫生、文化等诸多部门。由于同一扶贫事项涉及众多部门，如社会救助，根据《社会救助暂行办法》，由国务院民政部门统筹全国社会救助体系建设；各级民政、卫生计生、教育、住房城乡建设、人力资源社会保障等部门，按照各自职责负责相应的社会救助管理工作；乡镇人民政府、街道办事处负责有关社会救助的申请受理、调查审核，具体工作由社会救助经办机构或者经办人员承担；村民委员会、居民委员会协助做好有关社会救助工作。因此，倘若部门协同不力，就会影响社会救助的最终实效。类似如农村扶贫开发中，中央政府提供的扶贫贴息贷款是扶贫的主要资金来源，但其管理权属于农业银行，农业银行实施扶贫项目时一旦过多考虑了商业利益，就可能发生目标偏差。因此，亟须建立部门之间的扶贫协同联动机制，包括各部门间的资金衔接和统筹，政策衔接和信息共享，以及常态化的沟通和协同工作机制。在各部门之间，扶贫部门和民政部门的“联动”机制至关重要，要在贫困信息共享共通的基础上，民政部门要将经过扶贫部门认定登记在册的持久性贫困户纳入低保范畴，扶贫部门也应建立扶贫救助专项基金，对临时性贫困户实行应急救济。

再次，政府需要进一步发动社会力量（含社会组织、企业和个人）扶贫，充分发挥二者的优势，形成有保障、有效率、有专业性、有内在动力的长效扶贫机制。在社会力量方面，广泛动员社会力量扶贫，一方面可为贫困地区提供更多的技术和资源支持，缓解政府的扶贫压力；另一方面又可拓展领域，创新帮扶方式。具体而言，应充分发挥各级扶贫开发协会、工青妇、科协、残联、工商联、侨联和计生协会等群团组织的作用，利用其与政府、与群众联系密切的优势，协同推进扶贫事业的发展；至于企业、社会组织和个体等狭义的社会力量，他们有物资、科技、信息或服务优势，而且相对独立，具有较大的本地适应性，能根据当地条件来确定自己的扶贫战略和具体措施，因而也是政府整合的重要对象。尤其是社会组织，作为一种新兴的扶贫力量，有着专业化的扶贫能力和更为先进的扶贫理念与模式，在筹集扶贫资金、开发扶贫项目、开展技能培训、调查研究及政策宣传等方面有着独特的优势，可以弥补政府和市场的缺陷，满足多元扶贫需求。而且，福建省民营企业众多，海外华侨华人历来就有关心家乡公益事业的传统，社会扶贫潜力大。以前政府吸纳社会力量扶贫主要通过两种途径：政治动员和经济鼓励。前者包括鼓励企业、社会组织和个人积极承担社会责任；后者包括税收优惠、经济补贴等，使企业在帮扶贫困者同时也能够盈利。

但整起来看，目前福建省社会力量扶贫在有效引导和高效整合，以及足够的政策支持等方面仍有所不足。为此，应组织各种媒体宣传扶贫政策和扶贫典型案例，引导全社会关心扶贫、支持扶贫，营造良好的社会氛围；建立统一的社会扶贫信息交流平台，为社会力量扶贫提供契机和便利；广泛发动社会力量结对帮扶贫困村、贫困户，实施产业扶贫、就业扶贫、商贸扶贫、捐赠扶贫，推动扶贫事业发展；完善激励政策。

如完善企业扶贫的税收及财政金融支持，进一步调动企业扶贫积极性；培育和支持社会力量扶贫，引导设立省级、县级帮扶志愿者协会，加强社会组织间的统筹，聚小力办大事，并避免重复扶贫，确保社会扶贫资源发挥最大效益。鉴于当前福建大部分社会扶贫组织还处在发展阶段，政府应发挥培育功能，对其提供业务指导、资金扶持、政策帮扶和规范管理等，促进他们的成熟和发展。政府也可以加强政社扶贫合作，通过向社会组织购买专业服务等促进社会组织成长，同时使政府扶贫资金与社会捐赠资金形成互补关系；进一步鼓励和引导金融资本扶贫。为此，要逐步开放各种类型的小额信贷市场，重点扶持公益性小额信贷机构的发展，放宽市场准入条件，解决公益性小额信贷机构的合法身份问题，制定税收优惠政策扶持其发展，同时建立相应的监管机制，必然时可以尝试实施差异化金融监管政策，适当提高扶贫不良贷款容忍度。为了充分调动金融扶贫市场主体的积极性，还要充分发挥扶贫再贷款、再贴现、差别准备金率等货币政策工具的正向激励作用，引导新增贷款流向贫困村、贫困户。政银合作是行之有效的扶贫模式，今后仍需充分发挥财政和金融资本的协同效应，优先建立扶贫攻坚担保基金，变直接投入财政资金为撬动金融资本参与扶贫，提升金融资本助力扶贫事业的内生动力，从而真正从制度设计层面解决贫困地区贷款难的问题。同时，还要按照“省负总责”要求，协助建立和完善省级脱贫攻坚投融资主体，推动融资规划、项目管理、担保增信、风险防控、社会信用等市场要素建设，推动建立财政扶贫资金与信贷扶贫资金的协调配套机制，提升金融扶贫的精准性、实效性和持续性。

以上是从宏观方面分析，从微观层面或从操作层面看还有许多整合的具体任务。如要提升扶贫实效，不仅要继续加大财政扶贫投入，帮助贫困人口和贫困地区发展经济，改善生活，还要改革贫困地区资源分散、体制分割、管理分治的“多龙治水”现象，整合各类扶贫主体和扶贫资源，提高资源使用效率。扶贫资金是扶贫资源的最重要内容。当前财政涉农资金和扶贫资金多头管理、分散使用、交叉重复等问题已经严重制约着精准扶贫实效，必须推进涉农扶贫资金改革，整合扶贫资金。如前所述，当前政府对财政扶贫资金的整合进行了安排，筹划将各级财政扶贫资金统一管理，真正做到“多个渠道引水，一个龙头放水”。在此情况下，可以尝试在更大范围上的整合，如整合金融资金与社会扶贫资金。此外，扶贫资源还包括项目、人才等多种资源，这些资源同样既存在于政府系统，也存在于民间，也需要更好地衔接和配置。

总之，整合扶贫资源并对之进行统筹安排涉及多方面内容，也需要各扶贫主体之间的充分沟通和协调。

（二）加强扶贫能力建设

近年来，福建省高度重视政府扶贫能力的建设，主要从以下几方面来开展扶贫能力建设工作：一是建立健全工作目标责任制。福建省委、省政府通过层层下达责任书，将脱贫减贫任务分解到镇到村，落实到户到人。二是加强山海协作，健全大扶贫体制建设。2016 年印发《贯彻实施〈中共福建省委、福建省人民政府关于推进精准扶贫打赢脱贫攻坚战的实施意见〉重要政策措施分工方案》，不断健全扶贫开发协同推进工作机制。三是强化考核评估。根据 2016 年《福建省扶贫开发工作成效考核实施办法》，对设区市党委和政府扶贫开发工作成效进行考核，并对各地贫困人口识别准确率、贫困人口退出准确率和到村到户帮扶满意度开展第三方评估。四是加强扶贫干部政策和扶贫实务等方面的培训，不断创新扶贫方式等。经过种种努力，政府扶贫能力得到较大的提升，扶贫实效显著。但目前扶贫能力建设主要针对政府系统，对社会力量的培育和政社协同能力的建设还有待进一步完善，当然政府系统的扶贫能力建设也还有待进一步改进。

在提升政府扶贫能力建设方面，一要改革政府扶贫体制，转换政府扶贫职能，提升政府扶贫绩效。如可以尝试改变目前以职能和部门为导向的扶贫服务体系，按照决策、执行、监督三者相互独立、相互制约的原则，成立大部门的扶贫服务决策机构，将执行部门从政府中剥离出来，减少决策部门的微观事务，同时通过执行机构的管理自主化实现更高的扶贫服务供给质量、效能和效率。二要发挥中央和地方的双重优势，尤其是提高贫困地区地方政府的扶贫积极性，加大对贫困地区基础设施建设的转移支付力度，为实现贫困地区脱贫夯实基础。同时要继续完善部门协同帮扶机制建设，尤其是同级扶贫部门之间协同帮扶。此外，还要继续充实贫困群体帮扶的基层力量，包括充实各地扶贫开发办工作力量，充分发挥乡镇、村级干部的作用，加强基层力量的政策领悟能力和实务能力，并健全基层力量与扶持对象的联系和服务制度。三要以政社协作为重点，构建扶贫合作治理格局。当前单靠政府自身的结构调整，没有市场和社会对政府扶贫功能的参与和分担，政府扶贫效能难以取得突破。政府必须从那些“不该管、管不了、管不好”的扶贫领域中退出，通过合同外包、特许经营、志愿等合作形式，从社会组织甚至企业购买扶贫服务，建立扶贫服务的合作治理格局。四要保持扶贫政务的公开性和参与性。近年来，政府在扶贫政务信息公开方面做了不少的努力，今后仍应在公开的内容、详尽程度、时间安排等方面进一步完善。为了提升扶贫效率和扶贫行为精准度，今后应进一步提升扶贫政务的公众参与度，继续开放参与内容，提升参与实效，切实把公众扶贫参与当作了解公众扶贫偏好，推行扶贫政务监督和推动扶贫政务发展的利器。五要继续进行技术开发和人才建设。应用大数据、云计算、物联网技术平台，建立扶贫数据信息平台，确保扶贫数据真实，及时动态调整，为精准扶贫提供技术支撑。同时，还要加强大数据技术在扶贫领域的运用，提高数据识别和分析能力，为扶贫决策提供数据支撑。如可以开发扶贫措施精准匹配系统，根据致贫原因、个人意愿和地区特色，科学选配扶贫举措等；又如可以利用现代高科技，加强扶贫数据的动态预测和预防工作。还可以开发扶贫分类平台，如开发健康扶贫云平台，实现大数据在贫困患者的精准识别、智能匹配、帮扶救助、医疗服务和管理控制全过程的贯通，提高健康扶贫效率。社会大众也可以通过云平台了解贫困患者的现状与实际需求，有针对性地进行帮扶，并动态了解帮扶效果。当然，技术开发是多方面的，如要强化农产品标准化与品牌化建设，加强质量检验体系建设；加强养殖储运、保鲜、防腐、精细加工包装技术专业性的研究、开发和推广工作。而要做到这些，需要进行专业人才队伍的建设和合理配置，如要选派得力的干部到贫困县工作，选派政治上过硬、工作热情高、业务娴熟的驻村扶贫干部等。六要继续创新扶贫方式。近年来互联网和社交媒体不断发展，很多地方的社会组织借助互联网和社交媒体开展扶贫活动，这种活动捐款额度小、方便、透明，受到公众的青睐。中国扶贫基金会开展的“爱心包裹”扶贫项目，社会反响很好。今后仍需根据时代发展和地域特色，继续创新扶贫方式，提升扶贫实效。

在社会力量方面，如前所述，还需要加大对扶贫类社会组织的培育，加强与社会组织的扶贫合作。尤其是非收入贫困的消除往往更需要专业服务，而目前政府较为缺乏贫困治理专业人才，因此需要专业化社会组织来补充。

除此以外，还要引导学界加强对贫困及反贫困的相关理论研究。目前我国学者对贫困与反贫困的研究主要是将国际上流行的一些贫困理论带入我国，这对我们了解贫困、致贫原因、破解手段等有所帮助，实践中也一定程度上推动了我国扶贫工作的进展。但整体而言，如何将相关理论研究与我国具体扶贫实践有效结合起来，还有待进一步探索。如虽然越来越多的学者开始用多维视角来看待贫困，多维贫困理论也开始广泛运用到扶贫实践中去，但由于一些理论问题仍未解决，如“多维”到底应该包括哪些维度，各维度的临界值为多少，各维度的权重如何确定等均缺乏统一规范，致使实践中各地执行差异较大。其他如多个扶贫主体的权责利关系如何理顺等，这些问题都需要学界继续探讨。而且，贫困本身是一个动态概念，扶贫实践也会不断创新，这些均需要学界与时俱进，开展更为深入细致的研究，如此才能做到预防为先，使相关规划和措施更具前瞻性与适用性。

（三）加强贫困人口脱贫能力建设

扶贫先扶志，由于贫困者长期处于贫困状态，并已逐渐习惯这种状态，这时候“反贫困”因要改变贫困者的惯有生活态度和生活、生产方式，反而变成一种来自外部的“强加”，很难成为贫困者自身的内在需求。因此，要通过思想教育和典型案例引导，改变贫困人口安于贫困的思维模式及其消极的生活态度，帮助贫困人口树立自立自强意识，促使其树立和增强战胜困难的信心；也要加强政策宣传，如要通过电视、广播、网络、宣传册等媒介将扶贫政策向贫困人口进行广泛宣传，还要积极发挥驻村干部和村两委作用，通过他们把扶贫政策向贫困群众详细讲解，让贫困人口懂得运用现有扶助政策脱贫。

扶贫必扶智，应注重对贫困人口的“人力资源开发”，通过推动基础教育、职业教育和科技培训来提高贫困人口的职业素养与劳动技能，增强其脱贫能力。近年来，福建省采取正向激励的方法支持贫困人口就业，对到公共就业人才服务机构办理求职登记的贫困家庭劳动力参加职工基本养老保险、医疗保险的，按规定给予不超过实际缴费 2/3 的社保补贴；对参加城乡居民养老保险并办理实名制求职登记的贫困家庭劳动力，给予不低于最低标准养老保险费 50%的社保补贴。“授人以鱼，不如授人以渔”，对贫困人口进行技能培训是扶贫开发的重要任务。可依托全省技工院校大力开展技工教育扶贫，帮助贫困家庭的子女就读技工院校，同时减免其学费；加强针对贫困户的短期免费职业培训，按照每户贫困家庭至少有 1 人接受 1 次以上技能培训，掌握 1～2 项实用技能的总要求开展职业培训。鉴于目前贫困人口参训积极性还不太高的现实，政府应加大对职业培训的宣传力度，做好农村贫困人口职业培训规划，加强职业培训的针对性，提高贫困户参训意愿。如在培训内容上，对外出转移就业的农村劳动者，可根据市场需求与个人意愿，可选择电工、焊工、家装、驾驶、种养殖等培训工种；对就地就近就业的贫困人口，针对贫困人口的个人特征、实际需要和当地产业发展，提供种养殖业、农村旅游等相关培训。同时灵活安排培训地点、方式和培训时间，尽可能把培训课堂搬到田间地头、村屋院落，让贫困人口不出门就能学技能；选择相对空闲的时间进行培训，避开农忙季节。此外，还要将培训与就业直接对接，通过举办“扶贫专场招聘会”，切实解决企业招工难和贫困户无处就业的矛盾。还要将就业率纳入培训考评体系中，健全培训评估体系，保证培训效果。

提高贫困群体脱贫能力，还要保障贫困群体扶贫参与权利。长期以来，我国扶贫习惯于采取自上而下的管理方式，被扶持对象的参与权利十分有限。贫困群体既缺乏影响公共舆论的资源，又无法得到与自身密切相关的信息，表达和追求自己意愿的能力也较弱。近年来，参与式扶贫理念广为提倡，但目前一些地方仅将听取贫困者意见视为工作方式问题，贫困人口参与权利难以得到有效保证，最终导致扶贫中贫困者受益有限。如一些扶贫开发项目由于缺乏贫困者有效参与，部分扶贫成果被农村精英截获。这不仅浪费了扶贫资源，还会影响到干群关系及贫困群体对政府的信心。因此各级政府应完善贫困者参与制度，将“自上而下”和“自下而上”的决策机制相结合，改变贫困群体在扶贫活动中的“失语”处境，赋予贫困者应有的知情权、参与权和监督权，鼓励群众参与扶贫项目的决策、实施、监督和验收的整个过程。同时，还要完善扶贫主体和扶贫对象之间的沟通、反馈机制建设，保障贫困群体参与权的实现。

加强贫困人口的脱贫能力建设还包括贫困者预防贫困能力的建设，如就业信息、致富信息的获取，健康养生等方面的宣传等。如由于地域闭塞、教育程度低，贫困人口很难获得必要的健康信息，形成的饮食卫生习惯和价值观念往往是有偏差的，这与健康扶贫的要求相违背。事实上，一些慢性病和家庭生活习惯和个人生活方式息息相关，营养供给不足、过多或比例失调等都可能引发一系列疾病，如食盐、酱油等调味品摄入量过多，导致贫困地区高血压现象十分严重。因此，改变贫困户的健康状况要从健康生活方式的宣传着手，提升农村贫困人口健康意识，使其养成良好的卫生习惯和健康的生活方式，平衡饮食，加强疾病预防。另外，很多贫困人口体检意识薄弱，平时患病时多持“小病不治”的观点，以至于小病拖成大病，并因病致穷。因此，还要加强疾病预防及健康医疗观念的宣传等。

其他配套条件也应最大可能地改善，如进一步推进基础设施建设，改善贫困地区和贫困人口的基本生活、生产条件等。

结　语

精准扶贫的核心在于“精准”，而“精准”本身从供给侧角度观察强调的是扶贫供给与扶贫需求的匹配。当前，扶贫供给是多方面的，包括政策供给、资源供给及保障供给等多个方面，而资源供给及保障供给的理论安排也属于广泛意义上扶贫政策确定的范畴，因此扶贫政策供给对于精准扶贫而言十分关键。从某种意义上讲，扶贫政策供给的“精准”与否直接影响到精准扶贫战略的成败。特别是当前精准脱贫处在关键时期，相对贫困问题即将提上主要议事日程，更需要政府设计出更加“精准”的扶贫政策，并通过政策供给的不断优化带动扶贫实践的日益精准和高效。

当前，在党和政府精准扶贫战略的指引下，福建省精准扶贫政策正日益完善，扶贫工作也愈益“精准”。这主要体现在如下几个方面：**①精准识别**。近年来，福建省根据国家要求，多次部署贫困村、贫困户的识别工作，要求各级财政安排专项工作经费。各地各部门严格按照标准统一、方法科学、程序规范、信息完整的要求，认真做好贫困村（含当年脱贫村）、贫困户（含往年及当年脱贫户、返贫户）的建档立卡工作和基础信息更新。同时，福建省每年均对贫困人口和脱贫人口进行全面复核，实行有进有出的动态管理。**②量身定制，精准帮扶**。在深入了解贫困群体和贫困地区现状和需求的基础上，福建省相关部门又从生活救助、生产帮扶、就业帮扶、脱贫能力建设等方面细化措施，因地制宜，因人制宜，精准施策。**③精准管理**。对于帮扶资金、帮扶项目、帮扶对象，福建省也予以精准管理。这在帮扶资金方面尤其明显，近年来，福建省规定资金管理，提出专款专用、量入为出、厉行节约、注重效益等使用原则，并对其使用范围、管理程序、监督检查等予以明确规定，通过制度设防有效减少了扶贫偏差。同时，近年来福建省也通过巡查、专项督查等方式加强对扶贫资金、扶贫项目运作的过程检查，审视扶贫成效，及时纠正扶贫工作偏差。**④精准考核**。考核既包含对扶贫主体、扶贫成效的考核，也包括对扶贫资金的专项考核。通常，福建省承担扶贫任务的扶贫部门会在部门考核中会将扶贫成效纳入，通过部门自评和上级部门考评来进行评定。近年来，福建省创新扶贫考评体系，由侧重考核贫困地区生产总值向主要考核脱贫成效转变。至于扶贫资金考核，通常中央及福建省下达扶贫资金的同时，也会出台扶贫资金考核的办法，相关部门也会照此进行扶贫资金的自评和审计工作，如根据 2018 年《福建省财政厅关于开展 2017 年度专项支出和整体支出绩效自评工作的通知》，省财政厅在各项目主管单位自评的基础上，聘请会计师事务所对 17 个项目进行绩效评价等。通过精准考核，保障扶贫资源的精准使用，提升扶贫实效。

在精准扶贫政策的部署下，福建省精准扶贫工作也取得了显著成效。自党的十八大以来，福建省扶贫开发事业取得了重大进展。五年间完成“造福工程”扶贫搬迁 87.9 万人，脱贫 110 万人，贫困发生率从 3.8%下降到 0.02%。[①] 这表明，经过多年努力，福建省已基本消除国家贫困标准下的绝对贫困人口。

当然，与此同时，福建省精准扶贫仍然存在着扶贫成本高、返贫现象突出等问题。在政策方面，贫困问题和基层贫困治理的复杂性使得当前福建扶贫政策仍在政策本身、政策传递机制及政策配套条件等方面存在一些问题。尤其是，从既往扶贫成效看，供需错配的结构性矛盾仍然在一定范围、一定程度上存在。主要表现为：第一，扶贫对象供需不匹配。这既包括政策覆盖面和受益度有限的问题，也包括因贫困指标被挤

① 黄玲：《扶贫开发四十年的福建经验》，《福建党史月刊》2018 年第 3 期，第 26 页。

占而发生的供需错配问题。第二，扶贫措施供需错位、缺位等，也即扶贫政策的针对性和适用性不够的问题。典型如一些贫困地区忽视地方实际和贫困农户的实际需求，照搬照抄其他地方扶贫模式，所选项目水土不服，以及一些地方扶贫措施单一满足不了扶贫需求等。第三，政策传递机制出现问题。科学的政策安排、合理的扶贫举措、优质的扶贫资源还需要高效的传递机制，当前福建省扶贫实践中仍然一定程度上存在着政策宣传不到位、部门协同不力、配置不太合理等现象，影响到扶贫效率和效益。第四，政策保障不到位。精准扶贫政策需要有配套政策、资金、人才及信息技术支撑，扶贫过程的有序运作也需要有严格的监督、考核机制作为保障，然而目前这些仍然不健全不完善，并因此影响到扶贫成效。更重要的是，当前福建省扶贫工作仍然存在着主客体动力不足、协同机制不健全、执行环境短期内难有大的改观等种种阻碍因素。

所幸，党中央、国务院高度重视精准扶贫工作，在不断完善扶贫政策和规划的同时，并提出了相对贫困问题。实践层面，也有一些国内外成功的扶贫经验作为指引。在此背景下，为顺利完成 2020 年全省范围内消灭绝对贫困的目标，并为之后相对贫困问题的解决提供思路和借鉴，福建省宜从政策供给侧结构改革入手，依据福建省贫困化特征与发展趋势，在充分调研的基础上，确定贫困地区、贫困人口脱贫发展的政策需求、资源需求和保障需求，在此基础上，优化精准扶贫政策，加强政策的针对性，打好政策组合牌，构建一种以贫困者为本、各方力量协同参与的长效高效扶贫机制。而这又需要政府转变思维，更多地发挥市场机制和贫困者的主体作用，让扶贫主体和贫困者一起根据农户能力禀赋、土地状况、生计安排选择合适的扶贫项目，政府重点做好政策配套和提供相关保障。同时，政府还需进一步加大资源投入力度，有效整合各类扶贫资源，尤其要创新社会全员参与的扶贫帮扶机制，以政策激励社会扶贫资源供给，并调整资源供给结构，在保障扶贫资金稳定增长的同时，更大力度地提供人才、项目和脱贫规划，做好扶贫资源的优化配置；政府还要规范扶贫，完善贫困标准、识别原则和扶贫标准，明确扶贫资源的配置方式及其具体程序，加强扶贫过程管控，做好扶贫部门考核及后续的纠偏追责工作，确保扶贫过程的精准性、有序性和高效性。

总之，今后福建省扶贫政策还需进一步优化，要通过完善扶贫政策，健全政策传递机制和保障机制，破解扶贫供需不平衡、不匹配甚至错位问题，实现扶贫对象的精准识别，扶贫措施的精准供给，扶贫资源的精准配置和传递，最后实现扶贫政策的精准落实。

参考文献

一、专著

1. Chambers R. *Rural Development: Putting the Last First*. New York: longman，1983

2. Mkandawire T. *Targeting and Universalism in poverty reduction*. United Nations Research Institute for Social Development，2005

3. 西奥多·W. 舒尔茨：《论人力资本投资》，吴珠华等译，北京经济学院出版社，1990

4. ［瑞典］冈纳·缪尔达尔：《世界贫困的挑战》，顾朝阳等译，北京经济学院出版社，1991

5. Ra. Gaiha 等：《农村脱贫战略的设计》，聂凤英译，中国农业出版社，2000

6. ［美］阿马蒂亚·森：《以自由看待发展》，任赜、于真译，中国人民大学出版社，2002

7. ［美］玛丽亚·康西安，谢尔登·丹齐革：《改变贫困 改变反贫困政策》，刘杰译，中国社会科学出版社，2014

8. 李小云：《参与式发展概论》，中国农业大学出版社，2001

9. 福建省脱贫致富办公室、中共福建省委党史研究室：《福建扶贫史》，中央文献出版社，2001

10. 张岩松：《发展与中国农村反贫困》，中国财政经济出版社，2004

11. 许源源：《中国农村扶贫：对象、过程与变革》，中南大学出版社，2007

12. 李文：《中国农村贫困若干问题研究》，中国农业出版社，2009

13. 王小林：《贫困概念的演进》，社会科学文献出版社，2012

14. 杨朝中：《扶贫开发战略与政策》，湖北人民出版社，2012

15. 吕凤勇：《供给侧改革的逻辑与路径》，社会科学文献出版社，2016

16. 高帅：《贫困识别、演进与精准扶贫研究》，经济科学出版社，2016

17. 左常升：《中国扶贫开发政策演变》（2001—2015），社会科学文献出版社，2016

18. 赵小芳、耿建忠：《海峡西岸经济区区域经济差异及其发展研究》，经济科学出版社，2016

19. 冯俏彬：《透视供给侧结构性改革》，北京出版社，2017

20. 洪名勇：《扶贫开发战略、政策演变及实施研究》，中国社会科学出版社，2017

21. 王三秀：《中国扶贫精细化：理念、策略、保障》，社会科学文献出版社，2017

22. 李鸿阶：《福建经济新常态与“一带一路”发展战略研究》，福建教育出版社，2017

二、论文

1. 周彬彬：《我国扶贫政策中几个值得探 讨的问题》，《农业经济问题》1991 年第 10 期

2. 林万龙、钟玲、陆汉文：《合作型反贫困理论与仪陇的实践》，《农业经济问题》2008 年第 11 期

3. 代恒猛：《从“补缺型”到适度“普惠型”社会转型与我国社会福利的目标定位》，《当代世界与社会主义》2009 年第 2 期

4. 邹藏、方迎风：《关于中国贫困的动态多维度研究》，《中国人口科学》2011 年第 6 期

5. 范永忠、范龙昌：《中国农村扶贫治理机制研究》，《经济研究导刊》2012 年第 22 期

6. 丁建军：《多维贫困的理论基础、测度方法及实践进展》，《西部论坛》2014 年第 1 期

7. 罗江月、唐丽霞：《扶贫瞄准方法与反思的国际研究成果》，《中国农业大学学报（社会科学版）》2014 年第 4 期

8. 张琳琅：《福建扶贫开发工作重点县发展成效、问题及对策》，《中国国情国力》2014 年第 5 期

9. 李鹍、叶兴建：《农村精准扶贫：理论基础与实践情势探析——兼论复合型扶贫治理体系的建构》，《福建行政学院学报》2015 年第 2 期

10. 李颖：《社会扶贫资源整合的类 型及其适应性》，《探索》2015 年第 5 期

11. 葛志军、邢成举：《精准扶贫：内涵、实践困境及其原因阐释——基于宁夏银川两个村庄的调查》，《贵州社会科学》2015 年第 5 期

12. 郑瑞强、曹国庆：《基于大数据思维的精准扶贫机制研究》，《贵州社会科学》2015 年第 8 期

13. 赖诗双：《“真扶贫　扶真贫”——福建省建立完善六个机制推动精准科学扶贫》，《农村工作通讯 》2015 年第 17 期

14. 左停、杨雨鑫、钟玲：《精准扶贫：技术靶向、理论解析和现实挑战》，《贵州社会科学》2015 年第 8 期

15. 许雪亚、郑景顺：《用硬措施啃“硬骨头”——福建省全力推动扶贫开发工作深入实施》，《农村工作通讯》2015 年第 19 期

16. 欧阳煌等：《关于新时期财政扶贫治理困境及破解的思考》，《财政研究》2015 年第 12 期

17. 唐丹等：《基于生态理念的福建省养生度假旅游发展路径探讨》，《中南林业科技大学学报（社会科学版）》2016 年第 2 期

18. 冯志峰：《供给侧结构性改革的理论逻辑与实践路径》，《经济问题》2016 年第 2 期

19. 陈全功、程蹊：《精准扶贫的四个重点问题及对策探究》，《理论月刊》2016 年第 6 期

20. 陆益龙：《贫困问题与农村精准扶贫》，《甘肃社会科学》2016 年第 4 期

21. 万江红、苏运勋：《精准扶贫基层实践困境及其解释——村民自治的视角》，《贵州社会科学》2016 年第 8 期

22. 王思铁：《供给侧改革精准扶贫的新动力》，《四川党的建设》2016 年第 9 期

23. 唐丹等：《福建扶贫开发重点县生态扶贫的问题及其对策》，《中南林业科技大学学报（社会科学版）》2016 年第 4 期

24. 叶小丽：《福建省寿宁县凤阳镇精准扶贫现状与对策》，《安徽农业科学》2016 年第 23 期

25. 马海涛、王晨：《基于供给侧的精准扶贫财政政策研究》，《当代农业财经》2016 年第 6 期

26. 孔令军：《福建省“造福工程”搬迁扶贫情况调查》，《当代农村财经》2017 年第 1 期

27. 龚霖丹、刘相龙、骆劲颖：《银行精准扶贫效率评价及影响因素研究—以福建南平为例》，《金融监管研究》2017 年第 1 期

28. 叶善青：《扶贫供给侧结构性改革研究》，《福建论坛（人文社会科学版）》2017 年第 2 期

29. 人民论坛专题调研组：《精准扶贫与精准脱贫的福建经验》，《人民论坛》2017 年 6 月（下）

30. 杨龙、李萌：《贫困地区农户的致贫原因与机理——兼论中国的精准扶贫政策》，《华南师范大学学报（社会科学版）》2017 年第 4 期

31. 郭黎霞：《贫困恶性循环理论视角下福建精准扶贫的思考》，《宁德师范学院学报》2017 年第 4 期

32. 王汝成：《福建省精准扶贫医疗叠加保险政策实施》，《就业与保障》2017 年第 8 期

33. 陈小英：《“精准审计”助力精准扶贫政策落实——以莆田市为例》，《中国农业会计》2017 年第 9 期

34. 王志章、黄明珠：《英国反贫困的实践路径及经验启示》，《广西社会科学》2017 年第 9 期

35. 贾兴梅：《农村多维贫困测度与精准扶贫政策优化》，《社会保障评论》2018 年第 2 期

36. 黄玲：《扶贫开发四十年的福建经验》，《福建党史月刊》2018 年第 3 期

37. 陈海栋：《福建：社保扶贫打出“精准牌”》，《中国社会保障》2018 年第 6 期

38. 陈帆：《浅谈精准扶贫政策及创新优化研究》，《时代金融》2018 年第 35 期

39. 谈东晨、林世杰：《新时代福建省精准扶贫的基层实践与思考》，《福州党校学报》2018 年第 5 期

40. 卢玉平：《精准扶贫视角下福建省乡村生态旅游模式开发研究》，《农业经济》2018 年第 8 期

41. 林梅、张伟利：《供给侧改革下推进福建省科技精准扶贫工作建议》，《安徽农业科学》2018 年第 20 期

42. 郭梦恬：《金融精准扶贫有效性的调查与思考———以福建南平为例》，《知识经济》2019 年第 1 期

43. 胡佩萱、王海燕、杨雨晨：《我国农村电子商务现状分析及策略探讨——基于福建省寿宁县的调研分析》，《现代商贸工业》2019 年第 12 期

44. 李菲、梁红倩：《精准扶贫政策执行困境及其破解——基于政策网络模型分析》，《石河子大学学报（哲学社会科学版）》2019 年第 6 期

45. 任静：《我国精准扶贫政策及改革路径研究》，《中国农村教育》2019 年第 11 期

46. 张全红、周强：《精准扶贫政策效果评估——收入、消费、生活

改善和外出务工》，《统计研究》2019 年第 10 期

47. Zhao X Y. *Environmental perception of farmers of different livelihood strategies*：a cas of Gannan Plateau. Acta Ecologica Sinica，2012，32（21）.

48. Elinor Ostrom. *Beyond Markets and States*：*Polycentric Governance of Complex Economic Systems*. Amer ican Economic Review，2010，100（32）

三、年鉴

《中国统计年鉴》《福建统计年鉴》《福建年鉴》《福建经济年鉴》

四、网站资料

国务院扶贫开发领导小组办公室：http：//www. cpad. gov. cn/中华人民共和国国家统计局：http：//www. stats. gov. cn/中国扶贫在线：http：//f. china. com. cn/福建省农业农村厅：http：//nynct. fujian. gov. cn/福建省扶贫资金在线监管系统：http：//hm. czt. fujian. gov. cn/

五、报纸

《福建日报》《泉州日报》《福建侨报》《海丝商报》等。